決済サービスと
キャッシュレス社会
の本質

Essence of
Payment service and
Cashless society

決済サービスコンサルティング株式会社
Payment Service Consulting Co.,Ltd.

宮居雅宣 ＝著
Miyai Masanori

一般社団法人金融財政事情研究会

推薦の言葉

2006年から銀聯日本業務を担当しましたが、カード決済業務は裾野が広いうえ日本の特殊性を痛感。そんな時に出会った宮居氏の解説は大変勉強になり、整理していただき非常に助かりました。アジア決済が大きく変化するなか、今回の書籍もわかりやすく大変有意義と感じます。

韋 暁 寅（銀聯国際 日本支社 元支社長）

決済一筋30年の著者は、複雑を極める決済の仕組みにだれよりも精通し、情熱をもってキャッシュレス社会の表と裏を語る。本書で、われわれは、「キャッシュレス」の本当の意味、奥深さを知り、少し先の社会を感じることができるだろう。

伊藤 亜紀（弁護士法人片岡総合法律事務所
パートナー弁護士）

決済サービスに携わる人だけでなく興味があるという人にもぜひ読んでもらいたい本。国内と海外を対比しながらさまざまな決済サービスに鋭く切り込むことで決済サービスにおいて何が大切なのか？ キャッシュレスを進めるために何が必要なのか？がみえてきます。

印南 裕二（アメリカン・エキスプレス・
インターナショナル，Inc.
加盟店事業部門担当 副社長）

技術が大きく進化しても決済サービスの本質的な課題は変わらない。新しい決済サービスが次々に登場するいまだからこそ、その言葉の重さが伝わる。

さまざまな決済サービスの実務に長く携わってきた筆者だからこそ出せる書籍。

大塚　英雄（三井住友カード株式会社
マーケティング統括部部付部長）

遅きに失したかもしれないが FinTech のスタートアップも、銀行をはじめすべての金融にかかわる人必読の書。キャッシュレスの政策にかかわる行政府、立法府もまずは本書で勉強を！孫さん、三木谷さんにも読んでもらいたい。

岡本　和彦（元 Visa Worldwide Japan 代表取締役）

宮居氏とはジェーシービーで IC カードの普及を目指し、情報ネットワーク部を立ち上げて以来の戦友。時代を先取りした決済スキームの導入に向けともに汗と涙を流してきた。これからも実務に長けたオピニオンリーダーとしてのご活躍を祈念している。

権藤　淳（株式会社豊和銀行 代表取締役頭取、
元ジェーシービー取締役兼執行役員）

決済領域で長きにわたり活躍した筆者だから書けるしっかりとした内容。ポストコロナ時代のキャッシュレス社会を考えるうえでも必読書。金融業界に限らず、多くの人に読んでいただきたい。

嵯峨野　文彦（株式会社野村総合研究所　常務執行役員）

「温故知新」
最近「Suica があって良かった」といわれる。人との接触がないという「価値」の再認識。友人の宮居氏が新刊を出す。決済の経緯から「決済を意識しない世界」の提言まで。「決済の価値」の再認識に本書は最適と思う。

椎橋　章夫（JR 東日本メカトロニクス　取締役会長）

官民あげてのキャッシュレス化の大波に翻弄される日本のペイメントサービス市場の現状と将来予測を、実務者の視点を交えながら、客観的かつ俯瞰的な観点で、多面的に解説した一冊として推薦いたします。

島貫　和久（三菱 UFJ ニコス株式会社　顧問）

決済ビジネスを長きにわたり携わった筆者だからこそ切り込めたキャッシュレス社会の現実と未来。FinTech に代表される新技術の側面だけでなく、決済ビジネスが変える社会とそれを支えるキャッシュレス社会の本質など、それぞれの視点でわかりやすく解説されている。本書は業界関係者のみならず一消費者としても「目から鱗」。決済の既成概念が変わる！を体感できるこの一冊を私は強く推薦します。

武井　匡仁（JFR カード株式会社　執行役員、

元 Mastercard Japan 副社長）

宮居氏は国が ETC の決済システムをつくった時に、私が最も頼りにした戦友というべき人。各種決済サービスの長短を知り尽くし、実際に課題を克服してシステムを立ち上げた経験のある彼が書いた書籍は裏切らなかった。

徳山　日出男（元国土交通省事務次官）

証券業の私にとって近くて別世界なのが決済。キャッシュレスを深掘りすると多くの証券 IT 関係者に困惑され、やっとたどり着いたのが圧倒的な知見をもたれる宮居さんでした。本質を喝破する論法にいつも感動します。

藤井　公房（野村證券株式会社　経営役）

これまであまり語られることのなかったキャッシュレスの生い立ちや国内外の環境の違いとその背景、潜在リスクなどに言及しており、新たなサービスを展開するうえでも参考になる一冊。FinTech のさらなる発展に役立てたい。

丸山　弘毅（一般社団法人 Fintech 協会 代表理事会長、

株式会社インフキュリオン・グループ代表取締役社長）

宮居氏が「月刊消費者信用」に連載された未来予測がことごとく現実となるのに戦慄したファンの一人です。先のみえないニューノーマルな時代にこそ、ペイメントに携わる加盟店の私たちも座右に置くべき一冊です。

山口　泰敬（日本航空株式会社 旅客販売統括本部企画部

マネージャー）

キャッシュレスの前に、安全・安心な決済に必要なコストをだれが負担していくのか。日本固有の仕組みによる問題点が、いままさに突き付けられていることが、この本を通じて良く理解できます。経験に裏付けられた内容、まさに必読書です。

山根　章（株式会社セブン・フィナンシャルサービス

取締役専務執行役員）

※氏名五十音順

まえがき

　政府の日本再興戦略や未来投資戦略に「キャッシュレス」が取り上げられて KPI が設定され、FinTech が脚光を浴び、日本はキャッシュレス後進国であると、キャッシュレスを推進する取組みが活発になっている。

　ところが、決済サービスの仕組みやシステム、業務の詳細は、未収対応や不正利用対応に代表されるように事業者のノウハウとして情報公開されにくい。過去における省庁の検討委員会においても積極的に発言しているのは決済代行事業者や包括加盟店事業者のような中間事業者が多い一方で、最終的に決済のリスクを負う肝心の決済事業者の参加や発言は目立たない。当たり前だが学識経験者は実務はあまりご存じない。自分が使ったのに数日前にカードをなくしたなどと嘘をついて支払を免れようとする人や、たしかに使ったけど払えないと開き直る人、自分の支払代金を他人の決済サービスに付け替える人や、人の決済サービスを盗み取って使う人、善良な利用者を騙して多重債務を負わせる人などが案外多く存在するのだが、性善説の日本では自分が被害にあわない限り想像すら困難であり、説明しても理解されない。「そんな細かい話は後にして」「レアケースは置いといて」といわれてしまうのだ。しかし決済サービスはそのレアケースこそが即座にサービス存続に致命的な影響を及ぼす超薄利多売のビジネスである。最初から勘案して議論しなければうまくいかない。ところが、説明してもややこし

くて面倒で細かい話として敬遠されやすいうえ、不正事象や検知・対策方法は重要なノウハウであるうえ模倣犯が発生する懸念もあるため、最終的に決済のリスクを負う決済事業者が詳細を説明するケースはまれである。「どうせ言っても理解されないし、反対ばかりして非協力的と思われてしまう」と黙らざるをえなくなるのだ。かわりにリスクを知らない中間事業者が補完すべく懸命に説明してくださり議論を牽引する。結果、推進の御旗を振ることに重点が置かれてリスク対策が後手に回り、キャッシュレス決済が普及する裏で、2019年の不正利用額は史上最悪の金額に迫る勢いになっている。不正利用被害額を補償する規約変更は進んでいるものの、消費者が自ら管理しているはずの金銭受渡し手段が犯罪者に使われてしまうのだから「補償されるから不正利用されても平気」とはならない。不正利用自体が発生しないよう整備しなければ、身近で被害が発生するたびにキャッシュレスに対する不安は募る。

　安全な仕組みの構築・運用には当然コストもかかる。キャッシュレスが普及しない要因として加盟店手数料や端末費用、ネットワーク手数料など目にみえやすいコストをやり玉に挙げ、闇雲にコストをたたく風潮が高まっているように感じられることも心配だ。破産状態を隠して旅行を販売した旅行代理店や成人式を台無しにした着物レンタル会社など、現金では泣き寝入りになる被害額の支払を免除したり、本人が盗難に気づく前に不審なカード利用をストップする決済サービスと、スピードや利便性に特化して廉価にサービス提供する決済サービスを手数料だけで比較したり、キャッシュレスによって現金管理や従業員の業務負荷などが軽減したコストを可視化することなく

加盟店手数料ばかりを糾弾するようでは、逆に消費者や小売店に悪影響を及ぼす可能性もある。「安かろう悪かろう」の決済サービスが増えて、目にみえないセキュリティ対策はますますなおざりになりかねないのだ。万が一にも消費者や小売店に有事のシワ寄せが行かないよう、安全なインフラ提供を第一に考える真面目な事業者が立ち行かなくなって姿を消すことになりかねない。「安かろう悪かろう」とは、ポイント還元や特典が少ないことではない。事業継続が困難となった決済事業者が加盟店に取扱代金を支払えなくなることを懸念している。加盟店が決済サービスで売った商品の売上代金を決済事業者が支払われなければ、経営が立ち行かなくなる加盟店が多発する。するとその取引先や融資していた金融機関まで連鎖倒産するなど、経済に多大な影響を及ぼしかねない。これを金融システミックリスクという。決済サービスは金銭授受の流れの一端を担うサービスであり、モノを売って終わりではない。もちろん不正利用被害が多発すれば決済事業者の事業性に多大な影響を及ぼすが、手数料収入がほとんどないのに特典を大盤振る舞いする手法も当然事業性に影響するし、他の事業で儲かっているから決済サービスの手数料はゼロでいいとの理屈では、他の事業が傾いた途端に決済サービスに大きく影響することになる。

　筆者の講演に参加された方々やご相談に来られた企業には、このような決済サービスのむずかしさや懸念、対策案などをご説明してきたが、直接ご説明できない方々の理解を得ることは大変むずかしかった。たとえば、ある新興系決済サービスを金融業態をあげて推進する金融機関の役員さんたちの会合の講演では、「あの決済サービスを推進して大丈夫か？」とのご質問

を受けたので、名誉棄損や個社批判にならないよう注意しながら一般論として注意点を説明したところ、同業態の中央組織から「不安になるような話をしないでください」と注意されてしまった。しかしこの懸念は後に的中する。コンサル会社勤務時代には『2015年の決済サービス─決済の脱「ガラパゴス化」』『電子決済ビジネス─銀行を超えるサービスが出現する』『キャッシュレス革命2020─電子決済がつくり出す新しい社会』などの書籍を共著で書く機会も得たが、注意喚起を含む文章はネガティブな印象が強く、所属組織や共著メンバーへの影響を考慮すると赤裸々に記述することはむずかしかった。社会人30周年を機に独立し、所属組織への影響を気にする必要がなくなった今般、破綻する決済事業者が出現する前に一刻も早く注意喚起をしようと本書の執筆にとりかかった次第である。しかしキャッシュレス動向はあまりに日々激しく変化し、時代錯誤の内容にならないようリカバリーを続けるうちに、以前からの懸念がとうとう現実のものとなってしまう。FinTech をリードした新興系決済サービスが事実上の破綻といわれて事業譲渡したのだ。幸い引取り手が現れたことで、加盟店支払が滞って金融システミックリスクが現実のものとなるような事態は免れ、引き取った決済事業者に勝手に感謝しているが、まだまだ油断は禁物である。ほかにも危うい事業者はいると思われるし、引き取った事業者も明日はわが身かもしれない。事業開始時には「異業種の決済事業参入」と話題になり、10年以上サービス提供を継続する決済事業者でさえ、強靭な体力によって事業を継続できているだけで決済事業自体の採算性や本業との相乗効果においては課題が残ったままである可能性は高い。

このような決済事業のむずかしさや、海外事例をまねるだけではうまくいかない環境の違い、新たな決済サービスを検討する際に認識すべき注意点や詳細業務といった決済サービスの本質について、その発展経緯や背景を振り返るなかから示唆を抜き出し、内部情報や機密情報を漏洩することのないよう公開情報から本質を導き出すかたちで、重要な要素や業務、注意事項などを整理したつもりである。キャッシュレスを深く理解していただく一助となり、健全なキャッシュレス社会の実現に寄与できれば幸いである。

　2020年5月

宮居　雅宣

目　次

第2章　デビットカードと送金サービス

第3章 プリペイドカードと電子マネー

第4章 **新たな決済サービスの動向とキャッシュレ
ス社会の展望**

すべての決済サービスの
基本といえる国際ブランド
決済カードの仕組み

（1）　世界中で共用できるクレジットカードで学ぶ決済サービスの基礎知識

①　日本のキャッシュレス決済の概況

　日本で商品やサービスを購入する際にその代金を支払う方法において、最も使われている現金以外の決済手段がクレジットカードである。日本のクレジットカードは、約1カ月間の利用金額を後でまとめて一括払いする支払方法が一般的だ。

　クレジットカードの業界団体である日本クレジット協会（以下、JCA）が公表する2019年のクレジットカード取扱高は約73.4兆円で、2019年の名目国内家計最終消費支出300.2兆円の約24.5％を占める。「キャッシュレス」に明確な定義はないが、政府が2017年の未来投資戦略で新たに設置したキャッシュレス決済比率のKPI（2027年6月までに4割程度とすることを目指す）に含まれるキャッシュレス決済には、クレジットカード、デビットカード、電子マネーが含まれており、実にその9割以上をクレジットカードが占めている[1]。日本の消費者がキャッシュレスと聞くと、「使い過ぎが心配」との声が多く聞かれるのは「キャッシュレス＝クレジットカード」とのイメージが強いことが原因と考えられる。

　次に取扱金額の多い決済手段が電子マネーである。日本銀行の「決済サービス動向」によると2019年の取扱高は5兆7,506

---

[1]　政府の「未来投資戦略」や「成長戦略」のKPIで計算されるキャッシュレス決済額は、クレジットカード、デビットカード、非接触IC型前払式電子マネー8種類の合計額。2018年のキャッシュレス決済額は約72.5兆円。2018年のキャッシュレス決済比率は約24.4％。

億円である。「電子マネー」にも明確な定義はないが、日本銀行は「電子マネー」を前払式支払手段と定義しており、同取扱高は電子マネーのなかでも非接触ICチップをカードや携帯電話に搭載した非接触ICでプリペイドタイプの主要8社（楽天Edy、nanaco、WAON、Suica、SUGOCA、ICOCA、PASMO、Kitaca）の取扱高の合計となっている。そこには、磁気カードタイプのプリペイドカードやサーバ型電子マネー、最近発行が増えているブランドプリペイド（VisaやMastercardなどの国際決済ブランドがついたプリペイドカード）の取扱高は含まれていない。前払式支払手段（プリペイドタイプ）とは、買い物する前にあらかじめまとまった金額を決済事業者に支払っておき、その残高の範囲内で買い物したり、海外旅行で現地のATMから現地通貨で引き出したりする決済方法である。認定資金決済事業者協会[2]の日本資金決済業協会によると、2018年の前払式支払手段の発行額は約24.5兆円あり、この計数を使って算出するとわが国の2018年のキャッシュレス決済比率は約30.9％となる。しかしこの24.5兆円には紙の商品券なども含まれており、キャッシュレスを電子決済という意味で語る場合には上振れした計数となる。プリペイドカードについては第3章で詳述する。なお「電子マネー」という言葉について、本書も日本銀行の定義「前払式支払手段」に倣う（すなわち、同じ非接触ICチップを使った後払式の決済サービスは、電子マネーには含めない）。

　そして政府のKPIに含まれる3つめのキャッシュレス決済

2　「資金決済に関する法律（資金決済法）」により認定された業界団体。

手段がデビットカードである。デビットカードとは、買い物した金額をほぼ即時に消費者の金融機関口座から口座振替にて支払う方法である。キャッシュレス決済比率のデビットカードには、約1,300の金融機関が発行するキャッシュカードで買い物できる「J-Debit」と、国際決済ブランドがついたデビットカードである「ブランドデビット」が含まれる。同じく日本銀行の「決済サービス動向」によると2018年の決済金額は1兆4,131億円で、前年比24.8%増と急増している。デビットカードについては第2章で詳述する。

図表1－1　決済サービスの登場主体者と契約関係および役割

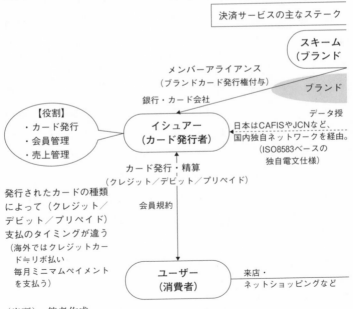

決済サービスの主なステーク

スキーム
（ブランド

メンバーアライアンス
（ブランドカード発行権付与）

ブランド

銀行・カード会社

【役割】
・カード発行
・会員管理
・売上管理

イシュアー
（カード発行者）

データ授
日本はCAFISやJCNなど、
国内独自ネットワークを経由。
（ISO8583ベースの
独自電文仕様）

カード発行・精算
（クレジット／デビット／プリペイド）

発行されたカードの種類
によって（クレジット／
デビット／プリペイド）
支払のタイミングが違う
（海外ではクレジットカー
ド≒リボ払い
毎月ミニマムペイメント
を支払う）

会員規約

ユーザー
（消費者）

来店・
ネットショッピングなど

（出所）　筆者作成

② クレジットカードで理解する決済サービスの基本構造

　最も利用金額の多いクレジットカードに登場するプレイヤーは、決済手段であるカードを利用する「ユーザー」と、ユーザーにカードを発行する「カード発行会社（以下、イシュアー）」、ユーザーが買い物して決済するお店である「加盟店」と、加盟店と契約して決済手段を提供する「加盟店契約会社（以下、アクワイアラー）」、さらにイシュアーが直接加盟店契約をしていなくても、ユーザーがいろいろなお店で買い物できるようにイシュアーとアクワイアラーを結びつける決済スキーム全体の管理者である「ブランド会社」の5者からなる（図表

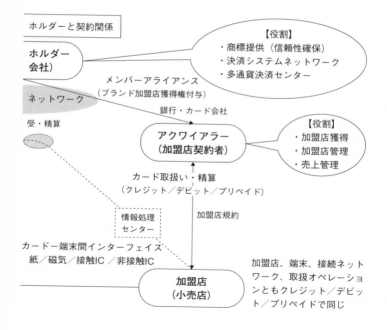

ホルダーと契約関係

ホルダー
会社）

【役割】
・商標提供（信頼性確保）
・決済システムネットワーク
・多通貨決済センター

メンバーアライアンス
（ブランド加盟店獲得権付与）

ネットワーク

受・精算

銀行・カード会社

アクワイアラー
（加盟店契約者）

【役割】
・加盟店獲得
・加盟店管理
・売上管理

情報処理
センター

カード取扱い・精算
（クレジット／デビット／プリペイド）

加盟店規約

カード-端末間インターフェイス
紙／磁気／接触IC ／非接触IC

加盟店
（小売店）

加盟店、端末、接続ネットワーク、取扱オペレーションともクレジット／デビット／プリペイドで同じ

1 - 1 参照)。

　すなわち、イシュアーはユーザーに決済サービスを提供し、アクワイアラーは小売店に決済サービスを取り扱うことのできる環境を提供し、ブランド会社はイシュアーとアクワイアラーを接続することで、多くのユーザーがさまざまな加盟店で決済できる姿を実現している。すべての決済サービスは、ユーザーと加盟店、そしてそれぞれにサービスを提供するイシュアーとアクワイアラー、さらにイシュアーとアクワイアラーが異なる場合にはその両者をネットワーキングするブランド会社から成り立っており、クレジットカードの仕組みを知ることが、決済サービスを理解する近道となる。クレジットカードに限らず、デビットカードやプリペイドカードも基本的にはこのかたちで整理できる。

　ユーザーと加盟店、イシュアーとアクワイアラーから成り立つ決済スキームを「4（フォー）パーティスキーム」と呼ぶ。対して、イシュアーとアクワイアラーが同一で、ユーザーと加盟店に決済サービスを提供するスキームを「3（スリー）パーティスキーム」と呼ぶ（図表1 - 2参照）。

　代表的な4パーティスキームに、VisaとMastercardがある。VisaとMastercardは、さまざまな国や地域の金融機関にVisaやMastercardの決済カードを発行する権利（イシュイング権）と加盟店獲得・管理する権利（アクワイアリング権）を提供し、どこの国のイシュアーのユーザーがどこの国のアクワイアラーの加盟店に行っても、カードやスマートフォン（以下、スマホ）などで決済できる環境を整備している。

　代表的な3パーティスキームに、American ExpressやDiners

図表1－2　4パーティスキームと3パーティスキーム

[4 パーティスキームの主な金流]

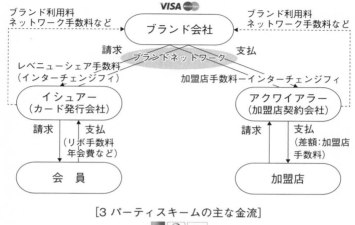

[3 パーティスキームの主な金流]

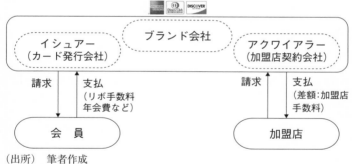

（出所）　筆者作成

Club、Discover がある。

　American Express はもともと荷馬車で貨物を運ぶ宅配便業者（Cargo Express）だったが、郵便為替業務を皮切りに金融業に参入し、トラベラーズチェックを発行して世界中で金銭的価値を授受するネットワークを構築した。さらにそのネット

ワークを活かした多様なサービスを展開し、海外旅行に行く米国人旅行者をサポートした。すなわち、自らの優良な顧客に、自ら決済サービスを利用できる環境を提供する3パーティスキームが基本モデルである。欧米ではVisaやMastercardのクレジットカードは、提携金融機関がリボルビング払い（毎月、カード利用総額のなかからあらかじめイシュアーと約束した最低支払額以上を小切手を振り出して支払い、カード利用残額を繰り越す支払方法）で支払う手法が一般的である。

　米国では、ユーザーは金融機関が送ってくるクレジットカードの利用明細をみたうえで、その月にいくら支払うか（最小支払額以上）を決めて同封されている小切手に記入し、返信用封筒でイシュアーである銀行に送付する（図表1−3参照）。日本ではイシュアーであるカード会社と利用代金を口座振替する金融機関が別なのでわかりにくいが、クレジットカードのイシュアーが決済銀行である海外各国ではこのような方法が一般的である。これに対して、American Expressは優良顧客に自ら直接カードを発行して利用金額を一括で後払いする「チャージカード」と呼ばれる支払方法を基本に成長してきた。最近はAmerican Expressブランドのカードを発行する権利を金融機関に提供するケースが多くなり、日本でもクレディセゾンや三菱UFJニコスなどAmerican Express自らが発行するカードのほかに提携したイシュアーが発行するAmerican Expressカードが増えつつある。また、加盟店獲得についても、日本ではJCBに委託するなど提携先を増やしており、4パーティスキームとの差がわからなくなってきている。

　Diners Clubは「創業者が食事に出かけた時、財布を忘れて

図表1−3　カード利用明細書とミニマムペイメント以上の金額を
　　　　　記述し小切手を同封するセット

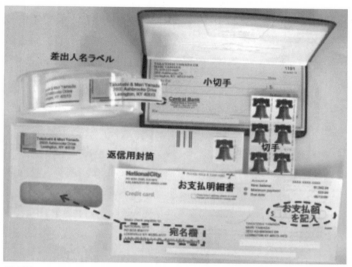

（出所）　http://www.jlifeus.com/e-pedia/05.money&insurance/02.
creditcard/ptext/01.cards.htm

支払いができず、支払能力があるのに恥ずかしい体験をした。
彼は、友人の弁護士とともに、現金をもたなくても支払ができ
る制度を考え出した」との創業経緯の逸話が有名であるが、こ
れは当時の広報担当が創作したフィクションであるとの説が有
力である。少なくとも米国では、Diners Club以前よりクレ
ジットカードのようなカードは発行されていた。そのため「ガ
ソリン給油や航空券、電話や乗車券などでは発行されていたク
レジットカードが、飲食用にはほとんど存在しなかったため
に、レストラン用に考え直されてDinersとの名前がついた」
との説が有力で、やはり優良なユーザーに質の高いレストラン

を紹介する3パーティスキームが発祥といえる。

　Discoverは米国の老舗デパート「シアーズ」がお得意様に自社店舗内の商品を自由に買い物してもらう手段として始まったといわれ、やはり3パーティスキームが発祥である。同様のモデルは日本のデパートなどでもみられ、デパートが発行したカードを使って自社店舗で支払うことのできる「ハウスカード」として知られているが、お得意様用サービスであったことを考えると「外商カード」のほうがイメージは近いかもしれない。もっとも最近はどのハウスカードにもVisaやMastercardが付与され、自社店舗以外でも決済できることが多く、ハウスカードは希少な存在となりつつある。

　日本で最も加盟店が多いとされるJCBは、4パーティスキームと3パーティスキームの長所を取り合わせたスキームといえる。JCBブランドのカードを発行する権利は複数のイシュアーに提供する一方で、加盟店契約（アクワイアリング）は契約者に必ずJCBが入っており、すべての加盟店情報を集約管理している。ユーザーに国内外のさまざまな加盟店を紹介することが可能であり、すべてのJCB加盟店を対象に販売促進を図ることができるほか、不正利用の情報なども豊富に収集でき、すべての加盟店と直接取引があるので対策も講じやすい。

　4パーティスキームでは、Visaが米国の銀行「バンク・オブ・アメリカ」の"BANK AMERICARD"としてサービスを開始したのが1958年、Mastercardが"Western Bank Card" "Eastern Bank Card"としてサービスを開始したのが1966年である。同じく米国でAmerican Expressが1958年に米国ホテル組合のクレジットカード会社を買収してカード事業に参

10

入[3]、Diners Club が1950年にサービスをスタート[4]させ、日本でJCBが1981年に独自の海外展開をスタートさせたのに対して、2002年に中国政府が主導して誕生した「銀聯」は同じ国際ブランドであるが少々事情が異なる。銀聯については、第4章で詳述する。

③ 国際ブランド決済のビジネスモデルとセーフティネット

　日本ではクレジットカードは一括後払いが一般的である。カード会社によって締め日が異なるが、1カ月間のクレジットカード利用金額を後日まとめて口座振替にて支払う。ユーザーに手数料は発生しない。たとえばイシュアーとしてのジェーシービー[5]や三井住友カードが発行するクレジットカードでは、毎月15日が締め日で翌月10日に口座振替、すなわち前月16日〜今月15日の1カ月間のカード利用金額を翌月10日に銀行口座から自動振替にて支払うサイクルが基本である[6]。最近では自動振替を前提とせず、コンビニエンスストア払いなどでカード発行するケースも増えている。自動振替に必要な口座振替依頼書には、ユーザーが金融機関届出印（以下、銀行印）を押印する必要があるが、銀行印が間違っていたりユーザーがど

3　American Express は1850年に運送業者として開業。1882年に郵便為替で金融業に参入し、1891年にはトラベラーズチェックを発行して決済サービスを世界展開している。

4　米国では Diners Club 以前から多数のクレジットカードが発行されている。

5　カード裏面に記載されたカード発行者が株式会社ジェーシービーのカードのこと。券面にJCBマークのついたカードでも、たとえばセゾンJCBカードはカード発行者がクレディセゾンであり、締め日や振替日は異なる。

6　月末締め翌月15日口座振替など、別のサイクルを選ぶことも可能。

の印鑑を届け出たかが不明になっていたりなどで利用代金の支払サイクルに自動振替が間に合わないとか、そもそも銀行印を押印するカード申込手続が面倒なために途中で申込みをやめてしまう離脱者を防ぐ目的で、銀行印がなくてもコンビニエンスストア等の店頭でカード利用代金を支払えるよう変化しているのだ。

　加盟店には通常、加盟店手数料を差し引いた金額が支払われる。加盟店手数料は、ブランドによっても、アクワイアラーによっても、加盟店によっても異なる。富裕層ユーザーが多いブランド会社のカードは買い物金額も高額になりがちで加盟店の収益性が高いぶん、加盟店手数料も高めであったり、取扱高（月間のカード売上高など）が大きい加盟店ほどアクワイアラーに対する交渉を優位に進めることができて加盟店手数料が廉価になったり、アルコールを扱う飲食店ではユーザーの気が大きくなって利用されるものの後日に支払が滞る確率（未収リスク）が高くて加盟店手数料が高く設定されたりなど、事情はさまざまである。よって加盟店手数料の料率は一概にはいえないが、経済産業省の「我が国における FinTech 普及に向けた環境整備に関する調査」によると、「現金・キャッシュレス決済に関するアンケート調査（2018年1月）」における加盟店手数料の平均値は3.09％である[7]。この手数料をアクワイアラー、イシュアー、ブランド会社でシェアする。ブランド会社や国、業種などによって配分や計算方法などの精算ルールは異なる。

　入金サイクルはアクワイアラーと加盟店の間の契約内容によ

7　http://www.meti.go.jp/committee/kenkyukai/shoryu/credit_carddata/pdf/009_03_00.pdf

るが、カード会社各社の加盟店規約では月に2回の支払サイクルが基本となっている。たとえば、毎月1日から15日までの取扱代金が月末、16日から月末までの取扱代金が翌月15日に入金されるといった具合である。アクワイアラーによって加盟店手数料の設定方法は異なるが、たとえば入金サイクルを短く早くしてほしいとの要望のあった中小規模の小売店であれば、加盟店手数料を安くできないかわりに入金サイクルを早めるなどの工夫がなされている（大規模小売店は入金管理業務が煩雑になることが敬遠されがちで、これまではあまりそういった要望は出なかった）。アクワイアラーとしていくらくらいの売上げを見込み、加盟店手数料をいくらに設定して、どれくらいの入金サイクルとするのか、加盟店が取扱う商品・サービスは何か、延滞率に関連する事情が何かあるか、カード読取端末のコストや設置費用はどうするのか、他社対抗上の出精値引きなど、加盟店手数料と入金サイクルはさまざまな要素によって決まっている。

　また、日本ではあまり知られていない重要なブランド会社の役割として、万が一アクワイアラーが倒産して加盟店にカード取扱代金を支払えないといった事象が発生したとしても、当該ブランドの信頼性に影響を及ぼすとブランド会社が判断すれば加盟店にカード取扱代金を支払うなど、加盟店が安心して決済サービスを取り扱うことのできる仕組み（システミックリスクへの対応）が機能している。たとえば1997年に北海道拓殖銀行が破綻した際に、北海道拓殖銀行系列のカード会社「HCB」も破綻した。加盟店の間でカード取扱代金が支払われるのか不安が走ったが、ブランド会社のJCBはHCBを子会社化し、す

でに HCB に支払済であった加盟店支払用の利用代金を再度加盟店に支払うことで加盟店に安堵が広がり、JCB ブランドの信頼性を確保した。このように、スキームホルダーがセーフティネットなどの仕組みやさまざまな方法で「安全」を確保し、ユーザーや加盟店が「安心」して利用できることを、本書では「安全・安心」と呼ぶ。

　万が一にも「取り扱ってもちゃんとその取扱代金が支払われるか否かわからない」ような決済サービスであれば、小売店は加盟店契約をしない。この「安全・安心」こそが決済サービスの根幹であり、万に一つでも取り扱った代金が加盟店に支払われないような決済サービスが発生すると、加盟店の経営に大きな影響を及ぼし、当該加盟店に事業資金を融資している金融機関の経営にも影響することで、国内の経済活動にまで多大な影響を及ぼしかねない。このように、個社の支払不能や特定の決済システムの機能不全が、他の事業者や金融機関、市場や決済システム全体に波及するリスクを「金融システミックリスク」という。それでなくても、キャッシュレス決済は使い過ぎそうで怖いとの「キャッシュレス不信」が生まれかねない。加盟店手数料にはこのような金融システミックリスクを引き起こさないためのセーフティネット維持コストも含まれている。加盟店もユーザーも安全・安心に利用することのできる仕組みの運用が、決済サービスでは何よりも重要である。

　そういった意味では、最近特に百花繚乱の新興系の決済サービス事業者や、その決済サービスを取り扱う加盟店、さらにキャッシュレスを推進する中央省庁にこの認識があるのか、セーフティネットがきちんと整備されているのかについては一

抹の不安を感じる。経済産業省が2018年4月にまとめた「キャッシュレス・ビジョン」に至る「キャッシュレス検討会（クレジットカードデータ利用に係るAPI連携に関する検討会）」では、決済に伴う最終的なリスクを負わない（リスクは当該決済サービスに紐づけられたクレジットカードのイシュアーが負担）新興系の決済サービス事業者から、「国際ブランド決済の加盟店手数料が高いことがキャッシュレス化遅延の原因である」との主張が繰り返され、その後「キャッシュレス・ビジョン」にも小売店がキャッシュレスを導入しないアンケート結果とともに最大の課題として記載された。たしかに加盟店手数料が廉価なほうが小売店は導入しやすいといえるが、実は声高に主張した決済事業者は、包括加盟店として加盟店手数料が安くなれば自社の利鞘が大きくなる構造となっており、その傘下の小売店が負担する加盟店手数料が直接的に安くなるわけではない。さらに、仮に包括加盟店として独自の決済サービスを展開する同社が倒産した場合には前述のセーフティネットは機能しない。

　たとえば、あるショッピングモールが独自の決済サービスを展開して、その支払方法としてクレジットカードを紐づけて支払うことができるようになっていた場合に、当該ショッピングモールが倒産して独自決済サービスの取扱代金が店子に支払われなかったとしても、当該決済サービスとクレジットカードは別物であり、クレジットカードのセーフティネットが機能するわけではないということである。

　実際にこの決済サービス事業者は、2019年11月に日本経済新聞「NEXT ユニコーン調査」で417億円の企業価値と推計されながら、そのわずか2カ月後の2020年1月には事業の継続が困

難となり別の新興系決済サービスに買収されている。報道によると買収額は1株1円で257万円という。正直なところ、筆者は真っ先に「倒産して金融システミックリスクを引き起こさなくてよかった」と安堵した。実は筆者は、数年前からこの事態を懸念し、推進する金融機関や関連省庁などに注意喚起を行い、講演などでも解説してきたのだが、なかなか信憑性高く受け止めてもらえず、本書の執筆を思い立ったのであるが、日々激しく変化するキャッシュレス動向の執筆に時間を要するうちに、懸念していた事象が発生してしまったのである。そもそも決済サービスは超薄利多売のビジネスであるが、加盟店手数料を廉価にして加盟店を拡大し、決済サービスの収入が著しく少ないなかでユーザーに大胆な特典をばら撒くことで、規模を拡大して定着を図る新興系の決済サービスにおいては、今後も同様の懸念はつきまとう。

　クレジットカードの仕組みとしても、カード番号不保持やPC-DSSに加え、そもそもイシュアーが発行してECなどで番号だけでも利用できてしまうカード番号が、イシュアーと何の契約関係もない包括加盟店や加盟店でいつの間にか登録管理されるスキーム自体について、業界をあげて見直すべき時が来ているのではないだろうか。国も闇雲に加盟店手数料を問題視して加盟店手数料を安くさせることで、万が一の際には加盟店に取扱代金が支払われないようなキャッシュレス決済が普及し、有事の際に経済活動に大きな影響を及ぼすような事態に陥らないよう、「安全・安心」を大前提にキャッシュレスを推進しなければならない。「キャッシュレス・ビジョン」や「キャッシュレス検討会」において「他国は手数料が安い」とされた事

例には誤解も少なくない。たとえば、中国は国が決済ネットワークを整備し、法令で加盟店手数料を決めた経緯がある。EU が上限を定めたのは加盟店手数料でもアクワイアラーがイシュアーに支払うインターチェンジフィーでもなく、多国間取引の場合にのみ発生するマルチラテラルフィーである。筆者はキャッシュレス検討会にオブザーバー参加していたが、前述の決済サービス事業者が誤った認識で「日本はおかしい。遅れている」と発言しても、なかなか面と向かって否定することはむずかしく、検討委員はだれも是正できないようであった。真のキャッシュレス普及には正しい事実認識が不可欠である。他国は国が決済ネットワークなどのインフラ整備に重要な責任を果たしているのに対し、日本は民間に手数料を下げろと連呼するだけというような政策にはならないと信じたい。

　少なくとも国際ブランド決済は60年以上という最も長い歴史のある決済サービスとしてのノウハウを蓄積し、世界規模で「安全・安心」を大前提とした決済サービスを提供している。長年コストと時間をかけて蓄積したノウハウを安易に提供することは、企業としての存続にも影響しかねず簡単ではないと思われるが、数年後にキャッシュレス不信が蔓延したり、表面にみえやすい手数料ばかりが問題視されて強硬な下げ圧力にさらされて、ユーザー本人より先にカードの盗難・紛失に気づいて止めるような安全な仕組みの提供ができなくなるなど、結局自社の事業に多大な影響を及ぼしかねない。決済サービス事業者側でも社会を俯瞰し、支障のない範囲を見極めて積極的に詳細情報を提供しつつ、よりよいキャッシュレス社会の実現を目指していただきたい。

図表1－4　国際ブランド決済スキームの金流とデータ流

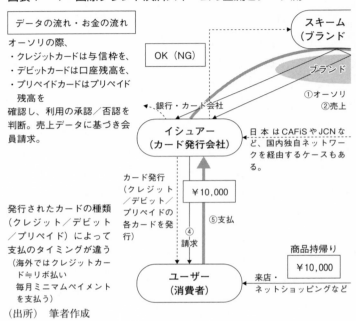

（出所）　筆者作成

④　クレジットカードが世界中で共用できる理由（国際規格のエコシステム）

　世界的に「安全・安心」な決済サービスを提供する国際ブランド決済は、具体的にどう世界共用を実現しているのだろうか。

　世界中の金融機関がイシュアーやアクワイアラーとして、多くの国でユーザーや加盟店を獲得しているのが Visa と Mastercard である。ブランド会社の Visa と Mastercard は、世界各国の金融機関にイシュアーとして Visa や Mastercard のブランドを付したカードを発行する権利を供与し、アクワイ

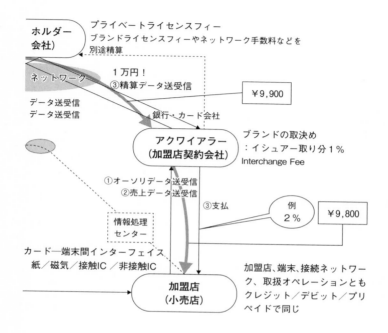

アラーとして加盟店を獲得する権利を供与することで、会員と加盟店を拡大し、イシュアーとアクワイアラーの間をつなぐネットワークとして業容を拡大してきた。日本国内には独自の決済データ授受ネットワークが存在するためわかりづらいが、ブランド会社は単にカードの右下にブランドマークを表示する会社ではなく、複数存在するイシュアーとアクワイアラーの間でデータ授受や精算を行うネットワーク会社であり、そのデータに基づいて精算を行う精算機関でもある。そしてネットワーク会社としてネットワーク上を送受信するデータの仕様や、それに伴うカードの仕様を国際規格にのっとって決めており、世

界中の金融機関がその仕様に準拠したカードを発行し、データを送受信することで、世界中で使える決済サービスが実現している。日本で発行されたクレジットカードが海外のさまざまな国のお店で利用できるのも、Visa、Mastercard、JCB、American Express などの複数ブランドカードが同じ1台の加盟店端末で決済できるのも、クレジットカードやブランドデビット[8]、ブランドプリペイド[9]が同じ1台の加盟店端末で決済できるのも、国際規格をベースにブランド間で仕様を標準化しているからである。

「国際規格」とは、国際標準化機構（ISO[10]）、国際電気標準会議（IEC[11]）、国際電気通信連合（ITU[12]）の3つの公的規格（デジュールスタンダード）を指す。各種業界団体がそれぞれの業界で世界共用化を目指して国際規格と名乗ることも多いが、本書ではそれらは公的国際規格とは別の「国際業界標準」と定義する。というのも、国家間で貿易に関するさまざまな国際ルールを定めた世界貿易機関（WTO[13]）協定は、各国に公共性の高い調達などで原則としてこれらの国際規格に準拠することを義務づけており、仮に準拠しない場合にはWTO違反として提訴される可能性がある。そのため、これらの国際規格は業界標準とは異なる強制力をもち、各国の技術採用や調達に大き

---

8 Visa デビットや JCB デビット、Mastercard デビットなど、国際決済ブランドが付いたデビットカード。
9 Visa プリペイドや Mastercard プリペイド、JCB プリペイドなど、国際決済ブランドのプリペイドカード。
10 International Organization for Standardization
11 International Electrotechnical Commission
12 International Telecommunication Union
13 World Trade Organization

く影響している。ゆえに本書ではこの ISO、IEC、ITU のみを「国際規格」と呼ぶ。

　クレジットカードやデビットカードなどの決済用カード（以下、ペイメントカード）は、カードの縦横の長さや厚み、角の丸みや半径などの物理的仕様に始まり、カードのデータを券面に記録する磁気ストライプの貼付位置や磁気データの仕様、接触型 IC（Integrated Circuit：集積回路）チップの貼付位置やデータ仕様、非接触型 IC カードの通信規格に至るまで、さまざまな仕様で国際規格に準拠している。カード番号は、ID 番号の国際規格である ISO/IEC7812 に準拠しており、頭 1 桁が産業識別子、産業識別子を含む 6 桁が発行者識別子（Issuer Identification Number：IIN。日本では特に金融用途の発行者識別子が Bank Identification Number：BIN として知られている）として定義されている（図表 1 - 5 参照）。国際ブランド会社はこの発行者識別子を ISO から購入管理することで、どこの国で発行されたカードがどこの国の店で使われても、その取引を行ってよいか否かをイシュアーに確認のうえ（オーソリゼーション）、取引された利用代金をイシュアーに請求することができ、一方でアクワイアラーに買い物代金を支払うことで、精算が可能となる。イシュアーは自社が管理する会員に、発行したカードの種類（クレジットカードやデビットカードなど）に応じて利用代金を請求し、リボ払いの場合にはその手数料を徴収する[14]。アクワイアラーは加盟店手数料を差し引いて[15]加盟店に利用代金を支払う。

14　手数料を徴収するサービスやタイミングは、国やブランド、イシュアーによって異なる。

図表1−5　ID番号の国際規格（ISO/IEC）産業識別子と発行者
　　　　　識別子

[Major Industry Identifier（主要産業識別子）]

カード番号の1桁目は、産業を識別する数字

MII	Issuer Category
0	ISO/TC 68 and Other industry assignments
1	Airlines
2	Airlines and Other industry assignments
3	**Travel and Entertainment**
4	**Banking and Financial**
5	**Banking and Financial**
6	Merchandizing and Banking
7	Petroleum
8	Telecommunications & Other industry assignments
9	National assignment

[Issuer Identification Number（発行者識別子）]

MIIを含む頭6桁は発行者識別子番号（ブランドによっては9桁もある）
※決済サービスではBIN（Bank Identification Number）と呼ばれる。

【日本でみられるBINの例】

国際ブランド	BIN の例
American Express	376100、376107、…
Diners Club	369500、369400、…
JCB	354000、364100、358200、…
Visa	498000、420500、429769、…
mastercard	525200、530242、543616、…
Union Pay	622101、622130、…

（注1）　金融機関が自ら直接獲得したBINでVisaやMastercard
　　　　付きのカードを発行するケースもある。
（注2）Mastercardは2BINも追加。
（出所）　筆者作成

このように国際ブランド決済サービスは、国際規格にのっとって、世界のどの国でもペイメントカードが共用できる環境を整備している。1台の加盟店端末で、国を越え、ブランド（Visa、Mastercardのほか、American ExpressやDiners Club、JCBや銀聯なども含む）を超え、支払方法（クレジットカードの後払い、デビットカードの即時払い、プリペイドカードの前払い）も超えて共用できるエコシステムを世界的に整備しているのだ。VisaやMasterCardは決して力技で独自仕様を世界各国に普及させて世界共用を実現したわけではなく、ISO/IECの国際標準化団体が策定した国際規格に準拠することで、世界中で相互利用できる環境を整備している[16]のだ。すなわち国際ブランド決済カードは、国際標準の決済サービスということができる。

　具体的には、決済の際にユーザーを識別するID番号、すなわちカード番号として国際規格のID番号を利用することで、ユーザー情報の重複を防ぐとともに正しいユーザーに決済情報が届く仕組みが構築されている。ID番号の国際規格はISO/IEC7812にて規格化されており、頭1桁は産業識別子として産業ごとに割り当てられている。たとえば、1桁目の番号が

15　手数料を徴収するタイミングは、国やブランド、アクワイアラーによって異なる。
16　国際規格の策定方法には、関係者が1から話し合ってお互いに自己に都合のよい仕様をねじ込もうとするのを牽制し、削り合いながら策定する方法と、すでに普及済の事実上の標準仕様を後追い的に追認する策定方法がある。国際ブランド決済はどちらかといえば後者の方法による策定が多い。

「1」で始まるID番号は航空業界、「7」で始まるID番号は石油業界で利用するID番号といった具合に割り当てられている（図表1−5参照）。金融・決済分野の産業識別子は「4」や「5」であり、Visaが「4」で始まるID番号の多くを、Mastercardが「5」で始まるID番号の多くをISOから購入してカード番号に利用している。JCBやAmerican Express、Diners ClubなどはTravel & Entertainment分野として「3」で始まるID番号を保有する。JCBやAmerican Expressがかねてより「われわれは単なる生活決済用カードではなく、トラベル＆エンターテインメントカードだ」と主張する根拠の一端はここにある。ちなみに、当初は米国のデパート「シアーズ」のメンバーカードとして始まったDiscoverと銀聯は「小売や金融取引など」の識別子「6」で始まる。また、「9」は各国で国内利用するために各国の標準化団体に割り当てられており、ISO3166で国コードが規定されている。日本の国コードは「392」で、日本産業規格（JIS[17]）が管理する組織に当たる。

　さらにこの産業識別子を含む頭6桁がサービス提供者（カード発行者＝イシュアー）を識別するイシュアー識別子（Issuer Identification Number：IIN[18]）としてISO/IECからスキームホルダー（国際ブランド決済の場合はブランド会社）に割り振られており、各スキームホルダー（ブランド会社）は保有する6桁の番号枠を各国のイシュアー（カード発行会社）に割り当て、当該イシュアーがその会員に発行する決済カードのカード番号

17　Japanese Industrial Standards
18　IINは日本では特に金融取引分野においてイシュアー＝金融機関であることからBank Identification Number（BIN）として知られている。

の頭6桁に使うことで、世界のどの国でカードが使われても、ブランド会社がカード番号の頭6桁をみればどの国のどのイシュアー（カード会社や金融機関など）が発行したカードなのかが識別できる[19]。ゆえに、ブランド会社はどこでどのカードが使われても、当該カードを発行したイシュアーにデータを連携して利用可否判断（オーソリゼーション）や売上げの精算を行うことができる仕組みとなっている。

　なお、このID番号の国際規格は、後に日本でQRコード決済の統一仕様「JPQR」の事業者識別子を検討する際に国際的互換性の確保と公平公正性の面で重要な影響を及ぼす。

　ただし、公的規格（デジュールスタンダード）の国際規格では詳細な仕様までは決められておらず、実装にはさらに詳しい仕様が必要となる。たとえば、Visa、Mastercard、JCB、American Express などの国際ブランド会社は決済カードのIC化に際して、ICチップに書き込むデータの仕様や加盟店端末との間でどのような命令（コマンド）と回答（レスポンス）をやりとりするかといった取引手順などを、国際ブランド共通仕様の「EMV仕様」として規格化している。世界中の金融機関がこの「EMV仕様」に準拠しており、事実上の標準規格（デファクトスタンダード）となっている。EMVは、Europay（2002年に Mastercard が吸収合併）、Mastercard、Visa の頭文字からとった名前である。

　EMV仕様に代表されるような業界標準に準拠しつつ、さらに各国際ブランド会社は取引時にどのようなデータを送受信す

19　ブランドやイシュアーによっては9桁など、6桁以降の番号も含めて識別するケースもある。

るか、どのようにセキュリティを確保するかといったルールを
ブランドレギュレーションとして定めている。ブランドレギュ
レーションには、基本的な取引手順やデータ仕様のほかに、
カードや加盟店端末のIC化を義務づけてセキュリティを高め
るルールや、アクワイアラーが倒産した場合に加盟店に売上代
金が支払われずにブランド決済の信頼性が損なわれることのない
よう、ブランドとして決済スキーム全体の信頼性を確保するた
めのルールが整備されている。なかでも有名なのは、日本でも
2015年10月よりIC化していない加盟店端末でICカードの不
正利用が発生した場合の責任を、アクワイアラーに課すとの
ルール変更がなされた「チップライアビリティシフト」であ
る。国際ブランド決済カードの取引を不正利用から守り、健全
な決済ができるよう世界的にセキュリティを高めたのだ。カー
ドを一目みただけでステイタスの高い会員とわかるように、
カード券面の色にゴールドを使えるのはゴールド会員以上と
いったような券面デザインのレギュレーションも存在する。ブ
ランドレギュレーションは基本的には当該ブランドカードが世
界中で安全・安心に使えるためのルールであるが、時には国や
地域別の特殊事情を当該国・地域のブランドメンバー会社（イ
シュアーやアクワイアラー）がブランド会社に説明し理解を得る
ことで、特例措置としてブランドレギュレーションの適用除外
ルールを整備することもある。これをウェーバー対応という。
たとえば日本では、1万円以下のカード利用ではサインレスや
PINレスとのウェーバーなどが存在する。2019年3月には、公
正取引委員会が非接触ICに関するブランドレギュレーション
について実態調査を行ったが、非接触IC対応もやはり国際ブ

ランド決済スキームが世界的に安全かつ便利に利用できるために整備したブランドのルールである。独自の手法を貫きたい決済事業者はジェーシービーのように独自の国際展開を行えば、ブランドルールに縛られる必要はなくなる。

さらに、ブランドレギュレーションに準拠しつつイシュアーやアクワイアラーなどの各社が取り決めて運用する独自ルールが存在する。提携先の機能を搭載した際に券面に表示するデザインやマークの表示方法や裏面の連絡先表示といったカード券面デザインに関するルールからデータの仕様など、さまざまに細やかなルールが存在するが、このレイヤーになると個社都合であり、世界中で共用できる決済スキーム全体に影響するものではない。

このように決済サービスは国際規格を頂点としてブランド共通規格、ブランド各社のレギュレーション、イシュアーやアクワイアラー各社のルールと、多層構造でルールや仕様が決められ、それらに準拠することで世界中の加盟店や ATM で決済サービスが共用され、金融機関の間で決済データが飛び交い、金融機関口座などを通して精算されている。

⑤　国際ブランド決済カードの IT 活用（IC 化）動向

2016年12月 9 日、改正割賦販売法が公布され、2018年 6 月よりクレジット決済端末の IC 対応が義務づけられた。2020年 3 月までに国内すべてのクレジットカード加盟店端末も IC 化対応することになっている。

そもそも IC カードとは何か？　なぜ、IC 化しなければならないのか？

ICカードとは、プラスチックカードにIC（Integrated Circuit：集積回路）チップを載せたもので、ICチップには情報を記憶するためのメモリ（記憶部）や、演算処理や作動制御を行うCPU（Central Processing Unit：中央演算処理装置）があり、暗号処理や計算、データ処理などの複雑な演算を行うことができる。誤解を恐れずに平たくいえば、パソコンの頭脳を搭載したカードといえよう。ドイツやフランスの科学者によって発明され、日本でも同時期の1970年に有村國孝氏が発明して国内で特許を申請したが、国際的にはフランス企業が世界主要国の特許を取得している。

図表1－6　ICカードの分類

ICカードとリーダライタとの距離

接触型	接触型（差し込む）ISO/IEC 7816	
非接触型 ISO/IEC7816	密着型（～2mm）ISO/IEC 10536	CPU付カード
	近接型（～10cm）ISO/IEC 14443	
	近傍型（～70cm）ISO/IEC 15693	CPUなしカード（ワイヤードロジックカード）
複合型	デュアルインターフェイスカード(注)	（ICチップは1つで接触と非接触の両方でアクセス）
	ハイブリッドカード	（接触ICチップと非接触ICチップを1枚のカードに搭載）

（注）　「コンビカード」と記載された文献もあるが、米国通信会社が商標登録済なので「コンビカード」とはいわないほうがよい。
（出所）　筆者作成

磁気カードではせいぜい数十文字（クレジットカードで約70文字）レベルの文字数しかデータを書き込めなかったが、ICカードの場合はチップの能力や使い方によって異なるものの、数万文字レベルのデータ格納が可能となった。複雑な情報処理プログラムを格納したり、演算機能を活用して暗号化や復号化を行うなど高度な処理も可能となり、セキュリティが格段に向上した。

　ICカードには「接触型ICカード」と「非接触型ICカード」がある。「接触型ICカード」には通常、カードの券面に金色の金属端子が貼り付けてあり、カードを加盟店端末に差し込ん

図表1－7　接触型ICカードの標準規格

ISO/IEC7816シリーズ	ISO/IEC	JIS（原則 ISO/IEC 規格の翻訳）
物理特性	ISO/IEC 7816-1	JIS X 6303
端子のサイズと位置	ISO/IEC 7816-2	JIS X 6303
電気信号と伝送プロトコル	ISO/IEC 7816-3	JIS X 6304
共通コマンド	ISO/IEC 7816-4	JIS X 6306
アプリケーション識別子のための付番システム及び登録	ISO/IEC 7816-5	JIS X 6308
共通データ要素	ISO/IEC 7816-6	JIS X 6307
セキュリティ関連共通コマンド	ISO/IEC 7816-8	JIS X 6300-8
追加共通コマンド及びセキュリティ属性	ISO/IEC 7816-9	JIS X 6300-9

（注）　ISO/IEC7816-4以上は非接触型ICカードでも同じ標準を利用する。
（出所）　JICSAP「ICカード仕様」

で金属端子に接続することで電源を供給し、カードのICチップを動作させてデータを授受する。この金属端子は接点（端子）であり、8つの穴のそれぞれに電源供給、数をカウントするためのクロック端子、データ入出力を行うI/O端子といった役割がある。その役割がISO/IEC7816で定義されており、さらにそのデータ仕様もISO/IEC7816で定義されている。ISO/IEC7816にのっとって国際ブランド会社が策定した規格「EMV仕様」は、さらに具体的なデータの仕様や加盟店端末とICカードの間のデータ授受方式などの詳細を「EMV電文」として定義しており、世界中の国際ブランド加盟店のIC端末で読み取られたICカードデータが各国の金融機関に届くため、世界中の金融機関はEMV電文を授受して処理ができるよう自社システムでもEMVに対応している。

　日本にクレジットカードが上陸した1960年当初、カードはまだ写真入りのラミネートカードだった。加盟店は、カードの写真とカード持参者が同一人物であることを確認し、カード券面に記載されたカード番号を紙の伝票（カード売上票）に手書きで記入し、集計した伝票をカード会社に郵送して取扱代金を金融機関口座に振り込んでもらっていた。やがてカードがプラスチックカードになり、カード番号がエンボスと呼ばれる凹凸で券面に刻まれ、凹凸のカード番号を複写式の売上票にこすりつけて写し取ることで、売上票にカード番号を書き間違うことがなくなった。いまでもエンボスは多くのクレジットカードの券面についており、海外や災害時など加盟店端末が使えない利用シーンでも紙の売上票でカード決済できるよう国際互換性が確保されている。

1984年になると国際ブランド会社は決済カードの磁気カード化を推進する。銀行系カード会社の業界団体である日本クレジットカード協会（JCCA）が当時の日本電信電話公社（後のNTT。カード端末およびネットワーク事業はNTTデータが継承）に磁気カード読取端末の製造と同端末で読み取ったカードデータを送受信するオーソリゼーションネットワークの構築を依頼した。日本電信電話公社は磁気カードの情報を読み取って利用可否をイシュアーに確認するCAT[20]端末（信用照会端末）と、読み取った磁気データをカード会社に連携するネットワークであるCAFIS[21]を構築し、カード会社はCAT端末を加盟店に販売して（実際にはカード会社が費用負担するケースも多々ある）設置したうえCAT端末でカード情報を読み取って、CAFISでイシュアーに送受信して取引承認を得るスキームが整備される。こうしてカード会社が取引件数ごとにCAFISにネットワーク利用料を支払う現在のビジネスモデルが完成した。ちなみに、クレジットカードを正しく読み取りデータをネットワークと授受できることを確認してお墨付きを与える「加盟店端末認定」や、正しくデータ授受するネットワークであるとお墨付きを与える「情報処理センター認定」は、現在もJCA（日本クレジット協会）ではなくJCCA（日本クレジットカード協会）が担っている。

　一方海外では、1980年代後半には特に欧州で決済カードの偽造や変造による不正利用が多発した。フランスの銀行カード協会「カルト・バンケール」は、フランス国内で「CB」（カル

20　Credit Authorization Terminal
21　Credit And Finance Information System

図表1−8　カルト・ブルーのアクセプタンスマーク

（出所）　カルト・バンケールウェブサイト

ト・ブルー）というブランド名の国内決済用デビットカードを
発行していたが、1990年4月にフランス国内の全金融機関で
CBカードのIC化を開始すると、1992年12月にはIC化を完了
するという速さで対応を行い、不正利用被害を10分の1以下に
減らすことに成功した。

　不正利用が増えていた欧州諸国はこれに続き、欧州でIC化
が進む。人口の少ない国が多く、外国人観光客の消費が国内経
済に大きな影響を及ぼす欧州各国では、外国人観光客が安全・
安心に買い物しやすいよう、国際規格に準拠したICに対応す
る環境整備が進んだのだ。

　2000年後半には、欧州では接触型ICカードを加盟店の端末
に挿入のうえ暗証番号（以下、PIN[22]）を入力して支払う方法
が一般的となり欧州での不正利用が減少すると、加盟店端末の
IC化が進まずまだ磁気カード取引が主流だった米国で不正利
用が増加した。欧州諸国の金融機関が発行したICカードのク
レジットカードやデビットカードが、IC対応していない米国

22　PINはPersonal Identification Numberの略。

の加盟店端末で使用される不正額が増加し、英国をはじめ欧州各国が米国にIC対応を求めるようになった。2010年頃には欧州で接触型ICカードに加えて非接触型ICカード（後述）のVisaやMastercardのクレジットカードやブランドデビットを発行する金融機関が増え始める。英国では、国全体の小切手や現金にかかるコストを削減しようという取組みが活発化し、現金支払が残る領域が15ポンド以下の少額領域と判明すると、少額領域で現金よりも簡単に支払できる非接触ICで支払えば、30ポンド以下[23]はPIN入力不要とし、利便性を向上することで現金利用の撲滅が図られた。2012年のロンドンオリンピックでは、ロンドン市内のコーヒーショップなどに非接触IC読取り書込み端末（リーダー／ライター：R/W）が大量に設置された。同じ年、米国ではGoogleがGoogle Walletを発表し、Androidスマホの非接触ICでタッチして支払う方法が登場する。電子マネーで非接触IC決済が普及していた日本とは異なり、欧州ではまだ珍しい存在であった非接触ICは、便利で消費喚起しやすい安全なインターフェイスとして普及の緒に就いた。

　しかし米国では相変わらず磁気カード取引が主流でIC化が進まず、不正利用が増加の一途をたどっていた。欧州のイシュアー各社の大きな要望の声を受けて、国際ブランド会社は不正利用発生時のリスク負担ルールの変更に踏み切る。2015年9月まではIC対応していない加盟店で発生した不正利用もイシュアー側の責任（リスク負担）だったが、2015年10月以降はアク

23　PINレス（PIN入力不要）な取引金額は、当初15ポンド、やがて30ポンドといったように不正利用の削減とともに徐々に変化。

ワイアラー側の責任とすることにブランドレギュレーション（ルール）を変更したのだ。つまり、カードがIC化しているのに、加盟店端末がIC化していないために発生した不正利用は加盟店側、すなわちアクワイアラーの責任になったのだ。加盟店端末がIC対応しているのにカードがIC化しておらず不正利用が発生した場合の責任がイシュアー側にあることはルール変更前と変わらない。つまり、加盟店端末がICに未対応のときにはルール変更の影響を受ける。このルール変更は、チップ取引（ICカードでの支払）に係る責任所在ルールの変更として「チップライアビリティシフト」と呼ばれる。VisaとMastercardは2015年10月より米国でこのルール適用を開始した。Visaは日本でも同じタイミングでルールを適用、Mastercardは日本では推奨とした。さらに米国では、オバマ大統領がIC化によって不正利用を防ぐことを目的とした大統領令にサインしたことで、やっとIC化が進み始めた。

　前述のとおり、日本では2016年12月に割賦販売法が改正され、2018年6月〜2020年3月に加盟店のIC対応が義務化された。これを受けて日本のクレジットカード取引の約8割を占めるといわれるPOS加盟店が、コンプライアンス対応としてPOSの改修を推進している。同時に接触型ICとデータの仕様が同じEMV contactlessの非接触ICにも対応しようという加盟店が増えており、訪日外国人が使い慣れている国際ブランド決済による非接触IC取引環境の整備が普及する兆しが見え始めている。

⑥　近接型非接触型 IC カードの通信規格

　「非接触型 IC カード」は、非接触の通信距離によって「遠隔型（70cm 以上）」「近傍型（10〜70cm）」「近接型（2 mm〜10cm）」「密着型（2 mm 未満）」に分類される。

　「遠隔型」や「近傍型」は電波を飛ばすための電源が必要であるが、これをプラスチックカード上に実現しようとするとカードに電池を内蔵する必要があり、カードの物理的形状を規格化している ISO/IEC7810 で定められた0.76mm の厚みを超える可能性が高い[24]。「近接型」や「密着型」であれば電池は不要で既存のクレジットカードやデビットカードと同じ0.76mm に収めることができる。約10cm の距離でカードと端末間のデータ授受を行えばよいというカード決済に近い使い勝手の良さから、金融分野の非接触型 IC カードでは「近接型」が採用されている。ほとんどの近接型 IC カードは電磁誘導方式で、加盟店端末の IC カードリーダー／ライター（R/W）から交流磁界を発生（ポーリング）させて、10cm 以内に近づいた IC カードに内蔵したアンテナコイルに交流電圧を誘起させることで IC チップを動作させている。この時、R/W と IC カードの間でやりとりする電波の波（搬送波）の振れ幅や周波数、位相などの変化によって 0 か 1 を判別させることで、電波信号を文字として認識させる。近接型 IC カードで13.56MHz の周波数の電波の波の判別方法や速度によってデータとして判別する規格の代表格に、日本でもよく耳にする Type-A、Type-B、FeliCa がある。

24　厚さ0.76mm 以内で電池を内蔵できる製品もある。また、ISO/IEC にて厚みのあるカードとして規格化する方法もある。

前述の EMV 仕様にも非接触型 IC カードの仕様「EMV contactless」があり、非接触型 IC カードの通信規格としては ISO/IEC14443すなわち Type-A と Type-B に準拠している。日本の IC 型電子マネーの多くは FeliCa を採用しているが、残念ながら FeliCa は ISO/IEC14443には準拠しておらず、カード形状ではなくデバイス間（機器同士）の非接触 IC 通信の規格である ISO/IEC18092に準拠している。すなわち、スマホやパソコンなど機器同士の非接触 IC 通信では国際規格（ISO/IEC）に準拠しているのだが、非接触 IC のカードでは国際規格（ISO/IEC）に準拠しているとはいえず、仮に公共性の高い非接触型 IC カードの調達において FeliCa を調達した場合には、WTO に提訴される可能性が高い。そのためこれほど国内に FeliCa に対応した加盟店端末が多いにもかかわらず、マイナンバーカードも住民基本台帳カードも、IC パスポートも IC 運転免許証も、FeliCa ではなく Type-B を採用している。また IC チップ内のデータ仕様についても、Type-A/B の EMV contactless は接触型 IC のデータ仕様と同じ ISO/IEC7816準拠のデータ仕様であり、世界中の金融機関が接触 IC でも非接触 IC でも ISO/IEC7816のデータ仕様に準拠したシステムを構築・運用している。一方で FeliCa は、ISO/IEC7816のデータ仕様には準拠しない処理スピード重視の独自データ仕様であり、海外の金融機関で採用される可能性は低いといわざるをえない。日本発の FeliCa は、複数の鉄道会社が相互乗り入れして複雑な料金計算を IC 乗車券に求める日本の鉄道運賃事情や、ラッシュアワーに大量の乗降客が通過するために、瞬時に料金計算を行ってゲートを開閉する必要のある特殊な改札事情

にあわせて、0.2秒という瞬時に複雑な料金計算を行い、オフラインでICチップの残高から運賃を引き去るという特殊能力

図表1－9　近接型非接触型ICカードと非接触ICデバイスの通信規格

非接触IC通信方式	Type-A	Type-B	FeliCa
適応規格（ISO/IEC）			
・近接型非接触型ICカード	ISO/IEC14443	ISO/IEC14443、15693	（独自規格）
・機器間非接触IC通信	ISO/IEC18092（NFC IP-1）	ISO/IEC21481（NFC IP-2）	ISO/IEC18092（NFC IP-1）
通信周波数	13.56MHz		
通信距離	0～100mm		
通信速度	106k bps（ただし14443-3まで）	106～848k bps	212～424k bps スピード処理が特徴
製品例（メーカー）	Mifare（NXP）、SLE（Infineon）など	多数（東芝、STmicroなど複数社）	FeliCa（ソニー）など
採用事例	各種入退室カード、たばこ成人認証カード"Taspo"、海外IC乗車券（韓国、ロシア他）Mastercard Contactless、Visa payWave	パスポート、運転免許証、住基カード、各国のIC乗車券、マイナンバー個人番号カード Mastercard Contactless、Visa payWave	国内IC乗車券やIC型電子マネー、おサイフケータイ、一部Apple PayやAndroid Pay ※複雑な運賃計算処理スピードが速い

（注1）　世界の金融機関の決済データ仕様は、ISO/IEC14443のデータ仕様＝ISO/IEC7816に準拠。
（注2）　特に公共サービスでは、WTOを考慮し、国際規格に準拠した製品を調達⇒カードはType-A/Bとなる。
（注3）　ISO/IECの非接触IC通信規格に、Type-CやType-Fとの定義はない。
（出所）　筆者作成

に特化した、スピード処理用の非接触型ICカードといえる。日本が世界に誇る鉄道事業の輸出には、複雑な運賃計算をスピーディに行えるFelicaベースの非接触IC乗車券はうってつけである。

　なお筆者の前職であるコンサル会社には、このような国際規格の事情を説明した際に「ISOなんて申請すれば簡単に新しく規格化できますよ」とアドバイスをくれた社員もいたが、それは既存の規格が存在しない新しい分野における規格化の話であり、すでに喧々諤々と議論が尽くされ、特許に関する調整などで遺恨を残すような委員が長年検討メンバーを続けて強い影響力を保持する分野については、寝た子を起こすような議論は発生させられないのが実態であることを補記しておく。

⑦　なぜIC化するのか

　数十文字しか記録できない磁気カードでは、書き込んだ約70文字のデータが容易に読み取れるために複製や偽造カードの作成による不正利用が多発した。磁気ストライプに書き込まれた情報が読み取られて偽造カードがつくられたり、オンラインショッピングでは読み取られたカード情報で買い物をされたり、古くは加盟店に正しいカード番号の算出方法が公開されていた時代もあり、片っ端からカード番号を生成して偽造カードをつくられたり、オンラインショッピングで使われたりしたこともある。最近では情報漏洩やハッキングなどで入手したカード番号で偽造カードをつくられるなど、国内カード会社が把握・公表する数値で過去には年間200億円以上の偽造カード被害額が発生している。

プログラムを書き込めるICカードであれば、データの暗号化やデータへのアクセス制限、不正アクセスを受けたらクラッシュすることも可能であり、決済カードのIC化は各国で不正利用を大幅に削減することに貢献している。決済ビジネスは、たとえば1万円の買い物で得られる手数料はイシュアーやアクワイアラーで案分すると100円程度というレベルであり、そこからコストを差し引いて得られる収益はさらに少ないわけだが、それだけに買い物代金が不正利用だった場合にはその損害を取り戻すのは容易ではない。わずか20円や30円で作成できる磁気カードに対して、ICカードは100円や200円、非接触型ICカードのハイブリッドでは組合せによって数百円になったり（ICチップの性能や製造枚数などでコストは大きく変動する）と製造コストもかさむが、不正利用はイシュアーやアクワイアラーの事業性に大きく影響するだけでなく、安全・安心に使えるべき決済サービスの信頼性を大きく損なうことから、国際ブランド会社も世界中の金融機関（イシュアーやアクワイアラー）もIC化を推進しているのである。

　そのように世界的にIC化が進むと、不正利用で稼いでいる国際犯罪集団の矛先はIC対応しておらず磁気カードが使える国や店に向かう。カードがIC化していても、加盟店端末がIC対応していなければ磁気カード取引となる。実際に、欧州各国の決済カードがIC化すると、欧州各国における不正利用金額は減少した一方で、加盟店端末のIC対応が遅れて磁気カード取引が主流だった米国において欧州発行のICカードの不正利用額が増加した。図表1－10はまだ米国でICカード化が開始されていなかった2011〜2014年に英国で発生した不正利用額に

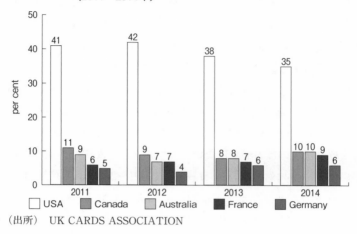

図表 1 −10　英国で発生した不正利用カードの発行国トップ 5
　　　　　（2011〜2014年）

（出所）　UK CARDS ASSOCIATION

おける海外発行カードの割合である。圧倒的に米国で発行され
たカードが不正利用されていることがわかる。まだ IC 化して
いなかった米国の磁気カードがねらわれたのだ。米国の不正利
用コストは他国の合計額よりも多くなっている（図表 1 −11参
照）。

　物価も利用限度額も総じて高額となる日本は、物品を購入し
てから換金する手間のかかる犯罪であるカード不正利用におい
て効率のよい国といえる。IC 対応が遅れれば国際犯罪集団の
ターゲットとなることは目にみえて明らかであり、割賦販売法
の改正によって IC 対応が義務化されたことの意義は大きい
（なお、世界的には、クレジットカードのみならず、デビットやプ
リペイドでも IC 化が進んでいる）。実際に日本においても、IC
カード化によって偽造カードによる不正利用額が大幅に削減で

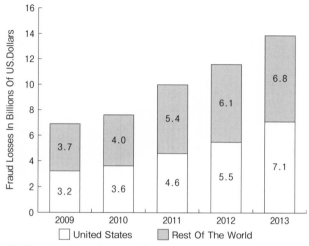

図表1−11　決済カード不正利用に係るグローバルコスト
（米国とその他世界各国計）

（出所）　The Nilson Report、BI Intelligence

きている。図表1−12は日本クレジット協会（JCA）のクレ
ジットカード不正利用被害額の統計である。2000年に年間300
億円を超えた不正利用額の多くを偽造カードが占め、この年か
ら銀行系カード会社がICカード化を本格化すると、有効期限
を迎えて発送される更新カードが徐々にICカードとなり、
2002年をピークに偽造カード被害額は減少している。

　IC化はセキュリティ向上以外にもさまざまなメリットをも
たらす。

　ICカードはカード上にパソコンが載っているようなもので
あり、頭脳をもたせることができる。これまではバックヤード
の会員管理システムでユーザーの属性情報や利用情報を管理

図表 1 −12　日本におけるクレジットカード不正利用被害の発生状

（単位：億円、％）

| 期　　　間 | クレジットカード不正利用被害額 | クレジットカード不正利用被害額の内訳 | | | |
| | | 偽造カード被害額 | | その他不正利用被害額 | |
		被害額	構成比	被害額	構成比
1997年（1月〜12月）	188.0	12.0	6.4	176.0	93.6
1998年（1月〜12月）	216.0	28.0	13.0	188.0	87.0
1999年（1月〜12月）	271.7	90.9	33.5	180.7	66.5
2000年（1月〜12月）	308.7	140.2	45.4	168.5	54.6
2001年（1月〜12月）	275.7	146.4	53.1	129.3	46.9
2002年（1月〜12月）	291.4	165.0	56.6	126.4	43.4
2003年（1月〜12月）	271.8	164.4	60.5	107.4	39.5
2004年（1月〜12月）	186.4	105.6	56.7	80.8	43.3
2005年（1月〜12月）	150.4	83.4	55.5	67.0	44.5
2006年（1月〜12月）	105.3	45.6	43.3	59.7	56.7
2007年（1月〜12月）	91.8	39.1	42.6	52.7	57.4
2008年（1月〜12月）	104.1	52.5	50.4	51.6	49.6
2009年（1月〜12月）	101.6	49.2	48.4	52.4	51.6
2010年（1月〜12月）	92.1	41.3	44.8	50.8	55.2
2011年（1月〜12月）	78.1	25.8	33.0	52.3	67.0
2012年（1月〜12月）	68.1	24.1	35.4	44.0	64.6
2013年（1月〜12月）	78.6	25.8	32.8	52.8	67.2

1．（一社）日本クレジット協会の調査による。
2．調査対象は、国際ブランドカードを発行している会社を中心に、銀行系カード会社、信販会社、流通系クレジット会社、中小小売商団体等である。
3．回答社数は41社である。なお、銀行系カード会社のFC／BC各社は国内ブランド会社単位で、また日本専門店会連盟・エヌシー日商連の各単会は連盟単位で、それぞれ1社としている。
4．集計数字は、調査票提出会社のキャッシングを含む不正利用被害額を加算合計したものであり、海外発行カード分は含まない。

況1997〜2019年（JCA）

（単位：億円、%）

期　　間	クレジットカード不正利用被害額	クレジットカード不正利用被害額の内訳					
		偽造カード被害額		番号盗用被害額		その他不正利用被害額	
		被害額	構成比	被害額	構成比	被害額	構成比
2014年（1月〜12月）	114.5	19.5	17.0	67.3	58.8	27.7	24.2
2015年（1月〜12月）	120.9	23.1	19.1	72.2	59.7	25.6	21.2
2016年（1月〜12月）	142.0	30.6	21.6	88.9	62.6	22.5	15.8
2017年（1月〜12月）	236.4	31.7	13.4	176.7	74.8	28.0	11.8
2018年（1月〜12月）	235.4	16.0	6.8	187.6	79.7	31.8	13.5
（1月〜3月）	57.1	3.2	5.6	46.2	80.9	7.7	13.5
（4月〜6月）	58.3	4.2	7.2	46.6	79.9	7.5	12.9
（7月〜9月）	50.7	3.8	7.5	39.1	77.1	7.8	15.4
（10月〜12月）	69.3	4.8	6.9	55.7	80.3	8.8	12.8
2019年（1月〜12月）	273.8	17.8	6.5	222.9	81.4	33.1	12.1
（1月〜3月）	68.5	4.0	5.8	56.3	82.2	8.2	12.0
（4月〜6月）	68.5	4.7	6.9	55.6	81.1	8.2	12.0
（7月〜9月）	68.0	4.6	6.8	55.1	81.0	8.3	12.2
（10月〜12月）	68.8	4.5	6.5	55.9	81.3	8.4	12.2

1．（一社）日本クレジット協会の調査による。
2．調査対象は、国際ブランドカードを発行している会社を中心に、銀行系カード会社、信販会社、流通系クレジット会社、中小小売商団体等である。
3．回答社数は44社である。2018年の集計数字より回答社数が変更となっている。なお、銀行系カード会社のFC／BC各社は国内ブランド会社単位で、また日本専門店会連盟・エヌシー日商連の各単会は連盟単位で、それぞれ1社としている。
4．集計数字は、調査票提出会社のキャッシングを含む不正利用被害額を加算合計したものであり、海外発行カード分は含まない。
5．2014年〜2016年および2017年1月〜6月および2018年7月〜9月の集計数字は変更が生じたため、修正している。
（出所）　日本クレジット協会

し、会員の手元にある磁気カードにはカード番号や有効期限などの基本的な情報をデータしかなく、それを会員管理システムやカード利用情報管理システムなどに送信してオンライン処理する手法が基本だった。ICになればバックヤードシステムで保管・管理していた情報の一部をICに管理させることができ、利用のつどオンラインでバックヤードにデータ連携しなくても、IC上で利用管理を行うことが可能となる。過去の利用履歴や支払実績などによって、カードの管理も支払実績も優良な会員については、利用のつどオンラインでバックヤードシステムに接続しなくても一定期間はオフラインで利用できるように設定したり、逆にカードの管理方法や支払実績に懸念のあるユーザーは必ずオンライン接続して利用内容を確認しないと利用できないように設定したり、利用頻度や金額、加盟店や業種などのオフライン情報によって利用の可否やオンライン接続要否をコントロールすることができる。これまでオンライン接続を前提にバックヤードの管理情報に基づき処理することしかできなかった店頭処理が、ICに情報を格納することでオフラインでも店頭処理をコントロールすることが可能となる。オフラインで判断しきれない場合はオンライン接続を指示すればよい。

　さらに非接触型ICカードや非接触ICチップを搭載した携帯電話（NFC）では、鞄から財布を取り出してさらにその財布からカードを取り出す必要がなく、財布や携帯電話を加盟店端末にかざすだけで支払う動作がスピーディに行えることから、その便利さ・手軽さが消費者の商品・サービス購入意志の背中を押す。スマホのアプリなどを利用する度に逐一「支払う」と

いう行為を行わなくてもシームレスに決済できる「サービス連動決済」は、これを一段と発展させた支払方法といえる。たとえばジャパンタクシーウォレットのように降車時に渋滞を引き起こして周囲の車を気にしながら支払う行為が不要なサービスでは、ユーザーの利便性向上や利用管理のしやすさによる利用拡大に加え、加盟店従業員であるタクシー運転手の手間も省いたうえ、キャッシュレスで現金がなくなればタクシー強盗に遭うこともなくなるなど従業員の安全の向上や雇用の拡大、現金取扱業務の削減など働き方改革や付随コストの削減、金流のデジタル化による可視化やマーケティング活用などにつながる。これが近い将来のキャッシュレス社会の実現像となりそうだ。詳しくは第4章で後述する。

　以上のように IC カード化することは、セキュリティの向上にとどまらず、ユーザーや加盟店の利便性を向上する重要で有益な対応といえる。

(2)　日本と海外における決済カード利用環境／市場背景の違い

①　なぜ日本のクレジットカードは加盟店手数料が高いのか？

　改正割賦販売法によってクレジットカードでは加盟店端末の IC 対応が義務づけられたが、世界の国際ブランド決済はクレジットカードだけを IC 化しているわけではなく、デビットカードやプリペイドカードでも IC 化を進めている。そもそも多くの国では銀行がクレジットカードもデビットカードも発行しているほか、汎用的に使えるプリペイドカードも法律によっ

て金融機関しか発行できない場合が多い。では、なぜ日本では、クレジットカードは銀行とは異なる「カード会社」が発行しているのだろうか。海外諸国ではクレジットカードもデビットカードもプリペイドカードも1台の端末で共用でき、すべて銀行が同じシステムと業務で効率的に発行・管理しているのに対して、日本ではカード会社という専用の事業者が銀行とは別に存在している点に、日本のクレジットカードの加盟店手数料が高いといわれるルーツがありそうだ。

　クレジットカードが上陸した1960年当時の日本では、銀行法の兼業禁止規定により金融機関はクレジットカードを発行することができなかった。金融機関としては、給与振込口座の獲得によって入金を確保できる一方、出金においては口座からお金が流出するのを抑止する方法が当時は少なく、現金は金融機関窓口やATMでゆとりをもった金額で出金されて財布に入った後、買い物などに使われずに余ったとしても財布に保管されたまま口座に戻されにくいという使われ方が一般的であった。その点、クレジットカードは口座に現金を置いたまま利用金額だけを口座振替で支払うため、口座出金額を最小限に抑える効果が期待できることから、金融機関にとって有効な預金流出抑止ソリューションと考えられた。しかし金融機関自らクレジットカードを発行することができないことから、金融機関がクレジットカード発行会社を設立する動きが活発化した。

　1960年、富士銀行がダイナースクラブを設立したのを皮切りに、1961年には三和銀行・三井銀行・大和銀行・協和銀行・神戸銀行などの都市銀行が共同出資でJCBを設立した。1967年に三菱銀行がダイヤモンドクレジット（後のDCカード）、住友

図表1－13　都銀が設立したカード会社のローカルブランド

（出所）　各社ウェブサイトから筆者作成

銀行が住友クレジット（現在の三井住友カード）を、1968年には東海銀行がミリオンカードを、1969年に第一銀行・富士銀行・日本勧業銀行などがユニオンクレジット（後のUCカード）を設立し、クレジットカードの発行を開始した。こうして当時の銀行法の影響により、日本では銀行とは別にカード会社が設立され、クレジットカードビジネスのみでの営業を開始したのだ。なお当初は、ダイナースクラブ以外のクレジットカードは、国際ブランドを付さないローカルブランドのクレジットカードであった。このように、クレジットカード事業が先行した海外各国では、金融機関が既存システムで顧客管理しながら与信管理の延長上で効率的にクレジットカード事業を手がけたのに対して、日本ではクレジットカード専用の会社を設立し、専用のシステム・業務を構築・運用するという効率のよくない体制で事業展開されることとなり、独自の発展を遂げていった。

　さらに、欧米の金融機関が発行するクレジットカードの支払方法はリボルビング払いが一般的で、ユーザーからリボルビング手数料収入を得ていたが、日本では割賦販売法によって信販会社にしか分割払いが認められていなかった。銀行系カード会社はリボルビング払いを取り扱うことができず、発行するクレ

ジットカードの支払方法はユーザーからは手数料を徴収しない「一括後払い」が主流となった。こうして銀行法と割賦販売法という2つの法律によって、日本のクレジットカードはユーザーからは手数料を徴収せず加盟店手数料に依存しながら、クレジットカード事業を専業とするビジネスモデルが基本となった。

　しかし現金を持ち歩くことは危険で、性悪説を大前提として他人を安易には信用せず、支払には小切手が欠かせなかった欧米諸国とは事情が大きく異なり、多額の現金を安全に持ち歩くことができた日本では、手元に現金が少なくなる給料日前に買い物できて給料日後に支払えばよいという「後払い」の特徴以外に現金に対する目立った優位性がなかったクレジットカードは、長い間ごく一部の消費者にしか使われないマイナーな存在であった。金融機関から「ぜひ！」と勧められてクレジットカードをもっていた数少ないカード会員も、基本的には日常はクレジットカードを自宅の引き出しに保管しており、特に「今日はデパートに行ってお洋服を買おう」とか「大型家電を買おう」などと高額消費をするときにだけ、引き出しからクレジットカードを取り出して財布に入れて買い物に行くような使われ方が一般的だったのだ。デパートにも「ショッピングクレジットカウンター」が設置されており、高額の商品購入においては一括後払いのクレジットカードよりも、購入商品ごとに書類を書いて押印のうえ信販会社に分割払いを申し込んで審査を受ける「個別信用購入」で、商品の代金を「12回払い」など分割で支払う方法が一般的であり、高額領域でもさほどクレジットカードは使われていなかった。

なお、個別信用購入とは、購入商品ごとに支払回数や支払期間を設定して信販会社に分割払いを申し込む「個別信用購入斡旋契約」のことで、信販会社が申込みごとに審査のうえ、商品代金を小売店に立替払いした後に消費者から分割で支払を受ける支払方法である。日本では江戸時代に呉服や漆器の購入に月賦が使われるなど歴史は古く、その名残りで以前は複数の信販会社がデパートのショッピングクレジットカウンターに社員を派遣していた。最近は随分縮小されたものの、宝飾品の購入や自動車販売店における自動車購入時のオートローンなどではいまなお個別信用購入がよく使われている。

②　日本におけるクレジットカードの普及と乱立したローカルブランドが収斂した歴史

　当初はローカルブランド、すなわち国内での利用が中心だったクレジットカードであるが、やがて国際ブランドとの提携が活発化する。1967年、JCB は American Express と提携し、海外に渡航する会員に海外渡航中だけ使えるクレジットカードとして AMEX カードを発行した。1972年になると、ダイヤモンドクレジット（DC）、ミリオンカード（MC）、ユニオンクレジット（UC）が Mastercard と提携し、Mastercard ブランドのついたクレジットカードの発行を開始する。1980年には住友クレジットが Visa と提携し、JCB は独自ブランドとして海外展開することを決断した。こうして、Visa、Mastercard、JCB という大きく３つの国際ブランドの勢力図が形成された。しかし、依然としてクレジットカードは、デパートや高級店など高額消費時や海外旅行時だけに使われる支払方法であり、いつも

消費者の財布に入っているとはいえない状況が長く続いた。大きく変革したのは1980年代の後半である。1988年、DC・MC・UC が Visa とも提携を行い、Mastercard ブランドに加えて Visa ブランド付クレジットカードの発行を開始した。すると1989年に今度は住友クレジットが Mastercard と提携し、Mastercard ブランドのクレジットカードの発行を開始する。マルチブランド時代の幕開けである。複数の選択肢から国際ブランドを選んでクレジットカードを発行するカード発行合戦が繰り広げられると、バブル全盛期と相まって、手元に現金がなくても買い物できる優位性はおおいに受け入れられ、クレジットカードは普及期を迎えた。一方、個別信用購入を主な事業としていた信販会社でもクレジットカードの取扱いが活発化する。

　クレジットカードが米国発祥のビジネスであるのに対して個別信用購入は日本でも歴史が古く、1895年には呉服屋で月掛け売りがされていたとの記録が残る。丸善、丸井など商品を月賦販売する月賦百貨店と呼ばれる業態が関東大震災や戦争などで不況にあえぐ消費者の消費を牽引すると、やがて月賦部分を専門に扱う信用販売会社が生まれ、現在の個別信用購入の礎を築いた。しかしクレジットカードが普及すると、それまで個別信用購入を主な事業としていた信販会社でも、商品購入のたびに分割払いの申込みを受け付けて審査を行う個別信用購入よりも、プラスチックカードを発行して利用限度額の範囲内で分割払いできる包括信用購入、すなわちクレジットカードのほうが消費者が思い立った時に（個別信用購入の申込書を作成する必要もなく）いつでも簡単に使えるという特徴が魅力的と考えられ、信販会社においてもクレジットカードの発行が活発化する。

個別信用購入斡旋に対してクレジットカードは包括信用購入斡旋という。個々の商品別に商品購入時の購入者の支払能力を審査して小売店に立替払いのうえ消費者から分割で支払を受ける個別信用購入とは異なり、購入者の支払能力自体を審査のうえ、上限額以下であれば何を購入してもよいと利用限度額を設定したカードを発行する方法が包括信用購入斡旋である。1960年には丸井カードが日本で最初のクレジットカードを発行した。1966年には日本信販もクレジットカードの発行を開始、月賦百貨店の緑屋（現在のクレディセゾン）も西武クレジットとなってセゾンカードを、丸興（現在のセディナ）はダイエーグループのダイエーファイナンスとなって OMC カードを発行した。オリエントコーポレーション、ジャックスなどに代表される信販会社も独自のローカルブランドマーク（図表 1 −14参照）を付したクレジットカードを発行し始めた。1980年代になるとカラーテレビ、クーラー、自動車の3C と呼ばれる耐久消費財の購入によく使われた個別信用購入が、耐久消費財の普及に

図表 1 −14　信販会社のローカルブランドマーク

（注）　一部は流通系カード会社に分類されることもある。
（出所）　各社ウェブサイトより筆者作成

図表1−15 クレジットカードの関連法令と普及推移

	以前…	1960………	1970………	1980……
銀行業界	1927年旧銀行法公布「兼業制限」	銀行は発行不可！		1982年新銀行 銀行本体で 銀行とカード 例）三和 など
銀行系カード		1961年**割販法**公布（割賦販売、ローン、あっせん） 銀行がカード会社を設立〈口座活性化、出金抑止策〉 1960年ダイナースクラブ設立（富士） 1961年JCB設立（三和、大和、三井、協和、神戸など） '67AMEX提携 1967年ダイヤモンドクレジット設立（三菱） 1968年ミリオンカードサービス設立（東海） 1968年住友クレジット設立（住友） 1969年ユニオンクレジット設立（第一、富士、勧業、太	分割払い不可！ 一括後払い 国際ブランド提携（VisaかMasterCard） '72Mastercard発行開始 '72Mastercard発行開始 '72Mastercard発行開始	1983年**貸金業** '81独自ブラン '80Visa発行開
他系列カード	'31丸二商会 '60年丸井カード発行開始 '51日本信用販売設立 '66年日本信販 '51緑屋設立 '54広島クーポン設立 '61広島信販	'74オリエントファイナンス	'82西武カード '83セゾンカー '81MC開始 '81日本クレ

（出所） 筆者作成

52

1990	2000	2010

法施行
のクレジットカード発行可能に

J-Debitサービス開始
ブランドデビット開始

会社でFC、BCを設立
JCB、さくらカード、しんきんカード

銀行本体発行
例）三菱UFJ VISA、
　　SMBCプラチナカード

1989年プリカ法施行

2010年資金決済法施行

法公布

ブランドプリペイド開始
2008年割販法改正　　2010年改正貸金業法施行
銀行系カードリボ払取扱開始　過払金返還請求

マルチブランド展開
（複数ブランド発行：Visa＋MCWさらにJCBやAMEX、銀聯）

ド展開開始

'88Visa発行開始

'88Visa発行開始

始　'89Mastercard発行開始

陽、埼玉）

'88Visa発行開始　'94ユーシー

'06セゾンが吸収合併
'06エポスカードVisa開始

今となっては系列関係なし

ド '88Visa、MC '89JCB　'97AMEX発行開始

'89オリエントコーポレーションに名変
ジットサービス設立ジャスコカード発行開始
'88Visa '89MCW、JCB開始　'94ACSに名変
'88トヨタファイナンス設立（リースなど）'01TF³カード発行開始
'93ビュー発行開始（JR東）'00Visa開始　'03JCB開始
'04MC開始

ICカード型電子マネー　　　　コード決済

よって伸び悩むようになり、信販各社はさらにクレジットカードに力を入れるようになる。丸井はアパレルに力を入れ分割払いでお洒落な服を買う「赤いカード」としてアピールし、若者を中心に流行した。さらに1987年になるとそれまで金融機関にしか国際ブランド決済カードの発行を許諾していなかった国際ブランド会社の Visa が「スペシャルライセンシー」として日本信販や西武クレジット、ダイエーファイナンスなどにも Visa ブランドカードの発行を許諾すると、信販業界でも Visa や Mastercard の国際ブランドを付したクレジットカードの発行が活発化した。さらに JCB や American Express などの国際ブランドも発行するようになるなど、複数の国際ブランドカードを発行する「マルチブランド化」が進み、クレジットカードの普及を促進した。

　また、従前は信販会社と契約して個別信用購入申込みカウンターを設置していたデパート各社においても、自らクレジットカードビジネスに参入する動きが活発化する。高島屋、三越、伊勢丹などの大手流通企業が、それまで発行していた大手カード会社との提携カードから、高島屋クレジットやエムアイカードといったカード会社を設立して自前でクレジットカードを発行する戦略を開始する。Visa や American Express などの国際ブランドを付加したクレジットカードを発行し、発行枚数や取扱高を拡大した。さらにスーパーマーケット業界でもジャスコ（現在のイオン）が日本クレジットサービス（現在のイオンクレジットサービス）、イトーヨーカドーがアイワイ・カード・サービス（現在のセブン・カードサービス）などのカード会社を設立し、Visa や Mastercard、JCB などの国際ブランドのつい

たクレジットカードを発行し、クレジットカードの発行枚数や取扱高は右肩上がりに拡大していった。

　他業種企業のクレジットカードビジネスへの参入はその後も拡大を続ける。トヨタ自動車やJR東日本、NTTドコモなど、メーカー系や交通系、通信系の企業もクレジットカードビジネスに進出するようになった。日本クレジット協会（JCA）が公表したクレジットカード発行枚数は2019年3月末時点で2億8,394万枚と成人人口比で1人当り2.6枚保有する規模、カード利用金額は約73兆4,311億円となり、消費者は常に複数のクレジットカードを財布のなかに入れて持ち運ぶ消費スタイルが当たり前となった。

　なお、クレジットカードが市民権を得て広く普及するのと同時に、不正利用も増加していることを忘れてはならない。前述のJCAによると2019年（暦年）のクレジットカード不正利用金額は273.8億円と9年連続で急増しており、史上4番目に多い額になっている。特に不正利用額は偽造カードによる被害がIC化によって減少する一方で、カード番号盗用による被害額が急増している。2019年はカード番号盗用の被害だけで222.9億円と、史上最悪の不正利用額を更新している。カード番号盗用は主にECで急増しているが、もともとIDとパスワードで決済するEC決済をスマホを活用することでリアル店舗へ展開したのがQRコード決済だと考えると、セブンペイが2019年7月1日にサービスを開始した途端に不正利用に見舞われたように、国際犯罪集団が不正利用の準備をしながら日本でのQRコード決済の普及を待っていると考えるのはきわめて自然である。不正利用については第4章で触れる。

③　なぜ海外のクレジットカードユーザーは手数料を払ってま
　　でリボルビング払いを使うのか？

　クレジットカードが先行普及した欧米では、クレジットカードで決済した代金をカード発行者である銀行に支払う方法はリボルビング払いが一般的である。リボルビング払いとは、あらかじめイシュアーとユーザーの間で取り決めておいたミニマムペイメント（最小限の月次支払額）以上の額を小切手を振り出して支払う方法で、未払残高には手数料が加算される。ユーザーはカード利用明細が届くとその内容を確認してミニマムペイメントの金額以上の金額を支払うのだが、たくさん使っても毎月一定額を支払えばいいので支出を平準化することができ、余裕のある月には多めに支払うことで未払残高を早期に減らすことも可能だ。しかし手数料を含めた未払残高が残り続ければ金利の手数料が積み上がるので、トータルで支払う額が多くなり総合的な支出額は増える。米国では、毎月の支払額が同じであるためについついクレジットカード利用額が増えて未払残高が増え、残高がいくら積み上がっているのかさえも把握できなくなったり、いくら支払っても未払額が減らず（時にはむしろ増加し）、リボルビング払いの連鎖からなかなか脱出できない「リボルビング中毒」という問題が20年ほど前からずっと社会問題化したままである。

　一方、公共料金などの利用代金を銀行口座から自動振替で払うことが一般的な日本では、クレジットカードの利用代金も銀行口座から一括で自動振替して支払う。そもそも自動振替は、英国などではダイレクトデビットと呼ばれるが、欧米ではクレジットカードはリボルビング払い、デビットカードが利用のつ

ど口座振替される支払方法であるのに対して、日本のクレジットカードは1カ月間のカード利用代金合計額を一括で自動振替払いすることから1カ月分をまとめて支払う「後払い一括デビット」といえる。

　以前、欧米の国際ブランド会社本社やプロセシング会社を訪問した際に、日本ではクレジットカードの利用代金は一括後払いで金融機関口座から自動振替で支払う方法が一般的であることを説明すると驚かれたものである。「先に自分で請求金額を確認せず、銀行に任せて自動振替させるなんてクレイジーだ」というのだ。判明したのは銀行の信頼性に関する大きな認識の差異だ。「銀行は振替金額を間違える。多く間違えて振替えてもいっさい連絡してこないくせに、少なく間違えるとすぐに連絡してきて追加で振替させろという。そんな奴等に自動振替を任せるなんて、日本人はなんてお人好しなのだ。」と複数の有識者にいわれた。銀行は金額や日付を間違えるものであり、かつ顧客都合を無視して自社都合を押し付けてくるという認識なのだ。銀行が振替金額を間違えるなんてありえないと考える日本人とはまったく違う。だから欧米人はカード利用明細書を確認のうえ、ミニマムペイメント額以上の金額を小切手を振り出して支払うのである。この認識が、欧米のFinTechスタートアップが銀行を「デビル」と呼び、FinTechが弱者救済の大義をまとう背景にもなっている。日本とは異なり、現金を持ち歩かない欧米では、小切手を振り出して支払う行為は日常茶飯事であるから、まったく苦にならないという人は多かった（ただし、その小切手も英国では社会コストとして削減が図られるなど、認識が変わりつつもある）。

そのように金利手数料がかさむ支払方法をなぜ欧米のユーザーは使うのだろうか。実はリボルビング払いは、そもそも性悪説の欧米では消費者の信用情報格付を向上させる重要な役割を担う側面がある。すなわち、毎月きちんと決められた金額を支払うという実績を残すことで信頼を培い、個人の信用格付が向上するのだ。基本的に単一民族で性善説の日本では、金融機関やカード会社が与信を判断しようと信用情報を確認した際に、申込者が過去にどこでもお金を借りた履歴がないと「真っ白なお客様」、すなわちクレジットヒストリーがいっさい汚れていないとてもよいお客様と評価されることが多いが、性悪説の欧米金融機関では「だれもお金を貸したことがない、だれからも信頼されていない非常に危険な客」と判断されることが多い。子どもを学校に入学させる際に、学校側が親の信用情報を確認することもある欧米社会においては、リボルビング手数料は個人の信用格付を向上させるための必要経費のような側面があるのだ。欧米の金融機関では、口座を開設するということは、すなわち与信を得て小切手を発行できるようになることに等しく、普通預金口座ではなく当座預金口座を開設するようなものと考えるとよい。たとえば米国では、日本の経済産業省からサンフランシスコ総領事館に転勤した職員でさえ、大手金融機関の与信を得ることがむずかしい。個人の信用格付を向上させることは非常に重要で大変なのだ。ゆえにリボルビング払いで実績を培う。

　ただし最近では、金融機関としてもいきなり与信を判断するのではなく、まずは預け入れられた預金の範囲内でデビットカードを使ってもらい、その支払実績によって個人の信用格付

が向上した後に与信を与えるといった手法も増えているようだ。デビットカードはカード利用額を利用のつど、即時に口座振替にて支払う決済カードである（欧米では2〜3日遅れになるなど数日のタイムラグが発生することもあり、「ディファードデビット」や「ディレイドデビット」とも呼ばれる）。これから個人の信用格付を向上させたい消費者のほか、すでに十分な与信を獲得済であるなど個人の信用格付を向上させる努力が必要ないケースでは、デビットカードが利用されている。わざわざ小切手を振り出して金融機関に提出する作業はやはりユーザー側も手間であるほか、それを受け取った金融機関の業務処理も煩雑で、たとえば英国では、政府や銀行協会がこれら小切手や現金を取り扱うコストは社会的にみれば非常に大きな無駄であるとの認識のもと、国と銀行協会によってキャッシュレス化が推進され、小切手や現金による決済の多くがダイレクトデビット（口座振替）やデビットカードに遷移した。EU域内では金融機関口座同士の資金精算がものの数秒でコストも1円以下で済むような資金精算インフラが構築され、これがインターチェンジフィーの一部となるマルチラテラルフィーの上限設定にも大きな役割を果たしている。このように国や地域によっては、信用情報の個人格付に影響しない範囲内で、リボルビング払いが基本のクレジットカードよりもデビットカードにシフトする動きがみられ、デビットカードの取扱高はここ数年で大幅に拡大している。デビットカードについては第2章で詳述する。

④　日本の決済端末が高額で、海外の決済端末が廉価な背景

　日本では、小売店などを開店してクレジットカードを取り扱

いたいと考えると、なんらかのルートでカード会社に連絡を入れる[25]。するとカード会社は、1台10万円程度の決済端末を設置するが、設置する端末によって接続ネットワークが決まっている。すなわち、NTTデータのCAFIS[26]ネットワークに接続するNTTデータのINFOX端末を設置するか、JCB系列の日本カードネットワーク（JCN）に接続するJET'S端末を設置するか、との選択肢が一般的だった。この端末はCAT端末（Credit Authorization Terminal：信用照会端末）やCCT端末（Credit Center Terminal：クレジット信用照会端末）と呼ばれる、日本クレジットカード協会（JCCA）の認定を受けてクレジットカードの情報を読み取ることが許可された端末で、JCCAの認定を受けた情報処理センター（NTTデータや日本カードネットワークなど）が自社の情報処理センターに接続してカード情報の処理を行うことができる端末として、カード会社（主にアクワイアラー）が小売店に販売・設置する。端末は情報処理センターが自社に接続する端末を販売しており、それを購入したアクワイアラーが店に設置した端末によって接続先の情報処理センターが決まるのが一般的で、CAT端末やCCT端末を設置した加盟店は特に情報処理センターを選ぶことも意識することすらない（POSレジの場合は、加盟店端末はPOSレジがその役

25　最近ではクレジットカードのみならず電子マネーやQRコード決済などさまざまな決済サービスをまとめて取り扱う「決済代行会社」や「端末事業者」、ショッピングモールの店子のように複数の加盟店を取りまとめてカード会社と加盟店手数料交渉を行うことで加盟店手数料を廉価に契約して店子から徴収する加盟店手数料との間で鞘を抜くビジネスを展開する「包括加盟店」などに連絡をするケースも増えているが、ここでは基本的な流れで海外との違いを説明する。

26　Card And Finance Information System

割を担っており、接続する情報処理センターを選ぶ）。加盟店手数料はアクワイアラーと加盟店の間で交渉して決められる。

　一方、米国の場合は、POSレジの大型チェーン店でもCCTの小売店でも、端末で読み取ったカード情報をカード会社に連携するプロセシング会社を選んで接続するので、情報処理センターを選ぶ日本の大型チェーンの対応と同じといえる。つまり、カード情報を読み取る加盟店端末と、その情報を連携するネットワークは別であり、端末は端末ベンダー、ネットワークはプロセッサーがそれぞれ競合状態にあり、加盟店がそれぞれを選んで組み合わせてカード取扱環境を整備する。大型チェーン店が複数のPOSレジベンダーを比較検討してPOSレジのカード読取情報連携先のプロセッサーを選ぶように、個店はBest Buyのような家電量販店やインターネットショッピングなどでカード読取端末の機種や機能を比較検討して購入のうえ、購入した端末をどのプロセッサーに接続するか、プロセッサーが取り扱っている決済サービスの種類やその加盟店手数料、入金サイクルなどを比較して、好きなプロセッサー会社（ネットワーク）を選んで接続を申し込むのである。インターネットのオンラインショッピングでは、プロセッサーが自社との接続を前提に端末を0円で販売するキャンペーンなども散見される。米国をはじめとする海外諸国では、端末メーカーやプロセッサーはそれぞれの事業分野別に自由競争のうえサービス提供する水平分業型でビジネスを展開しており[27]、端末メーカーやプロセッサーは常に競合状態にあるといえるのに対し

---

[27]　一方で、決済サービス事業者やネットワーク会社ごとに複数の端末を店頭に並べている国も存在する。

て、日本は決済端末とネットワーク事業者が1対1で、カード会社との加盟店契約時にカード会社に加盟店端末の設置を申し込み、設置端末によってネットワーク事業者が決まるので、純粋にカード読取端末の機能や取扱サービスによって端末を選ぶ競合状態にはない。これが日本の加盟店端末の価格が高止まりする1つの原因といえよう。

　次に、カード決済する際に店員が「1回払いですか？　分割払いですか？」と確認する行為も、日本独自の商慣習といえる。海外ではユーザーがカード利用代金をどのように（1回払いや分割払いなど）イシュアーに支払うかは、ユーザーとイシュアーの間の取決事項であり、加盟店は関係ない。たとえば欧米の金融機関では、個人の格付や信用情報からクレジットカードの発行がむずかしいと判断した顧客に、まずはデビットカードを発行して口座残高の範囲内で利用のつど1回払いをすることで信用実績を培ってもらい、数年後にクレジットカードを発行するケースがある。「分割できるか否か」との質問は下手をすると「あなたは銀行から与信を与えられているのか否か」と加盟店に聞かれているかのように感じることもあるようだ。平たくいえば、突然店員から「あなたは銀行から信用されているの？」と聞かれるようなものであり、「なぜ、そんなことを店員に聞かれなければならないのか！」と不快にさせかねない。月賦百貨店から発展してきた日本のクレジットカードにおいては、店が支払の分割回数を確認することにさほど違和感は感じられず、むしろ親切と考えたり、クレームをおそれて確認するようマニュアル化されている。さらに日本にはこの分割払いに対応したJPO（Japan Payment Option）という国内独自の規格

があり、日本の加盟店端末は皆これに対応している。海外の決済端末は、カードでの支払を受け付けてよいか否かの判断をはじめ、カードの取扱いは基本的に当該カードの発行者であるイシュアーの判断に委ねるのが基本思想であり、世界共通で展開される加盟店端末には日本の分割払いのような特殊な支払方法は想定されていない。世界各国を市場として量産し廉価に展開される国際規格準拠の加盟店端末に対して、日本語対応や細分化された分割回数の規格への対応や、これまた独自仕様の非接触型 IC カード読み書き機能にも対応させたりなど、キメ細かな対応を追加して、日本国内市場だけを対象に製造・販売しようとすれば、当然そのコストは高くなる。複数国で展開する端末をそのまま国内でも利用できれば、世界市場をターゲットに大量に生産される廉価な端末が導入可能となるのだが、このような特殊対応が日本の端末コストに大きな影響を及ぼしているといえる。さらにそのように高額な端末が接続先ネットワークまで決まっており、自由に接続先を選ぶことはできない。これが海外端末が廉価なのに対して、日本の決済端末が高額な背景である。携帯電話の移動機が海外競争力を失った背景と根幹は同じである。

　分割など日本独自の支払習慣に対応する点は月賦百貨店のような歴史的背景があるとして、なぜ日本では端末対ネットワークが1対1なのだろうか。そこにも歴史的な背景が横たわる。

　日本でクレジットカードが磁気カード化した1984年当時、国際ブランドを付したクレジットカードは主に銀行系カード会社が発行しており、業界団体の日本クレジットカード協会

図表1－16　カード会社と加盟店端末の間のネットワーク
　　　　　（イメージ図）

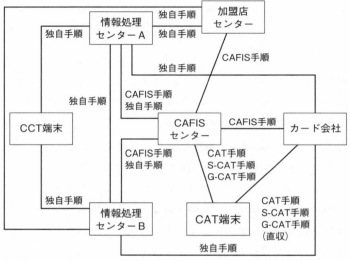

（出所）　筆者作成

（JCCA）が磁気カードの仕様やそのデータ授受の規格を策定の
うえ、当時の日本電信電話公社に磁気カード読取データをイ
シュアーへ送受信するネットワークの構築を依頼した。まだ各
社が何件のデータを送受信するかもわからないなかで莫大なシ
ステム構築費用をカード会社間で案分精算することはむずかし
く、JCCAは電電公社に従量課金でのコスト回収を依頼した。
それを受けて電電公社はCAFISを構築して、データ送受信件
数ごとにいくらという課金体系で事業を開始したのである。そ
の後、電電公社は民営化され、CAFIS事業は1988年に発足し
たNTTデータに引き継がれた。現在、経済産業省が認可する
カード業界団体は銀行系カード会社のみならず多種多様なカー

ド事業者が多数集まる日本クレジット協会（JCA）であるが、加盟店端末の仕様を管理し、加盟端末の認定やその端末からCAFISに飛ばす情報センターの認定など、クレジットカード取引の重要な仕様を決定・管理しているのは銀行系カード会社の業界団体のJCCAである。このようにCAFISがクレジットカード業界で唯一、カードのデータを読み取ってカード会社に連携するネットワークとして誕生し、そこに接続する加盟店端末はカード会社ごとに異なる端末を設置するような無駄な展開を避け、複数のカード会社で1台の端末を一緒に使う「共同利用端末」として、当然に業界唯一のネットワークであるCAFISへの接続を想定した端末となったのである。大型加盟店は、CAFIS側のデータ処理負荷を軽減するために複数店舗に複数台数存在するPOSレジからいきなりCAFISに直接接続するのではなく、店舗システムにてカード情報を集約してからCAFISに接続した。店舗システムに備えるカードのデータの集計や中継などの処理などを行う機能はどこの加盟店でも同じ処理であったことから、カードデータの処理を汎用的に行う情報処理センターが誕生して加盟店の店舗システムを軽くすることで、大型流通企業にクレジットカードの取扱いを促す営業展開が活発化し、やがてカード会社が大型加盟店の店舗システムの一部機能やコストを負担することが当然のようになっていく。そのうち一部の情報処理センターが、CAFISを経由せず直接カード発行会社にデータを送受信することでCAFISに支払うコストの削減を図ると、そのためのCCT端末も登場した。こうして日本の加盟店端末は特定の情報処理センター（ネットワーク）に接続する端末：ネットワーク＝1：1の専用

端末となっていったのである。

(3) クレジットカードのIT化変遷とセキュリティ

① 欧州で世界に先駆けてチップ&PIN決済が普及した背景

　前述のとおり、欧州では不正利用対策としてフランスを皮切りに決済カードのIC化が進んだ。すでに2000年代には、店頭でも自販機でも、パリの街中に置かれたレンタル自転車でも、接触型ICカードを加盟店端末やキオスク端末に挿入のうえ、暗証番号を入力して代金を支払うシーンは一般的な光景となっていた。ICカード化することで、容易にカードのデータを読み取れなくなり、それまで多発していた不正利用を劇的に減らすことに成功したのだ。接触型ICカードは来店客側を向いた加盟店端末のカード挿入口にユーザー自らが挿入し、非接触型ICカードはかざすことで、店員にカードを渡す必要がなく、店員によるカードのスキミングを防ぐことにも貢献した。日本では接触型IC端末が普及しつつある現在でもなお、店員が客からカードを預かってICカードリーダーに挿入するケースが残る。接触型ICカードのリーダー／ライターが日本に上陸して間もない頃は、カードの挿入口は客側を向いており、客が自らリーダー／ライターに接触型ICカードを挿入して、同じく客側を向いたテンキーで暗証番号を入力する使い方が想定されていたが、過剰な「おもてなし」を自負する日本の小売店には「カードの端末挿入をお客様にさせるなんてとんでもない。店員がやるべき」とリーダー／ライターのカード挿入口を店員側

に改修させる動きがあった。セキュリティを高めた欧州では、カードを店員に渡さずに済むことが会員にとって重要なリスクマネジメントであり、イシュアーによってはカードを他人に渡した後に不正利用が発生すると、店員にカードを渡さなければ不正利用は防げたとして会員がイシュアーから厳しく管理義務違反を問われるケースもある。しかし、そのような認識とは無縁で性善説の日本の加盟店では、店員が人のカードの情報を盗み取る（スキミングする）という感覚はなく、むしろ客に作業させること自体が悪だと考えた。しかし、本当の「おもてなし」は相手の立場に立って快適に接することであり、店員がお客様のカードに触らない店頭オペレーションが望ましい。改正割賦販売法でIC対応が義務化されて以降、ユーザーがカードを挿入する店舗は増えつつあるが、新型コロナウイルス感染拡大の経験をふまえて、ユーザー操作化は加速すべきである。

IC決済先進国では、ICカードによってカードそのものの真正を確認することができるようになり、さらに当該カードを持参したユーザーがカード会員本人か否かをPIN（暗証番号）によって確認することで、第三者による不正利用を防止することができている。また、カード券面にパソコンを載せたようにデータを格納・保護し、演算処理やデータのやりとりをコントロールできるICカードは、不正利用にとどまらずカードユーザーのカード管理状況や支払状況などによってオンライン接続の要否を判断したり、オフラインでも利用内容によって利用可否などを判断したり、頭脳をもったカードとして利便性の向上やキメ細かな利用管理を実現できる。

欧州各国の金融機関や銀行業界はこのように、IC化によっ

て不正利用を大幅に減らすことに成功した。小国の多い欧州において、公的規格（デジュールスタンダード）に準拠することは相互利用の実現につながり、それはすなわち他国の消費者が自国で消費しやすい環境を整えることにもなる。前述のカルト・バンケールやダンコート[28]のように、国によっては自国独自のデビットカードが存在するものの、基本的には国際規格準拠の決済サービスを取り扱うことで、自国民と他国民の双方が安全・安心に消費できる、さらには非接触IC化などで消費を促進する環境を整備しているのだ。

　実は欧州各国は比較的通信料が高額で、IC化の背景にはできるだけオンライン取引を減らして通信量を削減しようとの思惑もあり、オフラインでキメ細かな対応が見込めるIC化は、コスト削減の観点でも貢献した。日本でも国際ブランド決済カードを利用する店舗の裾野が広がりつつあり、平均決済金額が低下傾向にあるなか、従量課金（パーセント課金）の加盟店手数料に対して固定額課金のネットワーク利用手数料のコストが相対的に割高となる傾向があることに鑑みると、IC化によるオフライン取引化は1つのコスト削減策としても期待できそうである。

　ちなみに日本ではクレジットカードビジネスは割賦販売法の対象として経済産業省が管轄しており[29]、改正割賦販売法とその実行計画で2020年3月までにすべての加盟店端末のIC対応

28　デンマークのデビットカード。デンマーク国籍保有者や個人識別番号保有者のほぼすべての成人が保有し、デンマークのほぼすべての店舗で利用できる。
29　具体的にはクレジットカードそのものではなく、割賦販売法の監督省庁として2月を超える後払いを管轄。

が義務化されているが、国際ブランドのIC化ロードマップは必ずしもクレジットカードのみのロードマップではなく、デビットカードやプリペイドカードについても同様にIC化を推進している。2015年10月のチップライアビリティシフトは、クレジットカードに限定したルール変更ではないのだ。また、非接触ICでも2019年には欧州・アジアのイシュアーは非接触IC対応必須、2023年には加盟店端末の非接触IC対応を必須としており、欧州・アジア・オセアニアの各地域から来訪する訪日外国人の多くがVisaやMastercardの非接触型ICカードないしはNFCモバイルをもって来日することになる。

② 米国の急速なIC化の背景と日本がねらわれる理由

前述のとおり、国際ブランド決済カードは国際規格によって世界的な互換性が確保された決済サービスである。日本のカード会社が発行したVisaクレジットカードも、日本のメガバンクが発行したVisaデビットカードも他国のVisa加盟店で決済できる。ということは、偽造カードや第三者になりすましたカードも同様に、世界中のVisa加盟店で使えるということである。つまり、国際ブランド決済カードは世界中で不正利用も可能ということであるが、実際の不正利用防止策や利用環境は国やイシュアーによって異なっており、一概に不正利用されるとは言いがたい。これまで述べたとおり、国際ブランド決済カードは世界的互換性を図るなかでIC化を進めてセキュリティを高めてきた。IC化すれば、ICチップの中身を強引に読もうとしたらクラッシュするなどさまざまな工夫を施すことができるが、具体的な対応状況は国によって異なる。日本でも最

近は IC 対応している加盟店は増加しているが、2018年6月から施行された改正割賦販売法で IC 対応を義務づけた背景には、欧州などキャッシュレス先進国と比べて IC 化が遅れていた実態がある。

　実は米国も IC 対応が遅れた国である。EU の決済サービス指令（Payment Service Directive：PSD。EU 域内各国は EU の指令に基づき各国の法律を整備する）や通信料のコスト削減を目的として欧州各国で IC 対応が進む一方、通信料が廉価で店頭取引を簡素化してさまざまな処理をすべてバックヤードで対応する根本思想でインフラが構築されている米国においては、なかなか IC 化が進まなかった。そのため欧州各国の金融機関がせっかく IC 化しても、IC 未対応の加盟店端末が多い米国に持ち込まれて決済されると磁気カード取引となり（IC カードでも磁気ストライプはついており、端末が IC ならば IC 取引、端末が磁気であれば磁気取引となる）、米国で不正利用が発生して不正利用の被害額がイシュアー責任となる以前のブランドレギュレーションでは、欧州の金融機関が損害を被った。

　決済カードの不正利用は、購入した商品を換金する手段やルートが必要であり、決して効率的に大金をせしめることのできる手法とはいえないのだが、効率の悪い手法でも大量処理する仕組みを構築すれば相当なボリュームになることから、主に国際的な犯罪グループによってビジネス化されている。筆者もカード会社勤務時代に、盗んだカードで買い物に来た不正利用犯を現行犯逮捕する業務に従事していたが、不正利用犯を捕まえてみるとそのほとんどが東アジア系の外国人であり、たまに日本人であったとしても東アジア系外国人に雇われて盗難カー

ドと知らされないままわずかな小遣い稼ぎのために詐欺犯として逮捕されてしまう末端のアルバイトであった。筆者は自らの実体験として、隣国の警察が追う犯罪者を同国の警察官と連携して探したこともある。つまり、決済カードの不正利用は往々にして世界を股にかける国際犯罪集団によって行われており、彼等は次から次へとセキュリティの甘い、不正利用しやすい国をターゲットにして年間数百億円にのぼる不正利用を働くのである。その傾向は数値にも顕著に現れ、欧州各国は自国で発行されたカードが不正利用されることの多い米国に対してIC化の申入れを行った。これを受けたことと、米国消費者の安全を守ることの両方の観点から、当時のオバマ大統領は決済カードと加盟店端末を早急にIC化せよという大統領令に署名した。さらに、それまで加盟店端末がIC対応していないために発生した不正利用被害額がイシュアー負担となっていたブランドレギュレーションが「チップライアビリティシフト」と呼ばれるルール変更によって、2015年10月以降は端末のIC対応をしていないアクワイアラー側の責任に変更された。2014年10月からApple Payがサービスを開始してもなかなかIC化が進捗しなかった米国市場も、この大統領令によって2015年後半から飛躍的にIC対応が進んだのである。

③　接触IC普及済の英国が国をあげて非接触ICでキャッシュレスを進める理由

　ロンドンオリンピック終了後に急速に非接触IC化が進んだ英国では、実はオリンピック以前の2009年に一度、銀行協会が小切手の廃止を宣言している。現金以上に紙のやりとりが発生

する小切手は、やはり現金同様に無駄な社会コストを発生させているとして、英国政府と銀行協会によって撲滅が図られたが、多くの流通企業や消費者から猛反発を受け、わずか数カ月で「小切手廃止と発表したのを取り消す」と発表し直した。廃止を取り消す一方で、現金決済が多い15ポンド以下の少額決済領域の小売店を中心に非接触IC端末の設置を推進して、キャッシュレス化を進めた。また、Faster Payments という金融機関口座同士の資金清算を24時間365日廉価に即時で行う決済インフラを整備し、現金と遜色ない入金の早期化を実現した。なお、この Faster Payments は、さらに小切手や従前の口座振込システムと結合する New Payments Architecture への進化が予定されている。また、SEPA（単一ユーロ支払地域）では域内であれば会員の金融機関口座と加盟店の金融機関口座の間の資金清算が、わずか数秒、１件１円未満で済む即時決済インフラが整備されている。EU や中国など他国ではこのように国や行政機関が主導して国家レベルで決済インフラを整備し、国際ブランド決済ネットワークがなくても廉価に決済サービスが展開できる環境をつくっている。それによって、EU では、国際ブランド決済の「マルチラテラル・インターチェンジフィー」というインターチェンジ・フィーとは別の多国間取引手数料に上限を設定し、結果的に加盟店手数料の引下げにつながっている。日本では2018年10月に金融機関同士の送金システムとして「モアタイムシステム」が稼働したものの、相変わらず銀行とカード会社は別産業として管轄省庁が異なるなか、決済インフラとして同じ土俵で議論されることなく、キャッシュレス検討会（クレジットカードデータ利用に係る API 連携に関する検討会）

や、その後のキャッシュレス推進協議会では、加盟店手数料や QRコード決済などフロントエンドの議論に論点が集中しがちである。

このように英国では、小切手や現金に係る「社会コストの削減」を目的にまず決済インフラを整備し直したうえで、社会コストの高い少額領域に多い現金決済を撲滅する方法として、カードでもスマホでもタッチするだけで簡単・便利に決済できるキャッシュレス決済として、非接触IC化を推進したのである。キャッシュレスは手段であり目的にはならない。何のためにキャッシュレスを推進するのかが重要である。日本でも昨今、活発にキャッシュレス化が推進されており、社会的なコスト削減や業務効率化、デジタル社会化の進展を考えると大歓迎であるが、目的や目指す姿の設定・共有がないまま些末な協議を重ねてしまうと場当たり的な対応になりかねない。消費者や小売店に混乱をきたしたり、数カ月や数年のロングスパンで俯瞰した時には後々金融システミックリスクや不正利用を誘発しかねない危険な煽動となったり、有事が多発して「なんだ、やっぱりキャッシュレスは怖い」と消費者や小売店の失望を招いたり、不安を抱かせたりして、かえって失速するような事態につながらないよう、十分注意して進める必要がある。

なお、少額決済領域の非接触IC化については、図表1−17 のとおり英国の決済事業者団体が買い物金額帯別の現金決済件数を調査した結果として、特に15ポンド以下の少額領域では現金決済が多いと判明したものである。当初のICカードは接触型ICが主流であったが、ロンドンオリンピックが開催された2012年以降は大手銀行を中心に非接触型ICカードが発行さ

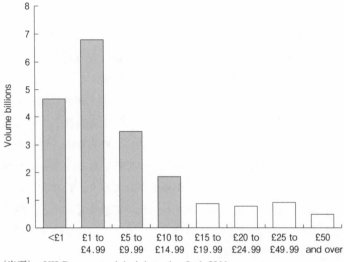

図表 1 −17　英国 2010年金額帯別現金決済件数 Consumer cash payments by value band 2010

（出所）　UK Payments Administration Ltd. 2011

れ、少額領域を中心に少しずつ利用されるようになっていった。ロンドン市交通局の地下鉄やバスでも、Visa や Mastercard の非接触型 IC カードが使えるようになった。英国民のみならず日本の観光客も、自国で日常利用している Visa や Mastercard の非接触型 IC カードを改札にかざして運賃を支払い、乗車できるようになっている。非接触型 IC カードであれば物理的なカード形状にこだわる必要がないことから、やがて決済カードは決済アプリケーションとして非接触 IC チップ付きの NFC モバイルにも搭載されている。国際ブランド決済の非接触 IC の通信規格は、ISO や IEC など公的国際規格

図表1-18　国際規格の種類

	ISO	IEC	ITU
	国際標準化機構	国際電気標準会議	国際電気通信連合
対象	電気通信を除く全分野	電気技術分野	通信分野
規格数	22,467規格(注1)	7,725規格(注2)	約4,000規格
設立年	1926年：ISA 設立 1947年：ISO へ改組	1906年	1932年
会員数	参加国数162（注1）	参加国数86（注2）	参加国数193（注3）

（注1）　2018年12月現在。
（注2）　2018年1月現在。
（注3）　2019年12月現在。
（出所）　ISO、IEC、ITU 各ウェブサイト

（デジュールスタンダード）で近接型非接触型ICカードとして規格化されているISO/IEC14443のType-A/Bである。データの仕様はISO/IEC7816に準拠したEMV仕様であり、世界中の金融機関がISO/IEC7816や14443、EMVに準拠しているため、どの国から来た訪英外国人も、自国で日常利用している自国の金融機関が発行した国際ブランド決済の非接触ICで乗車できる環境が整備されている。そして国際ブランドの非接触ICで乗車できる鉄道やバスは、世界各国に広がりつつある。

④ 日本のクレジットカードでロンドン地下鉄に乗れる理由と世界の動向

　ロンドン地下鉄の運賃はゾーン制で、4つの区域（ゾーン）別に料金が異なる。2003年に「Oyster」という非接触IC乗車券がサービス開始になると、非接触型ICカードを改札にタッチする手軽さと、当時現金で切符を買うと1ゾーン4ポンドだったのが、「Oyster」であれば1.5ポンドになるというお得さで瞬く間にロンドン市民に普及し、ユーザーの実に9割以上がOysterカードを利用するほどになった。

　しかしロンドン市交通局はこの「Oyster」の新規発行をやめて、VisaやMastercard、American Expressなどの国際ブランド決済カードの非接触型ICカードで乗車できるようにすると発表する。そもそもロンドンは史跡が多い街であり、地下鉄の駅や路線を掘るとすぐに史跡に行き当たり、なかなか広い土地がとれないなかにかなり無理をして地下鉄を掘り、駅をつくっている。そのためロンドン地下鉄は「チューブ」との愛称があり、背が低くて半円状の天井になっている車両が、狭くて半円状に掘られた地下道の天井や壁をスレスレに走行するまさに自転車のタイヤのなかの「チューブ」のような構造になっている。そのように狭い土地の駅構内において、券売機にチャージに向かう人と改札機に向かう人の流れが交差する動線は非常に危険で効率が悪い。IC乗車券カード自体のコストも、廉価なType-Aカードを使っているとはいえ無視できる規模ではない。そこで、市民が財布に入れて持ち歩くVisaやMastercardなどの非接触型ICカードをそのまま改札にかざすことで乗車できるようにし、駅構内の動線とカードコストの両方を改善し

たのである。さらに外国人旅行客においても、旅行者が自国で日常利用する Visa や Mastercard が非接触型 IC カードであれば、そのカードをそのまま改札機にかざすことで利用できるようにすることで、利便性が飛躍的に向上し、利用を促進した。日本の Suica のように、店舗である鉄道会社の運賃（買い物代金）計算機能を IC チップ側にもたせる必要はなく、改札機も日本の改札機のように足早に通過できるソフトゲートではなく、手でしっかり通すハードゲートなので、リーダー／ライターにかざす時間を少し長めにできる。乗車駅の改札で読み取った IC カードが、目的地である降車駅に到着するまでの間にカードの有効性を確認したうえで運賃をカードに請求し、利用不可のカードは降車駅の改札で止めることで、国際規格によって世界中で使われるクレジットカードやデビットカードでの乗車を実現した。その後、Visa や Mastercard の非接触型 IC カードや Apple Pay のようなスマホアプリを改札や料金箱にかざして鉄道・バスなどの運賃を精算する方法は、シンガポール地下鉄（Simply Go）、米国ではニューヨーク地下鉄（OMNY）やシカゴ交通局（Vantra）、カナダではメトロ・バンクーバー（TransLink）、ブラジルのリオデジャネイロ地下鉄（Visa SAM）、オーストラリア（メトロ・トランスポート・シドニー）やロシア（モスクワメトロ）、フィリピン（beep）やクロアチア（Rieka City Card）など、世界各国に国際ブランド決済の非接触 IC で乗車できる仕組みとして普及し始めている。

　日本では、成田空港や羽田空港に到着したら日本の鉄道や小売店で利用できる電子マネーを申し込んでもらうとか、指紋とクレジットカードを紐づけ登録してもらうといった実験が展開

されたほか、日本に向かう飛行機のなかで旅行客用のIC乗車券を申し込めるような手法も検討されているが、外国人にいきなり日本独自の決済サービスを申し込ませるよりも、自国で日常的に使い慣れた世界中で使える決済サービスがそのまま日本国内でも使えるほうが使いやすく、外国人消費を向上させるであろうことは、英国における地下鉄事例をみても、日本でもニセコのスキー場でオーストラリア人観光客がVisaのタッチ決済取扱店に集まる状況をみても明らかである。

⑤　中国の銀聯もEMVに準拠した非接触IC「Quick Pass」を展開している

　中国の銀行口座保有者が全員保有している銀聯カードは、2018年には発行枚数が75億枚を超えた。2013年には全加盟店がIC対応化、2014年には全加盟店の取引データがIC化し、さらにICカードの9割はすでにType-A/Bの非接触ICチップが搭載されており、2015年には新規の銀行カード発行において磁気カードの発行が禁止されている。しかし、セキュリティを向上させ、低セキュリティで廉価な磁気カードを禁止した結果、IC対応によって加盟店端末が高額になり、屋台などで端末設置場所にも困る加盟店がIC化した銀聯カードの端末設置を敬遠し、端末不要なQRコード決済が普及するという皮肉な状況を加速させる要因にもなっている。その結果、銀聯もQRコード決済を展開している。

　銀聯の非接触IC決済ソリューションは「Quick Pass」といい、EMVに準拠している。メディアや日本の決済サービス有識者はよく「銀聯はEMVに準拠しておらず、PBOCという独

自の規格」と解説しているが間違いである。Visa の接触 IC 規格に VSDC、Mastercard の接触 IC 規格に M/Chip があるように、銀聯の接触 IC 規格に PBOC があるという話であり、いずれも EMV 準拠である。ちなみに PBOC とは、Public Bank Of China、すなわち中国人民銀行の略であり EMV に準拠した「中国人民銀行規格」という意味にほかならない。

　前述のとおり、銀聯はすでに国家施策として IC 化を進めており、IC カードの 9 割には非接触 IC「Quick Pass」を搭載済である。つまり、タッチするだけで決済できるカードやモバイルを中国人の多くがもっている。そして銀聯は加盟店端末の IC 化も進めており、非接触 IC 対応も推進中である。つまり、Type-A/B ベースの非接触型 IC カードやモバイルをもった中国人が、Type-A/B で決済する環境が実はすでに整備されているのである。Visa や Mastercard は、欧州やアジア各国のイシュアーに対して「2019年までに発行カードは非接触 IC 搭載とすること」、アクワイアラーに対して「2023年までにすべての加盟店端末は非接触 IC 決済に対応すること」とのロードマップを公表済であり、世界各国の消費者が利用する Visa や Mastercard のカードやモバイルには、Visa や Mastercard の非接触 IC 決済が搭載される予定である。欧州、オセアニア、北米、南米のみならず中国からも、訪日外国人の多くが Type-A/B をもって日本にやってくるのだ。日本の加盟店でも、マクドナルドやローソン、イオンや TSUTAYA、JTB や SUBWAY、セブン–イレブンなど Type-A/B の国際ブランド非接触型 IC カードやモバイルに対応する加盟店が増えている。セキュリティを重視する先進国の金融機関は IC 決済を

標準としており、国際ブランド決済の非接触ICが訪日外国人消費において重要な存在になっていくと思われる。しかし中国においてはQRコード決済がブレイクしており、銀聯も「Quick Pass」のインターフェイスとしてQRコード対応を追加している。

　銀聯が展開するQRコード決済は、日本では「銀聯QRコード決済」、中国では「Cloud Quick Pass」と呼ばれるが、「Cloud Quick Pass」はもともと非接触IC決済「Quick Pass」のHCE版（クラウド対応版）サービスの名称でもあり、最近では「銀聯QR」「Union Pay QR Code」といった呼ばれ方をしている。国際ブランド決済における互換性を重要視した銀聯が、EMVCo.に働きかけて国際ブランドのQRコード決済の共通規格「EMV QR Code Specification for Payment Systems」を主導的に策定した。QRコード決済については第4章で詳述する。

⑥　媒体をIC化して終わりではない、さらなるICの有効活用方法

　改正割賦販売法によって日本でもクレジットカードのIC化が進みつつあるが、IC化すべきなのはクレジットカードに限った話ではない。約1カ月分の利用金額をまとめて後払いするクレジットカードでは、利用合計額が高額になりがちであることを考慮すれば、IC化の必要性は非常にわかりやすいが、「1カ月間の利用を合算請求するのでなければ安全性は低くてかまわない」というわけではない。プリペイドカードのプリペイド残高もデビットカードの口座残高も消費者の財産であり、財産を保護するためには高いセキュリティが確保され、「安全・安心

に使える」サービスでなければならない。利便性を損ねるほどのセキュリティは本末転倒であるが、欧州で普及済の接触型ICカードにおけるPIN入力や少額決済におけるPINレス対応、非接触IC決済などは、利便性においても実績のある高セキュリティの決済方法ということができ、デビットカードやプリペイドカードにおいてもICカードやスマホアプリはおおいに活用されている。何より国際ブランド会社はIC化の義務づけをクレジットカードに限定しているわけではなく、すでにデビットカードやプリペイドカードのIC化も進みつつある。

しかしIC化はカード媒体をIC化すれば終わりという話ではない。ICはいわばパソコンを搭載したようなものであり、媒体をIC化することで偽造が防止できるというセキュリティ上の効果のみならず、ユーザーや加盟店の特徴にあわせて利用方法をコントロールすることも可能だ。たとえば、いつも厳格にカードを管理し、入会後10年以上にわたってカードを紛失したり盗難にあったりしたことはなく、利用金額の支払においても延滞したこともなく、スピーディに利用できることが重要なインセンティブとなる会員においては、オフラインで利用してもらえる範囲を広くしてよい。そのかわりいつもの利用パターンと異なる利用が発生した際にはすかさずオンライン接続して、利用状況や本人に連絡して不正利用が発生していないかを把握するといった対応が可能になる。一方、しょっちゅうカードをなくしたり盗難にあったりし、支払も滞りがちな会員については、常にオンライン接続して利用状況を把握する。これらの例のとおり、ユーザーや加盟店によって利用方法をコントロールすることも可能となる。IC化の真髄はむしろこちらに

ある。ユーザーの嗜好やライフスタイルに応じてストレスのない、もとい、利用しやすくなる決済サービスへの進化である。

単に「決済できる」だけでは選ばれない時代に突入した決済サービス競争時代において、かゆいところに手が届くサービス提供は非常に重要であり、決済サービス事業者においてユーザーの利用情報は重要な武器となる。

⑦　インターネットの普及と EC 決済

1990年代の後半に、あらかじめクレジットカード番号を電気会社やガス会社に届け出ておき、毎月の支払を登録したカードに請求する方法が広がり始めると、携帯電話の利用代金やパソコン通信の利用代金などでも事前登録したクレジットカード番号に毎月の利用代金を登録・請求して精算する支払方法が広がった。リカーリングや登録型加盟店方式などと呼ばれる方法である。1990年代の終盤には日本でもインターネットが普及し、世界有数のインターネットユーザー大国となっていく。

すると、インターネットのプロバイダー料金の支払にもあらかじめクレジットカード番号を登録しておいて月々の利用代金を支払う方法が一般的となり、さらにプロバイダー料金以外の一般的なオンラインショッピングでもあらかじめクレジットカード番号を登録する支払方法が利用されるようになってきた。ますますインターネットが普及すると、オンラインショッピング時に逐一クレジットカード番号を入力して買い物するEC 決済も増加していった。しかしインターネットのセキュリティは当時から現在に至るまで決して高いとはいえず、クレジットカード番号をそのままインターネット上に流通させるこ

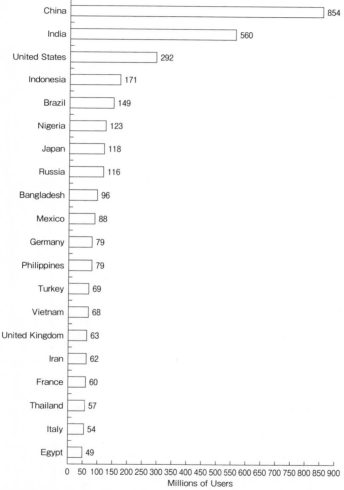

図表 1 - 19　インターネット利用者が多い国 上位20カ国

国	Millions of Users
China	854
India	560
United States	292
Indonesia	171
Brazil	149
Nigeria	123
Japan	118
Russia	116
Bangladesh	96
Mexico	88
Germany	79
Philippines	79
Turkey	69
Vietnam	68
United Kingdom	63
Iran	62
France	60
Thailand	57
Italy	54
Egypt	49

Source: Internet World Stats - www.internetworldstats.com/top20.htm
3,213,351,128 Internet users in the Top 20 countries in June 30, 2019
Copyright © 2019, Miniwatts Marketing Group

（出所）　Internet World Stat

とは大変危険である。カード業界ではさまざまなセキュリティ
対策が検討され、紆余曲折の時代を迎える。

　当時、国際ブランド会社の Visa と Mastercard はクレジッ
トカード番号の盗用による不正利用の発生を懸念し、取引デー
タを暗号鍵で暗号化する SET というセキュリティ手法を開発
して世界的に金融・決済業界をあげて推進を図った。日本でも
Visa、Mastercard、JCB のカードを発行するカード会社が業
界をあげて推進した。
　SET は Secure Electronic Transactions の略で、会員、EC
加盟店、カード会社の3者が認証局に証明書を発行してもらっ
て正しい取引相手であることを確認のうえ決済を行うことで、

図表1－20　SET の仕組み

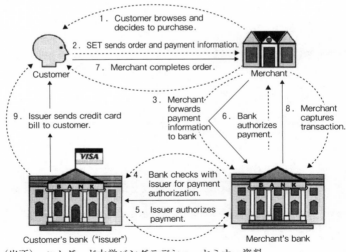

（出所）　ハムダード大学バングラデシュ　セミナー資料

安全な取引を実現する仕組みである。会員がインターネット経由で EC 加盟店に送る発注情報と、クレジットカード会社などの金融機関に送る決済関連情報を完全に分離することで、EC 加盟店にクレジットカード番号を知らせることなく決済ができるので、カード番号の情報漏洩や不正利用を発生させる心配がない。EC 加盟店も、クレジットカードで買い物する客を確実に認証できるので、不正な購入を防止することができる。

しかし SET は、イシュアーが会員にカード情報や取引データを暗号化する暗号鍵ソフトの入った CD-ROM を配布し、会員はそれをパソコンにインストールしてカード取引情報を暗号化し、カード会社経由で買い物（EC 加盟店には暗号化した注文情報のみを送信）するため、思いついた時に気軽に買い物することができない大変面倒な仕組みであり、ブランド会社が手を取り合って業界をあげて推進したが残念ながらなかなか普及しなかった。利便性とセキュリティの相克である。

やがて、不正利用が発生した場合の責任を負うのでカード番号入力で決済させてほしいという EC サイトが現れ、瞬く間に巨大 EC ショッピングサイトへと成長する。筆者自身もカード会社で EC 推進部門のマネージャーを担っている頃にこの巨大 EC ショッピングモールの有名社長にお会いしているが、あえて雨に濡れてから来訪するなど非常に熱心な営業活動にて EC の重要性を説き、主要カード会社の理解を深めていった。それだけが理由ではなく、他の EC 加盟店でも不正利用のリスク負担をしてでもカードを取り扱いたいという声が大勢を占めるようになり、EC 取引においては不正利用リスクを加盟店が負う前提での加盟店契約が増加した。前述の有名社長は損害保険会

社とオンライン不正利用保険を開発し、保険代理店として自身のECショッピングモール傘下の店舗にオンライン不正利用保険を推進して、安全対策を講じている。

　一方、カード業界でも各ブランド会社や個別のカード会社などでEC決済の安全対策の検討が継続され、他人のカード番号情報を知った第三者ではなくクレジットカードを手元にもっている本人が利用していることを確認する手法として、「セキュリティコード」を入力させる方法が普及する。セキュリティコードとはカード裏面のサインパネルの右上に印字された3桁の数字で、VisaではCVV[30]、MastercardではCVC[31]などと呼ばれる。ちなみにAmerican Expressは4桁でCID Numberと呼ばれている。しかし、オンラインショッピングの際にセキュリティコードを入力させるサイトが入力情報を保有・管理し、そのシステムからセキュリティコードを含むカード情報が漏洩・盗難にあえばセキュリティコードを活用しても不正利用が可能となってしまう。本来、ECサイト（加盟店）はセキュリティコードを保持してはいけないのだが、現実として会員に入力させたセキュリティコードをカード情報とともに保持する加盟店が存在してしまうと、セキュリティコードを使う方法も不正利用の防止に万全な方法とはいえなくなる。また、正当なサイトのふりをしてカード情報やセキュリティコードを入力させるフィッシングサイトも出現するようになった。

---

[30] Card Verification Value：正確にはCVVはチェックデジットを使った偽造防止技術のことを指し、サインパネルの数字で会員本人かを確認する仕組みはCVV 2という。

[31] Card Verification Code：同様に正確にはCVC 2。

関係各社がインターネット決済のセキュリティ対策を継続検討するなか、2001年にVisaがSETに変わる仕組みとして「3Dセキュア」を開発すると、MastercardやAmerican Express、JCBなど他のブランド会社と協調し業界をあげた共同推進を展開する。

　3Dセキュアは、3Dセキュアに対応しているカード会社が認証した会員が、同じく対応カード会社が認証した加盟店で決済する仕組みで、あらかじめ会員がカード会社に登録したカード情報以外の「個人認証パスワード」を確認することで本人を認証する決済方法である。会員がECサイト（加盟店）で買いたい商品を選びカード情報を入力すると、加盟店からカード会社に情報連携されてカード会社の画面に遷移する。会員が直接カード会社の画面で事前に登録済の認証パスワードを入力し、カード会社が本人であることを確認すると加盟店に決済が完了したことが通知され、商品が発送される。認証パスワードに

図表1-21　3Dセキュア決済の流れ

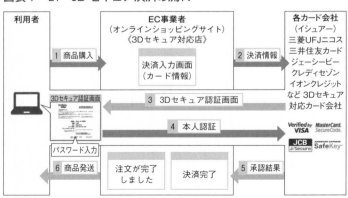

は、秘密の質問やパスワードなどが使われる（図表1‐21参照）。

3Dセキュアの思想をみれば明らかなとおり、カード情報はセキュリティコードはもちろん、クレジットカード番号も加盟店が保持することは本来できない。どのカードの会員規約にも「カードおよびカード番号はカード発行会社が会員に貸与するものであり、だれにも教えてはいけない」と明記されている。それを加盟店に教えてしまい、そのために不正利用が発生したということであれば、会員が正しくカード情報を管理しなかったという会員規約違反（善管注意義務違反：善良な管理者の注意義務の違反）を問われ、不正利用の責任を会員が負うべきとの判断をされても本来はおかしくない。実際に海外の金融機関ではカードを店員に渡したとか、カード情報を加盟店に教えた行為が会員規約違反であるとして不正利用の責任を問われるケースも存在する。しかし日本では、クレジットカード普及の歴史のなかで、カード会社側が電気・ガス・水道料金などの公共料金の支払やインターネットショッピングの支払にクレジットカードを利用してもらおうと加盟店側がカード番号を保有管理して月々の利用代金を請求する方法を容認してきた経緯があり、国内でカード情報の善管注意義務違反として不正利用額を会員に請求する事例はほとんど聞いたことがない[32]。

しかしEC加盟店が保管・管理するカード情報が流出する事件は頻発しており、インターネットのオンラインショッピング

---

[32] 暗証番号をカード券面に記載していたとか、カードと一緒にメモを入れていたためにキャッシングの不正利用被害にあったなど、善管注意義務違反によって会員に不正利用額の責任が及ぶケースは存在する。ここでは登録型加盟店にカード情報を教えた点について善管注意義務違反を問われるケースを述べている。

が増加するにつれ、オンラインショッピングでの不正利用も深刻な問題となっている。図表1－22はJCAが公表している不正利用金額の推移で、図表1－12の再掲である。図表1－12で2002年に165億円あった偽造カードの被害額が2018年には16億円と10分の1以下に減っている一方で、2019年に222.9億円と過去の偽造カード被害最高額を超える不正利用が発生しているのが「番号盗用被害額」である。「番号盗用被害」とは、不正

図表1－22　クレジットカードの不正利用被害の発生状況の内訳（再掲）

（単位：億円、％）

期　　間		クレジットカード不正利用被害額	クレジットカード不正利用被害額の内訳					
			偽造カード被害額		番号盗用被害額		その他不正利用被害額	
			被害額	構成比	被害額	構成比	被害額	構成比
2014年（1月〜12月）		114.5	19.5	17.0	67.3	58.8	27.7	24.2
2015年（1月〜12月）		120.9	23.1	19.1	72.2	59.7	25.6	21.2
2016年（1月〜12月）		142.0	30.6	21.6	88.9	62.6	22.5	15.8
2017年（1月〜12月）		236.4	31.7	13.4	176.7	74.8	28.0	11.8
2018年（1月〜12月）		235.4	16.0	6.8	187.6	79.7	31.8	13.5
	（1月〜3月）	57.1	3.2	5.6	46.2	80.9	7.7	13.5
	（4月〜6月）	58.3	4.2	7.2	46.6	79.9	7.5	12.9
	（7月〜9月）	50.7	3.8	7.5	39.1	77.1	7.8	15.4
	（10月〜12月）	69.3	4.8	6.9	55.7	80.3	8.8	12.8
2019年（1月〜6月）		273.8	17.8	6.5	222.9	81.4	33.1	12.1
	（1月〜3月）	68.5	4.0	5.8	56.3	82.2	8.2	12.0
	（4月〜6月）	68.5	4.7	6.9	55.6	81.1	8.2	12.0
	（7月〜9月）	68.0	4.6	6.8	55.1	81.0	8.3	12.2
	（10月〜12月）	68.8	4.5	6.5	55.9	81.3	8.4	12.2

（出所）　日本クレジット協会

アクセスやフィッシングサイトなどで、毎月の支払用やオンラインショッピング用に登録したクレジットカード番号情報が盗まれ、第三者によって買い物されてしまう被害額で、多くがEC決済分野の不正利用である。EC決済分野の不正利用は過去に例をみないほど深刻な状況にあり、強い危機感をもたなければならない。

　ここに至るまでに、経済産業省やカード業界も改正割賦販売法で加盟店管理を強化し、3Dセキュアのように加盟店にカード番号をもたせないことでセキュリティを高めてEC決済分野の不正利用を減らす取組みを強化している。カード業界では、国際決済ブランド会社がクレジットカード会員の情報やカード関連情報を保護し、安全に取り扱うことを目的にPCI DSS（Payment Card Industry Data Security Standard）という情報セキュリティ基準が策定されており、世界の金融機関の情報セキュリティ基準となっている。PCI DSSは2004年にVisa、Mastercard、American Express、Discover、JCBの5社によって策定され、現在はその5社が共同で設立したPCI SSC（PCI Security Standards Council）が運営・管理しており、世界各国の金融機関に遵守を求めて普及してきた。しかし番号盗用被害額は増加の一途をたどっている。

　日本でも、経済産業省が2014年に公表した「クレジットカード決済の健全な発展に向けた研究会」の中間報告書に、「2020年の東京オリンピックに向けて「世界で最もクレジットカードが使いやすい安心・安全な国日本」の実現を図る」と明記し、そのなかで「PCI DSSへの準拠は効果的な取り組みである」と報告している。その後、JCAが事務局を担うクレジット取

引セキュリティ対策協議会が毎年「クレジットカード取引における セキュリティ対策の強化に向けた実行計画」を策定・更新するなかで、「クレジットカード番号」「クレジットカード会員名」「サービスコード」「有効期限」などの「クレジットカード会員データ」と、「セキュリティコード」「PIN（暗証番号）」「トラックデータ」などの「機密認証データ」の２種類を「カード情報」として、厳格に管理するための実行計画を策定し、カード会社や加盟店に遵守を徹底するよう推進している。同実行計画では、カード情報の非保持について「「カード情報」を保存する場合、それらの情報は紙のレポートやクレジット取引に係る紙伝票、紙媒体をスキャンした画像データ等のネットワークにおいて「カード情報」を「保存」「処理」「通過」しないこと」と定義している。しかしながら、カード会社のフリをしたフィッシングサイトなどがユーザー本人から情報を聞き出したうえで、なりすまして番号盗用するケースも多々あり、抜本的な対策が喫緊の課題となっている。また、事実上の世界のセキュリティ基準となっている NIST（米国標準技術研究所）は、「NIST800-207」のなかで、これまでの境界線ベースのネットワークセキュリティでは不十分とのレポートを出しており、今後は抜本的に異なる思想でのセキュリティ対策が必要となる可能性が高いことにも言及しておかなければならない。

　なお、日本の改正割賦販売法ではクレジットカードのみがカード情報非保持の規制対象となるが、国際ブランド（American Express、Discover、JCB、Mastercard、Visa）のカードにはクレジットカードだけでなくデビットカードやプリペイドカードも含まれており（汎用的に使えるプリペイドカードは金融機関にし

か発行が認められていない国が多い)、PCI DSS におけるカード情報（PCI DSS の用語では「アカウントデータ」）の定義では、後払いのクレジットカードだけではなく、デビットカードやプリペイドカードなどすべての決済カードに同じセキュリティ基準の遵守が求められている点にも注意する必要がある。

　一方で、新しい技術の活用で決済サービスを高度化する

図表 1 −23　インターネットのセキュリティに対する意識調査で日本は最下位

IT 管理者に聞くサイバー攻撃の被害状況の実態

	情報漏洩		DDoS 攻撃 ※過去 1 年以内		ランサムウェア	
	経験	把握せず	経験	把握せず	経験	把握せず
世界平均	47%	10%	38%	9%	22%	8%
米国	71%	4%	61%	2%	47%	3%
ブラジル	61%	5%	34%	5%	17%	9%
英国	54%	9%	41%	11%	30%	7%
インド	54%	11%	29%	12%	18%	8%
韓国	47%	12%	32%	13%	26%	8%
フランス	46%	9%	40%	8%	25%	6%
ドイツ	45%	18%	45%	9%	15%	8%
シンガポール	45%	12%	40%	8%	20%	7%
中国	36%	7%	34%	2%	14%	2%
日本	18%	15%	21%	22%	7%	18%

（出所）　A10 Networks Inc.「アプリケーションインテリジェンスレポート」（2018年 3 月）

FinTech の取組みが活発化し、新たな解決策の登場も期待される。Apple Pay のように、世界各国のカード発行者であるイシュアー各社と加盟店である Apple が明確に提携契約を締結したうえでカード番号を登録する支払方法も出現し、世界各国に普及している。イシュアーが知らない間に会員がいつの間にかどこかの加盟店にカード番号を教える従来のリカーリングとは異なり、あらかじめ Apple と提携したイシュアーのユーザーだけが iPhone の Apple Wallet に自分のもっている決済カードを登録することができ、Apple から国際ブランド会社を経由してイシュアーに情報が連携されるスキームである。このように利便性を損なわずに安全性を高めた手法が普及していることには今後もおおいに期待したい。

　年月を経る間に、不明瞭だった権利義務関係や法令解釈が判例などによって明確化したり、新たな技術の活用で利便性を損なわずにセキュリティを高めることができるようになったりすれば、当然、従前の運用も見直すべきである。利便性とセキュリティは常に相克するが、ある時点では一定の条件下で容認された支払方法にも課題がある以上、常に見直しが図られる必要がある。新たなサービスを開発する際に「あれが OK なら、これも OK だろう」と安全性に課題のある支払方法を安易に拡大解釈すれば、不正利用やシステミックリスクは増大し、有事の際にはユーザー（消費者）や加盟店（小売店）に大きなシワ寄せを発生させ、ひいては国全体の経済活動にも影響を及ぼす可能性がある。特に日本は他国と比較するとインターネットのセキュリティに対する意識が著しく低いことは、国内外のさまざまなレポートで指摘されている。そう考えると、活発に展開さ

れるキャッシュレス決済の推進は喜ばしい一方で、特にインターネットショッピングの手法をスマホでリアル展開する決済サービスには今後も注意が必要となろう。

第 2 章

デビットカードと
送金サービス

（1） デビットカードや FinTech の正しい理解には銀行を取り巻く背景環境の理解が重要

① 銀行を「デビル」と呼ぶ欧米の FinTech と日本の環境の違い

　デビットカードや FinTech を語るにあたり、認識しておくべき重要なポイントが、口座保有率である。日本の銀行は口座開設が容易で、100円玉をもっていけばすぐに普通預金口座が開設できる。各国の銀行口座保有率は、もちろん国によって大きく異なり一概にはいえないが、世界銀行の2017年のデータによると日本の口座保有率は約98％で、同率12位と上位にある（北欧4カ国やカナダ、オーストラリア、オランダは100％）。

　同データベースでは米国は93％となっているが、米連邦預金保険公社（FIDC）が2018年10月に公表した調査結果によると、2017年に銀行口座を保有していなかった世帯は6.5％（約840万世帯）で前回調査（2015年）の水準を0.5％下回ったという。その FIDC は、2015年には個人でみると18歳以上の消費者の40％が銀行口座をもっていないとの発表もしている。銀行口座をもたない世帯や銀行のサービスを利用しない世帯は低所得層に多く、銀行口座がない世帯の34％は「銀行に預ける資金がないため」と回答しているのだが、実は12.6％は「銀行を信用していないため」と回答している。また、8.6％は「口座手数料が高すぎる」と答えている。だれもが簡単に口座開設できる日本と海外の金融機関とでは事情がかなり違うと考えたほうがよい。

　特に小切手社会の欧米では、銀行口座をもつということは銀

行から与信を得て小切手帳をもたせてもらえることに等しい感覚があり、口座をもっていないと給料を小切手でもらっても銀行に持って行って現金化することができない。銀行で現金化できないから、両替商に小切手を持ち込んで高い手数料を支払って現金化する。銀行が富裕層を優遇する富裕層重視のサービス提供を行い、低所得者層からは高い手数料を搾取する状況に鑑みたスタートアップが、FinTech で解決を図ろうと小切手ではなくプリペイドカードなどを活用して安い手数料で現金化できる方法や、安く早く送金できる新たなサービスを提供し、社会的弱者の救済措置的な社会的意義がアピールされることで、FinTech が「技術で弱者を救済する」正義の味方のような見方をされる面もある。ちなみに国際ブランド決済カードも、会社側が賃金支払用の「ペイロールカード」として Visa や Mastercard のプリペイドカードに給料を入金し、店で買い物したり ATM から現金を引き出したりといった使われ方をしており、このような国際ブランドの仕組みを活用してスタートアップがサービスを提供しても、それは FinTech とみなされる。

　日本でも給料の支払について現金か銀行振込のみならず「ペイロールカード」を検討すべきとの提言がなされ、2019年12月には政府の国家戦略特区の諮問会議が、2020年4月以降できるだけ早く電子マネーも使えるよう制度改正することを確認した。「金融機関口座を経由せず最初から給料をプリペイドカードや電子マネーなどの電子的な金銭的価値で受け取る方法」は選択肢としては十分あるように思える。しかし前述のような海外の背景をふまえないまま、日本で表面的にペイロールをまね

てもそこにニーズがあるわけではない。たとえば銀行口座を開設できない外国人労働者が増えており、廉価な手数料で十分な事業性があるなどと、冷静かつ的確にニーズをとらえた事業展開を行う必要がある。とかく「キャッシュレス決済率が低い」「キャッシュレス後進国」といわれる日本であるが、消費者が容易に口座を開設でき、身近なコンビニエンスストアや ATM で振込や自動振替など便利にスピーディに電子的に価値を送受信している実態は、キャッシュレスという言葉の定義に入れられてもおかしくはない。実際に英国のキャッシュレス決済比率には「ダイレクトデビット」すなわち口座振替の計数が含まれている。ただし、儲からない客を相手にしない他国の金融機関とは異なり、すべての消費者に対して公平に高い安全性を確保してサービス提供してきた日本の金融業界事情や消費者を取り巻く環境の違いをきちんと認識すると、安易で短絡的に新規参入事業者を増やすことは、下手をすれば新規事業者が「disrupt」の名目のもとで都合のよい客層や市場だけを対象にビジネスを展開し、リスクが高いとか効率の悪い客層や市場は既存事業者に押し付けたり放置したりする結果を招きかねず、ひいては高いレベルで安全性と公平性を確保してきた日本の金融サービスの継続提供が困難になったりすることのないよう、十分に留意しながら検討する必要がある。

　一昔前に金融審議会で「非富裕層ほど貸金の金利が高いのはおかしい」との意見を述べられた弁護士の先生がおられた。たしかに理想論ではそうかもしれないと思われたものの、現実的にはリスクが高い取引ほどリスクをとるに見合う手数料が必要となるのが資本主義経済であり、社会主義的に年収に応じた金

利上限を法律で定めることでもしなければ「低所得者ほど低金利」との理想は実現が困難と思われる。貸金業法では多重債務で苦しむ消費者が発生しないよう年収に応じた総量規制を導入した結果、ヤミ金に苦しむ消費者が増えたとみる向きもある。規制と緩和のバランスは非常にむずかしく、他国の状況を表面的な理解でまねるのではなく、他国とは異なる実態と導入の影響を念入りに確認のうえ長期的視野で俯瞰して消費者にシワ寄せが発生することのないよう FinTech を活用していきたい。

⑵　日本のデビットカード "J-Debit"

①　なぜ日本のATMでは訪日外国人のカードが使えないのか？

　日本人が日本国内で金融機関口座からお金を引き出す際、金融機関窓口で通帳と印鑑を出すか、ATM にカードを挿入して暗証番号を入力する。日本ではこのカードを「キャッシュカード」と呼ぶ。「キャッシュカード」とは、金融機関の預金口座から自己の預金を引き出す際に利用するカード、すなわち「口座アクセスカード」といえる。現金を引き出す行為はキャッシングと呼ばれるが、クレジットカードや消費者金融などからATM などで現金を借りるキャッシングサービスを略していうキャッシングとは異なり、ここでは口座保有者本人が金融機関に預けた口座保有者自身の金融資産である現金を引き出すことをいう。

　銀行口座開設時に発行される日本のキャッシュカードは、物

理的形状こそ ISO/IEC7810に準拠して国際ブランド決済カードと同じ大きさやかたちであるが、磁気カードに書き込むデータの仕様は、海外諸国とは互換性のない国内独自の仕様となっている。欧米の金融機関の多くは、第1章で述べた国際ブランド決済カードを活用しており、物理的形状のみならずカード番号も世界のさまざまな業界が利用するID番号の国際規格「ISO/IEC7812」に準拠して、カード裏面の磁気ストライプに書き込まれたID番号を加盟店端末やATMで読み取ってカード発行会社（イシュアー）に情報連携することで精算する仕組みが世界的に整備されている。欧米の金融機関ではだれもが容易に口座を開設できるわけではなく、特に大手金融機関では銀行口座の開設を申し込むと与信審査があり、審査にパスしなければ口座をもてないケースも多い。銀行口座をもつということは、すなわち銀行の信頼を得て小切手を発行してもらえることだと考えるとわかりやすい。日本のような現金社会では想像しにくいが、決して一部の富裕層だけでなく消費者も広く小切手を利用する欧米社会において、銀行口座を開設するということは、授受した小切手の保管場所や現金化手段をもつことであり、日本でいえば当座預金口座を開設するようなものと考えるとよい。そしてクレジットカードはリボルビング払いが一般的であり、すなわち日本のように銀行とは別のカード会社にカード申込書を書いて提出しては審査を受けて与信金額を設定されるのではなく、当座預金の与信を拠り所として使うことができる小切手代替手段なのである。最近はクレジットカードを発行するとの判断に至らないケースにおいて、まずはデビットカードを発行し、その支払実績の積み重ねを確認してからクレジッ

トカード発行に至るステップ展開を行う金融機関も多い。リボルビング払いが主流である海外のクレジットカード利用者においては、日本人のように金利が何パーセントでリボルビング手数料の合計額がいくら、利用額の支払残高がいくらなどと計算できる消費者の割合は少なく、ミニマムペイメント（月次の最低支払額）だけ支払えばよいとの端的な認識でクレジットカードを使う消費者が少なくない。米国では、リボルビング残高が非常に高額になっていつまでも完済できない「リボルビング中毒」が社会問題化して久しい。このため記憶にとめやすい高額の買い物はクレジットカードで支払い、日々の細々した買い物はデビットカードで支払う消費者が増えている。

このように、金融機関がクレジットカード発行の判断に至らず、まずはデビットカードを発行するケースや、消費者側が自己の金銭管理のためにデビットカードを活用するケースが増え、米国では2004年、英国では1995年にデビットカードの利用件数がクレジットカードを上回ったほか、英国では2001年、米国では2010年に、利用金額でもデビットカードがクレジットカードを上回ったように、世界各国でデビットカードの利用が増加している。これらクレジットカードやデビットカードは世界中で共用できる国際ブランド決済カードであり、ATMなどで銀行口座から現金を引き出す口座アクセスカードとしても使えることで効率的なカード発行管理や会員情報管理、利用管理や信用管理を行っており、日本のキャッシュカードのような口座アクセス専用カードとは異なる。

逆にいえば、日本の金融機関では普通預金口座という当座預金口座とは別の、消費者が容易に口座開設してお金を保管する

ことができる仕組みが整備されているといえる。日本特有の口座アクセス専用カードといえるキャッシュカードは、全国銀行協会が整備した日本独自のデータ仕様として金融機関コード、店番、預金種別、口座名義などの情報が書き込まれており、これを ATM などで読み取ってキャッシュカードを発行した金融機関にデータが連携され、口座保有者の口座残高を確認のうえ現金を出金する。この時に出金した ATM を保有する金融機関と、口座のある金融機関の間で出金データをやりとりするネットワークが、当初は電電公社だった NTT データが構築した全銀ネットワークであり、海外各国では国際ブランド会社のブランドネットワークと互換性がある国際規格のネットワークであることが多いのに対して日本は国内独自ネットワークが整備されている。そのため、金融機関が発行した Visa や Mastercard 付きの口座アクセスカードをもった訪日外国人が日本の ATM で現金を引き出そうとしても他国とは仕様が異なり、現金の引出しができないという不満の声をよく聞くことになる。ただし最近の訪日外国人消費額を向上させようとの政府方針により、昨今は多くの日本の銀行も海外カードに対応できる ATM の設置に取り組んでいる。

② **海外でメジャーな ATM ネットワーク「PLUS」「Cirrus」**

　海外の多くの国では、金融機関がクレジットカードやデビットカードを発行しており、クレジットカードやデビットカードが「口座アクセスカード」を兼ねていて、口座アクセス専用の「キャッシュカード」を発行するケースは少ない。クレジットカードやデビットカードで、口座の預金を Draw Out（引出し）

したり、金融機関からお金を借りたりして現金を引き出す。海外金融機関のデビットカードには、クレジットカードと同様にVisaやMastercardの国際決済ブランドが付与されており、VisaやMastercardの加盟店で買い物できるほか、ATMから現金を引き出すことも可能だ。Visaが提携する「PLUS」や、Mastercardが提携する「Cirrus」といった国際ATMネットワークに接続しているATMであれば出金が可能である。ATMには通常、接続するATMネットワークのブランドマーク（図表2−1参照）が表示されており、保有カードの裏面に表示されたATMネットワークのブランドマークと同じブランドマークが表示されたATMで出金できる。すなわち、海外金融機関が発行したクレジットカードやデビットカードは、日本国内でもPLUSやCirrusに接続しているセブン銀行やゆうちょ銀行のATMであれば日本円の出金が可能であり、それは日本以外の国でも同様である。日本国内で発行されたクレジットカードやデビットカードなど国際決済ブランド付カードであれば、裏面にPLUSやCirrusのATMネットワークのブランドマークが載っており、国内外で現地通貨を引き出すことができる。ただしクレジットカードの場合は自己の預金ではなくカード会社の貸金となるほか、デビットカードでも融資機能が付随している場合は消費者自身の預金ではなく貸金の利用にな

図表2−1　国際ATMネットワークのブランドマーク

る場合があるので注意が必要だ。

　訪日外国人の多くは、クレジットカードを利用した場合には、金融機関から月次で届く利用明細を確認のうえ、リボルビング払いの最低支払額を小切手で支払う。デビットカードを利用した場合は、利用のつど、金融機関口座から利用額が差し引かれる。

　海外の金融機関は日本の金融機関ほど正確・誠実ではないらしく、最近まで自動振替は間違った金額が振り替えられると敬遠されがちで、クレジットカードの利用明細を確認のうえ小切手で支払う、つまり支払金額のコントロールを消費者側に置いて管理する支払方法が一般的であった。米国の Visa 本社や Mastercard 本社を訪問した際、社員になぜ手数料が必要なリボルビング払いを利用するのかと尋ねると、逆になぜ日本人は自動振替をするのかと聞き返されたものである。しかし最近は欧米でもデビットカードの利用が増えている。主に高額消費はクレジットカードを利用してリボルビング残高を把握し、少額の細々した利用頻度の多い買い物ではデビットカードでつど振替をするといったように使い分ける消費者が多いようだ。そもそも銀行口座の開設にハードルがあり口座保有者が少ないこと、与信を与えられない消費者に対してまずはデビットカードを発行して支払実績を培った後にクレジットカードを発行する手法が広まったことが背景にある。

　繰り返しになるが、日本の金融機関が長期にわたって発行してきたキャッシュカードは口座アクセス専用カードである。Visa や Mastercard などの国際決済ブランドは付しておらず、Visa や Mastercard の加盟店で買い物はできない。カードの仕様は、物理的形状までは ISO/IEC7810 に準拠しているが、デー

タ仕様はその昔全国銀行協会が決めた日本独自の仕様で、ISO/IEC7812には準拠していない。このキャッシュカードを小売店の端末で読み取り、ATM利用時と同じ暗証番号を入力して買い物できるようにしたのが「J-Debit」という日本独自のデビットカードである。その後、日本でも2003年に東京スター銀行がMastercardデビットカードを発行[1]。2006年にはスルガ銀行がVisaデビットカードを発行するなどブランドデビットの発行が開始され、いまではたくさんの銀行がブランドデビットを発行している。

③ 日本国内独自のデビットカード「J-Debit」

「J-Debit」は1999年に、当時の富士銀行と郵便局が旗振り役となり、全国金融機関共通デビットカードサービスとして華々しくサービスを開始した。日本デビットカード推進協議会（現在は、日本電子決済推進機構）はJ-Debitを「金融機関で発行されたキャッシュカードが、買い物や食事代の支払にそのまま利用できるサービスの名称」と定義した。支払の際に店員にキャッシュカードを渡して加盟店端末で磁気ストライプを読み取ってもらい、同端末のPINパッドに暗証番号を入力すると、利用代金が顧客の金融機関の口座から即時に引き落とされ、加盟店口座には3営業日以降に入金される仕組みとなっている。日本の金融機関約1,300機関が参加しており、メガバンクから地方銀行、信用金庫、信用組合や農協など全国の金融機関が発行するキャッシュカードで全国のJ-Debit加盟店（図表2−2

1　東京スター銀行のMastercardデビットは2008年にサービスを終了している。

に示すアクセプタンスマークが表示された店）で買い物ができる。つまり、一部の例外を除き、日本において金融機関が発行するキャッシュカードを保有する人は、本人が認識しているかどうかは別として、皆 J-Debit というデビットカードをすでに保有しているのである。J-Debit の発行枚数はすなわちキャッシュカード発行枚数といえる。

　2000年のサービス開始当初は、新聞や雑誌のみならずテレビのニュースなどでも「クレジットカードが勝つか、デビットカード（J-Debit）が勝つか」と大騒ぎしていた。しかし J-Debit の取扱高は2005年の年間取引金額8,500億円強をピークに年々減少し、2018年の年間利用額は約4,000億円[2]と低迷している。2007年に本格的な普及が始まった IC 型電子マネーの2018年の年間取引金額が5兆4,790億円[3]であることと比較すると相当取扱高が少ない状況にある。しかし J-Debit は全国の金融機関同士がつながり、日々、それぞれの会員（口座保有者）口座と加盟店（小売店）口座の間で J-Debit での決済金額を精算できるネットワークが稼働しており、そのネットワークを活用した新たなスマホ決済サービス「Bank Pay」も出現している。そこには消費者保護を優先してサービス提供内容を自主的に規制してきた金融機関の苦悩と参考にすべき金融取引の注意点があることを忘れてはならない。

2　日本電子決済推進機構（旧日本デビットカード推進協議会）公表計数より。
3　日本銀行「決済動向」より。

④　J-Debit の仕組みと利用が低迷した原因

　前述のとおり、J-Debit は2000年に全国ほぼすべての金融機関が参加したデビットカード、すなわち買い物代金が即座に金融機関口座から自動振替になる決済サービスである。特に「デビットカード」や「J-Debit」といった名称を刻印したカードを発行することはなく、金融機関に発行されたキャッシュカードをそのまま J-Debit の加盟店の端末で読み取り、暗証番号を入力すれば買い物代金がそのキャッシュカードの口座から自動振替される。買い物に行く前にわざわざ銀行の窓口や ATM に行く必要がなく、買い物の後に財布にお釣りが残ることもなく、ユーザー側に手数料は発生せず、買い物金額がそのまま口座振替されるので、現金を引き出して持ち運ぶより安全で便利といえる。

　加盟店は、金融機関が直接法人取引先の流通企業などを勧誘したり、カード会社や端末設置会社などがクレジットカードの加盟店獲得の際についでに J-Debit の加盟店契約を締結することで獲得されているが、実際に加盟店契約数が多いのはカード会社が獲得した加盟店である。特によく利用されたのは、大手銀行が直接加盟店契約を締結した家電量販店や生命保険などであった。

　家電量販店においては、消費者を魅了するサービスにポイントカードがあり、現金で購入すると購入代金の10％のポイントが付与されるのに対して、クレジットカードで購入するとポイントは８％に減額されるところ、J-Debit は加盟店手数料がクレジットカードより安いことや入金サイクルが３営業日以内と早いことから、現金と同じ10％のポイントが付与された。その

ため家電量販店では、クレジットカードよりも J-Debit を利用する消費者が増えたのだ。

　生命保険においては、通常、契約した月々の保険料を銀行の口座振替やクレジットカードを登録して自動的な支払を設定するが、最初の１カ月や２カ月の保険料は設定が間に合わずに保険会社社員に直接現金やクレジットカードなどで支払う必要があった。しかし現金を預かる保険会社社員も盗難や紛失のリスクを負うほか、何より消費者がわざわざ事前に現金を引き出して用意しておくことが手間である。そこで最初の数カ月分をクレジットカードや J-Debit で支払い、その後の月々の保険料を銀行口座から自動振替するようキャッシュカード（J-Debit）で設定するケースが多かったようだ。ただし2006年６月に後の金融商品取引法が公布されると、J-Debit は投資性のある金融商品とは異なり直接的に金融商品取引法の対象にはならないものの、多くの金融機関は「ユーザー保護」の精神にのっとり、ユーザーが口座残高を使い過ぎることのないよう J-Debit に利用限度額を設定した。それにより、多くの金融機関の利用限度額は50万円までと自主規制された。当時まだ50万円以上の価格だった薄型テレビでは、特に高いポイント付与率が魅力とされて J-Debit がよく使われていたが、この自主規制により J-Debit が使えなくなり、これをきっかけに J-Debit の取扱高は前年比マイナスに転じ、以来、減少の一途をたどることとなる。

　その後、キャッシュカードの IC 化にあわせて J-Debit も IC 取引化したが、クレジットカードにおいても加盟店端末の IC 化は J-Debit でも遅々として進まなかった。実際にはカード会社がクレジットカードの加盟店契約のついでに加盟店契約を締

図表2-2　J-Debit のスキーム

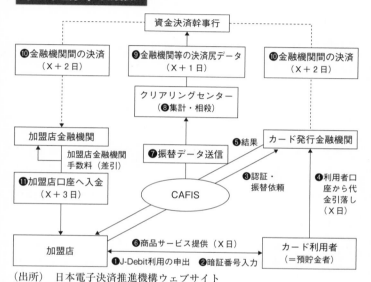

（出所）　日本電子決済推進機構ウェブサイト

結することが多い J-Debit でもクレジットカードと同様に端末
の IC 対応は進まず、インターネットで暗証番号を送受信する
わけにはいかないことからクレジットカードのように順調に拡
大するオンラインショッピングの決済に利用することもできな
かったため、金融機関は J-Debit を積極的に推進しなくなり、
いよいよ存在感を失っていた。

　IC 化以前に、①そもそも ATM で入力する暗証番号を加盟
店の店頭で従業員やほかの客がいる前では入力したくないとの

ユーザー心理、②使える加盟店の少なさ、③リボルビング払いではなく「1カ月間おまとめデビット」のような日本のクレジットカードとの差別化が明確にできなかったこと、などがデビットカードの利用低迷の原因と考えられる。欧米では即時自動振替を武器にデビットカードの取扱件数がクレジットカードの取引件数を抜き、取引金額さえ抜く勢いで拡大するのを尻目に、日本のデビットカード「J-Debit」の利用はみるみる減少していった。

加盟店については、日本電子決済推進機構が加盟店データベースを構築してJ-Debitが使える店の案内用に管理しているものの、基本的に加盟店登録情報の登録管理や取扱金額の管理などの加盟店業務は金融機関やカード会社など各アクワイアラーの役割と業務分掌されている。J-Debitの加盟店の種類には、J-Debitに参加する金融機関が加盟店契約を締結する「直接加盟店」とカード会社や端末ベンダーまたはネットワーク会社など「情報処理センター」と分類する金融機関以外のアクワイアラーが加盟店契約する「間接加盟店」があるが、必ずしも金融機関は加盟店業務に詳しいわけではなく、むしろ不明事項が多いためなかなか積極的な推進を行う金融機関は現れなかった。

当初は、キャッシュカードとデビットカードが1枚にまとまっていることがユーザーにとって便利で優位と思われたが、消費者は必ずしも1枚にまとめることが便利とは考えていないばかりか、むしろ分けて使いたいと考えられていた。J-Debitは消費者にとって非常に重要な口座預金の引出用カードであり、むしろ買い物用カードとは別にしたいと考える消費者ニー

ズにはマッチしていなかったといえる。クレジットカードの場合もやはり、ETCがサービス開始した2000年当初にはさまざまな機能を1枚にまとめるほうが便利と考えられて、キャッシュカードや社員証、ETCカードなどをまとめて1枚化する動きが活発化していた。ある電機メーカー系カード会社は、表面がクレジットカードで裏面に社員証という社員証一体化カードをTVコマーシャルで放映した。店員に「お支払は？」と聞かれて「これで」と社員証を出し、「えっ？」と戸惑う店員に「あ、ごめんなさい」とその社員証を裏返して裏面のクレジットカードをみせるTVコマーシャルを盛んに流していたが、シーンをみた消費者は、むしろ買い物の際に会社の社員証をみせる光景を嫌がっていた。特にETCは自動車の車載器に入れっ放しにするユーザーが多かったという特殊な事情もさることながら（高速道路会社やカード会社は、防犯上ETCカードを車載器に入れっ放しにしないよう注意喚起している）、実は消費者は必ずしも「何でも1枚にまとめれば便利」とは考えておらず、用途や利用シーンに応じて使い分けられるほうが管理しやすくてわかりやすくてよいと考えていると判明し、以来、クレジットカードが機能を分解していったことは、当時の苦悩を知るカード会社社員たちの共通理解となっている。いまでも新たな決済事業参入者ほど「1枚にまとめるほうが便利に決まっている」と考えがちであるが、依然そうではない。ただ、これがスマホのアプリとして1台のデバイスのなかにまとまり、用途や利用シーンに応じてアプリで使い分けるということであれば、便利と感じる消費者は多いと思われる。ただし、全国の金融機関が共用できる決済サービスとして端末やネットワークのイン

フラが整備されており、毎日全国の金融機関口座同士で廉価に精算できる仕組みは、今後も有効活用できる貴重な資産であることは忘れてはならない。

⑤　日本中に衝撃が走った「偽造カードで18億円不正引出し」事件の背景

　日本のキャッシュカードが国内独自仕様で、訪日外国人が保有する海外の金融機関口座アクセスカード（クレジットカードや国際ブランドのデビットカード）が使えないことは前述のとおりである。日本政府は訪日外国人消費を拡大すべく、日本の金融機関に海外カード対応を促し、セブン銀行やゆうちょ銀行をはじめ全国の金融機関で海外カード対応が活発化した。そんななか、2016年5月に日本列島に衝撃が走る事件が発生した。「18億円不正引出し事件」である。

　事件の概略はこうだ。南アフリカ共和国のスタンダード銀行のカードが大量に偽造され、日本国内のATMから約18億円もの現金が不正に引き出された。その後の警察の調べによると、大量の白いプラスチックカードの磁気ストライプに、南アフリカスタンダード銀行に実在するカード番号がエンコードされていたという。カードは引出役1人につき10枚ほど渡され、1回の引出額を9万円として1枚につき6回引き出すよう指示されたという。すべてのカードが同じ暗証番号だったらしい。このことから、南アフリカスタンダード銀行のコンピュータがハッキングされ、大量のカード番号情報が盗み出されたうえ、暗証番号情報も書き換えられたということがわかる。そしてインターネットなどで販売されている無地の磁気カードに盗み出さ

れた大量のカード番号を書き込んだ大量の偽造カードが製造され、手分けしてATMに挿入し、あらかじめ書き換えられた暗証番号で引出限度額10万円の一歩手前の9万円を複数回引き出したのだ。国内独自仕様のキャッシュカードしか取り扱うことのできないATMばかりであればこの事象は発生しえず、海外のカードに対応したために発生してしまった不幸な事件といえる。

　ただ、この事件の報道で専門家と紹介されたコンサルタントや大学教授たちが発したコメントにも注意が必要だ。皆一様に「日本のATMのセキュリティが甘くて事件が発生した」というのだ。とんでもない認識相違である。最も多くの金額を引き出されたセブン銀行のATMは、わが国のATMにおいて最も早く国際規格のIC対応を完了したきわめてセキュリティの高いATMである。たしかに10万円という1回の引出限度額は他国と比較すると高額ではあるが、日本人が日本の金融機関ATMで引き出せる限度額は大抵50万円であり、日本円の価値が他の通貨より高いのはセブン銀行の責任ではない。さらに、利用を止めたり、利用額を減らすのはカード発行者、すなわち南アフリカスタンダード銀行の判断であり、現金引出しの場合はATM、買い物の場合は加盟店が、勝手にカードの利用可否を判断することは基本的にはできない。われわれが海外に旅行に行って現地のATMで現金を引き出すと置き換えて考えればわかりやすい。自分のもっているカードの発行銀行は「引出しOK」といっているにもかかわらず、現地のATMが勝手に「君のカードでは引出しできない」と拒否されたら、非常に困るであろう。ATMに現金が入っていないなどATM側の事情

で引出しができないことはあっても、責任者として利用可否を判断するカード発行銀行（イシュアー）が引出し OK と判断すれば、引出しはできなければならない。そしてこの事件でもイシュアーである南アフリカスタンダード銀行が引出し OK と判断したのである。ゆえに南アフリカスタンダード銀行は損失を負担すると発表している。しかしそれでもセブン銀行は即日、利用限度額を 5 万円に引き下げると発表した。訪日外国人には不便になるが、唯一 ATM 側が施すことのできるセキュリティ強化策として迅速に厳しい対応を行ったのである。実はセブン銀行の ATM モニタリングをはじめとしたセキュリティ対応体制は金融業界でも警察庁においてすらも非常に優れていると定評がある。今回の ATM は IC 対応済であったことから、問題はカード側が IC 対応していなかった点と、取引可否確認の際に OK と判断した点にある。磁気カードはすでに技術的に脆弱性が高く、磁気カード取引自体がセキュリティホールとなる時代が来ている。このことは磁気カードと大差のないセキュリティレベルである QR コードも同じであり、第 4 章に FinTech の動向やキャッシュレス社会の展望を語る際の重要な参考事例として特筆しておく。

　さらにもう 1 点注意すべきは、決済サービスにおいてセキュリティに関する情報を公開すると、途端に模倣犯が現れるため公開することはできず、通常は正常系の情報しか共有されていないことである。セキュリティに関する情報や異常系の情報やその対応策は決済サービス事業者の重要なノウハウであり、たとえ政府や監督官庁に教えろといわれても詳細を説明することはできない。残念ながらセキュリティや異常系処理について

は、不正利用者を現行犯逮捕するなんて仕事をまさか自分の会社がしているなどと筆者自身が経験するまでまったく知らなかったように、決済事業者の社員でも同分野の深い実務経験がなければ理解することも見出すこともむずかしいものであり、前述のように専門家が認識相違を起こすことはやむをえないといえる。公開情報をインプット情報として調査・整理してアウトプットを出すコンサルタントの仕事の性質や、同分野を専門としていても決済事業者から不正利用の実態を聞き出して深く業務を理解するような掘り下げまでは通常行わない学識経験者が、そのような詳細の知見をもつことは残念ながらむずかしいものである。

　「偽造カード18億円不正引出し事件」は、クレジットカードのみならずデビットカードや口座アクセスカードでもIC化が必要であること、番号盗用による不正利用の怖さ、それも18億円という規模で不正利用できてしまう恐ろしさを教訓として深く刻み込まなければならない。まして、読み方もつくり方も無償公開されており、App Store や Google Play で入手できるアプリでだれでも容易に作成できたり（だから世界中で使われるのだが）、他人の QR コード表示を写真撮影するだけでまったく同じように使えたりなど、磁気カード以上に簡単に偽造・複製できる QR コードで決済するということが、磁気カード以上に危険であることも、しっかり認識しておく必要がある。

(3) ブランドデビットカードの仕組みと課題

① 海外では「デビットカード」といえば Visa、Mastercard のブランドデビット

　J-Debit が2000年に日本独自仕様のキャッシュカードで買い物できるデビットサービスを開始したことから、日本ではデビットカードといえば J-Debit を指すことが一般的であった。ここ数年、多くの金融機関が発行するようになり認知が高まった Visa や JCB のデビットカードは「ブランドデビット」と呼ぶことで区別される。しかし海外でデビットカードといえば、Visa や Mastercard のような国際ブランド決済カードのデビットカードを指す。ここでは混乱しないよう「ブランドデビット」と呼び、ブランドデビットについて説明する。

　ブランドデビットは、第1章(1)に記載したとおり、国際規格にのっとって、どこの国で発行されたカードでも、クレジットもデビットもプリペイドも、Visa、Mastercard、JCB、American Express など種類の異なる国際ブランドカードも、1台の加盟店端末で共用できる国際ブランド決済カードの仕組みによって、買い物代金をカード発行会社である金融機関のユーザーの口座から即時に自動振替する支払方法である（基本的には即時振替だが、売上データが届くタイミングが遅い加盟店の場合は数日遅れで口座振替となるケースもある）。

　海外では、クレジットカードが利用金額を積算した支払残高のうち月次の最低支払金額（ミニマムペイメント）のみを小切手で支払う「リボルビング払い」を主流とするのに対して、ブ

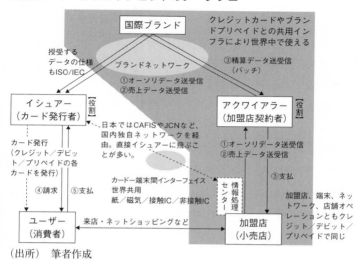

図表2－3　ブランドデビットのデータフロー

（出所）　筆者作成

ランドデビットは利用のつど金融機関口座から利用金額を口座
振替で支払う「口座振替決済」として普及した。海外各国の業
界関係者の多くは以前、「金融機関は信用できないから自動振
替はしたくない」といっていたが、日々の少額利用については
口座振替にて債務を解消し、リボルビング払いが基本のクレ
ジットカードは記憶に残る大きな買い物だけにすることで、リ
ボルビング残高を増やさないようにする工夫をするようになっ
ている。

　しかし日本では長年、国際ブランド決済カードがクレジット
カードとしてのみ認知され、リボルビング払いではなく約1カ
月間の利用金額をまとめて金融機関口座から自動振替にて支払
う日本のクレジットカードは、「1カ月分おまとめデビット」

といえる使われ方で普及しており、口座振替であることがブランドデビットの大きな特徴となっている海外よりもクレジットカードとブランドデビットの違いがわかりにくい。1カ月分をまとめて口座振替するのがクレジットカードであるのに対し、利用のつど口座振替されるのがブランドデビットというように、カード利用代金の支払タイミングが異なると考えれば整理しやすい。

　日本で初めて発行されたブランドデビットは、2003年に東京スター銀行が発行した「TOKYO STAR DEBIT CARD」で、ブランドは Mastercard である[4]。その後、2006年にスルガ銀行が Visa デビット「SURUGA Visa デビットカード」を発行。さらにイーバンク（現在の楽天銀行）やジャパンネット銀行など、続々と銀行が Visa デビットカードを発行すると、2013年には三菱東京 UFJ 銀行（現在の三菱 UFJ 銀行）が「三菱東京 UFJ-Visa デビット（現在は「三菱 UFJ-Visa デビット」）」を発行。メガバンクのブランドデビット発行開始により、ブランドデビットは一気にメジャーな新決済サービスとして存在感を発揮するようになった（図表2－4参照）。さらに2016年には三井住友銀行も三井住友カードと組んで Visa デビット「SMBC デビット」を発行開始。三井住友銀行はキャッシュカードに Visa のブランドデビットを標準搭載し、非接触 IC の Visa payWave（現在は「Visa のタッチ決済」と呼ばれる）も標準搭載す

4　東京スター銀行はこの時、日本の銀行本体では初めて Mastercard のプリンシパル・メンバーシップを取得したが、後述するブランドデビットの課題対応に苦しみ、2008年末にサービスを終了。以来、Mastercard は長い間、日本ではブランドデビットを発行していなかった。

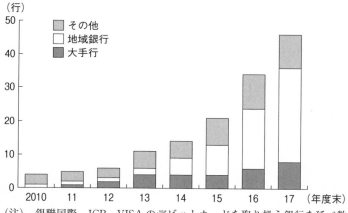

図表2－4　国際ブランドデビットカードの発行銀行数

（行）

- その他
- 地域銀行
- 大手行

2010　11　12　13　14　15　16　17　（年度末）

（注）　銀聯国際、JCB、VISA のデビットカードを取り扱う銀行を延べ数
で集計。
（出所）　日本銀行「キャッシュレス決済の現状」2018年9月

ることで、一気にブランドデビットの中心的存在に躍り出た。

　他の国際ブランドでは、みずほ銀行や千葉銀行などがJCB
ブランドの、住信 SBI ネット銀行などが Mastercard ブランド
のブランドデビットを展開している。ブランドデビットの発行
は、他の地銀にも波及し、日本銀行決済機構局は決済システム
レポート別冊シリーズの「最近のデビットカードの動向につい
て」で「ブランドデビットが発行枚数、利用件数、利用金額と
もに前年比40％を超える伸びを示した」と発表している。使い
過ぎを懸念してクレジットカードの利用を控える若者層を中心
に、今後の日本のキャッシュレス化を担う決済サービスとなり
そうである（図表2－5参照）。

　金融機関からすれば、給与振込口座として指定してもらうこ

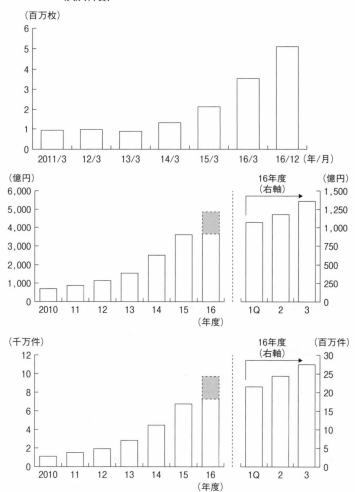

図表2−5　ブランドデビットカードの発行枚数残高、決済金額、
　　　　　決済件数

（注）　2016年度は4〜12月の実績値と通期の推測値（4〜12月を年換算）。
（出所）　日本銀行決済機構局「最近のデビットカードの動向について」
　　　　　2017年5月

図表2-6 主なブランドデビット発行事例

[Visaデビットの例]

■三菱UFJ-Visaデビット
・年会費1,000円
・0.2～0.4%キャッシュバック
・ショッピング保険あり
・1年で30万会員
・JCBデビットも発行

■SMBCデビット
・Visa payWaveとiDの両方を搭載
・キャッシュカード標準搭載
・入会金、年会費無料
・0.25%キャッシュバック
・15歳からもてる

■JNB Visaデビット
・年会費無料
・海外ATM手数料無料
・1%キャッシュバック
・Tポイントを換金できる

■Sony Bank WALLET
・年会費無料
・0.5～2%キャッシュバック
・11通貨決済可能

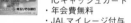

■SURUGA Visaデビットカード
・年会費無料
・0.2%キャッシュバック
・ショッピング保険あり

■住信SBI Visaデビット付キャッシュカード
・年会費無料
・0.3%ポイント付与
・payWave搭載

■JALりそなVisaデビットカード一体型
ICキャッシュカード
・年会費無料
・JALマイレージ付与

■北國Visaデビットカード（ゴールド）
・年会費5,000円
・1%ポイント付与
・payWave搭載

[JCBデビットの例]

■みずほJCBデビット
・年1回利用で年会費無料（年会費1,080円）
・0.2%キャッシュバック
・ATM時間外手数料無料

■楽天銀行デビットカード
・年会費無料
・海外ATM手数料無料
・ポイント1%付与

■ちばぎんスーパーカード
・年会費無料
・千葉銀行ATM手数料無料
・千葉市プレミアム商品券のキャッシュバック有

■OKBデビット
・年会費1,080円
・0.1%ポイント付与
・旅行傷害保険付帯

※ほかにもイオン銀行、広島銀行、セブン銀行などがVisaやJCBのデビットカードを発行するなど拡大中

※Mastercardは2003年に東京スター銀行がMastercardデビットを発行したが2008年にサービスを終了。2019年に住信SBIネット銀行やトマト銀行がMastercardデビットを発行

（出所）　筆者作成

とで口座への資金流入を確保する一方で、口座から出金される資金流出を抑止する手段としてクレジットカードを推進してきたが、いまや成人1人当り2.6枚保有しているクレジットカードが飽和状態となるなか、依然クレジットカードによる使い過ぎを心配する現金派に対してデビットカードを推進している。というのもデビットカードは、口座から現金を出金して持ち運ぶ必要はなく、口座に現金を置いたまま買い物のつどその代金を口座から支払う仕組みであり、現金の使い方に非常に近いのだ。そのためユーザー観点でも、1カ月分をまとめて支払うクレジットカードのような使い過ぎの懸念は小さく、さらにユーザーが自ら自由に利用上限額を設定できる機能によって想定外に口座残高を使ってしまうことのないよう工夫もされている。現金の管理の多くは、実は財布の残金がなくなりそうになって焦るというだけで管理しているような気になりがちで、実際にはどこでいくら使ったかなど覚えていないものだが、デビットカードであれば利用明細をみれば「いつ・どこで・何に・いくら使ったか」が一目瞭然であり、オンラインショッピングの廉価で便利な買い物の支払に利用することもできる。クレジットカードは使い過ぎが怖い、プリペイドカードはチャージが面倒だし資金が分散するのが嫌だ、という消費者にうってつけの決済サービスといえる。

　しかし、一括後払いで口座振替までに帳尻をあわせる時間があるクレジットカードを大前提とした日本独自のインフラに、利用のつどほぼリアルタイムで自動振替するブランドデビットの取引データを流すという前提思想の違いが、クレジットカードでは想定していなかった課題も発生させている。

1点目の課題は「オーバードラフト」である。ブランドデビットはデビットカードなので、口座残高の範囲内で自動振替される想定のサービスであるが、オーソリゼーションのタイミングでは口座残高が十分にあったのに、その後の売上計上のタイミングで口座残高が不足するケースがある。加盟店によってはオーソリデータ連携から売上データの連携までに2週間や1カ月といった期間を要する場合があり、ブランドデビットのイシュアーである金融機関に売上データが到着した際にはオーソリから数日が経過してしまい、オーソリ時には存在した口座残高が不足しているといったケースが発生しうる。このようなケースではオーバードラフト、すなわち未収が発生してしまう。多くのユーザーは善良なユーザーであるため、金融機関が連絡すれば素直に払ってくれるが、「口座残高の範囲内でしか使えないといっていたのになぜ使えたのか?」「使い過ぎにつながるので、口座残高を超える場合は止めてほしい」といった声がユーザーからあがることもある。また、デビットカードとは無関係にクレジットカードとして加盟店契約を締結するアクワイアラー、すなわちカード会社からすれば、加盟店折衝の矢面に立って売上計上の仕組みや計上サイクルの変更について折衝を行うと、まず加盟店手数料の引下げや入金サイクル早期化などの要望を受けてしまうため、そもそもできるだけ加盟店折衝はしたくない。クレジットカードを発行し、ブランドデビットには関係のないカード会社にしてみれば、カード業界が何十年もかけて構築・運用してきたインフラにタダ乗りしてきたようなブランドデビットのために、加盟店手数料の引下要請を受けることになりかねない加盟店折衝は何としても回避したい。

そうなるとオーバードラフトの課題解決には相当な時間を要する可能性がある。ただ、最近ではイシュアー銀行がオーソリゼーションデータを受け付けた時点でユーザーの口座残高から当該金額をいったん留保するなど、キメ細かな対応を駆使して課題解決が図られつつある。

　2点目に、オーソリデータと売上データの2つのデータが合致しないという課題もある。たとえば加盟店が一度オーソリで承認を取得した売上げに金額変更が発生したケースで、本来は購入金額が変更になる際には先の金額をマイナスして商品変更後の正しい金額で再度オーソリ承認を取り直す必要があるのだが、加盟店によっては最終的な金額しか売上データとして計上されないとの誤解のもと、商品変更前金額よりも安い商品への変更であれば承認済金額の範囲内で再度オーソリを取得する必要はないと判断してしまい、結果、オーソリデータの金額は商品変更前の金額、売上データの金額は商品変更後の金額と、金額が相違する事象がまれに発生する。以前はオーバードラフトを防ぐべくオーソリ金額で口座振替する金融機関が少なくなく、そのような対応の場合には実際の買い物金額と違うとのクレームを受けることになる。

　また、加盟店端末は読み取ったカード番号のBIN[5]をあらかじめ登録したデータ仕向け先管理表[6]に基づいてオーソリデータや売上データの送信先を判断しているが、オーソリデー

---

[5]　国際規格のIDカードでカード発行者を識別するカード番号の頭6桁。

[6]　端末設置申込管理表。端末設置時や更新時の情報に基づくDLL（Down Line Loading）情報（端末へのカード会社情報の登録）によって読み取ったカード情報の送信先などが設定される。

タの送信時と売上データの作成時にタイムラグがあり、その間に登録内容が変更になった場合などは、同じ売上げなのにイシュアーにデータが届く経由ルートが変わってしまう。たとえばVisaブランドカードの売上げは、昨日までは三井住友カードに送信する登録だったのに、今日からはクレディセゾンに送信すると登録変更したようなケースで、同じ売上げでもオーソリデータと売上データの経由ルートが変わり、突合せが困難になるのだ。同じVisaブランドの加盟店契約であるが、マルチアクワイアリングのVisa、Mastercardではアクワイアラーによって加盟店手数料が異なることから、このような登録変更の発生は日常茶飯事である。すると、たとえばその店でイオンクレジットサービスのVisaカードが使われた場合に、昨日までは三井住友カード経由でイオンクレジットサービスにカードのオーソリデータが届いたのに、翌日以降はクレディセゾン経由で売上データが届くのだが、イシュアーであるイオンクレジットはアクワイアラーが変わったことに気づかなければオーソリデータと売上データのマッチングが煩雑になる。経由するカード会社によって細かなデータ仕様も異なったりするので余計にタチが悪い。あるアクワイアラーは加盟店名がカタカナ表記だったり、別のアクワイアラーは同じ加盟店を漢字表記で登録していたり、アクワイアラーによってデータ仕様が異なったりするのだ。Visaなどのブランド会社はオーソリと売上げを1回の通信で両方を一度に送信する「シングルメッセージ化」を進めることで、このような事象の発生を防ぐよう推進している。

　3点目は契約関係である。ブランドデビットが使えるVisa

やJCBの加盟店は、クレジットカードの加盟店としてカード会社が加盟店契約を締結しているが、実際に加盟店契約を行うカード会社の加盟店規約には、ブランドデビットやブランドプリペイドが想定外のまま「クレジットカードの加盟店契約」だけを締結している加盟店も残る。JCBや三井住友カードは加盟店規約をブランドデビットやブランドプリペイドを含んだ内容に変更済であるほか、他のカード会社も随時変更しているが、ブランドデビットにまったく関与していないカード会社もあり、彼等にとってはまったく無関係なブランドデビットのために、加盟店規約変更を告知する印刷物の作成や配布などのコストをかけてまで加盟店規約を変更する必要性は見出せない。結果、クレジットカードのみの取扱いでブランドデビットを想定していない加盟店では、店員がクレジットカードと区別できずブランドデビットを取り扱う可能性が高く、たとえばブランドデビットユーザーから「利用覚えなし」の疑義が発生した場合に、イシュアーがどこまでアクワイアラーに加盟店調査などの対応を依頼できるのか、加盟店がカード認証や本人認証の責任を負うことができるのか、ブランド会社のIC取引ルールにのっとってチャージバックできるのかなど、特に異常系の処理において課題が残る。国際ブランド会社はアクワイアラーに対して、ブランドデビットやブランドプリペイドを包含する加盟店規約に変更するよう働きかけており、全国の加盟店の規約変更を完了するには相当な時間を要するものの、徐々に規約変更が進み課題が解消すると期待する。

　また、同じブランドのブランドデビットなのに、使える店の案内が異なることも課題である。オーバードラフトが発生しな

図表2－7　使える店の案内の違いの過去の事例

[ジャパンネット銀行の案内]
すべてのVisa加盟店で利用可能
と表示

[三菱UFJ銀行の案内]
高速道路やインターネットなど
使えない加盟店を表示

（出所）　ジャパンネット銀行ウェブサイト、三菱UFJ銀行ウェブサイト

いよう対処するなかで、ある銀行は「当行のブランドデビット
はこれらの店では使えません」との表を前面に提示することで
オーバードラフトの発生を押さえる努力を行う一方、別の銀行
は「世界中のすべてのブランド加盟店で利用できます」と利用
促進の努力に重点を置いた説明を行うなど、ユーザーに大変わ
かりにくい状態であったこともある。ただしこの課題はすでに
表現を統一することで改善に向けた取組みが進んでいる。

　以上のように、普及済のクレジットカードの端末やネット
ワークなどのインフラを活用することで広く便利に使えるブラ
ンドデビットであるが、そのインフラ活用に起因する課題も発
生しており、課題解決に向けた取組みが加速している。発行す
る金融機関やブランド会社によるプロモーション展開も功を奏

して認知が高まり、2019年 9 月30日に日本銀行が発表した「決済動向」では、決済件数前年比約40％増、決済金額前年比約30％増と順調な伸びを示している。

②　海外でデビットカードが急速に取扱高を伸ばした事情

　米国では2004年にブランドデビットの利用件数がクレジットカードを抜いた。英国では1995年にデビットカードの利用件数がクレジットカードを上回ったほか、利用金額でも2001年にデビットカードの利用金額がクレジットカードを上回り、さらに2009年には現金の利用金額をも上回ったように、世界の主要国でデビットカードの利用が拡大している。

　小切手社会である欧米諸国では、銀行口座の開設は日本の普通預金のように容易ではなく、当座預金を開設するようなものである。つまり、口座をもてるということはすなわち銀行から信用されて小切手を発行できるということなのだ。防犯上、高額の現金を持ち歩くことは危険であり、支払は小切手で行われるのが通常である。だからこそ、いちいち小切手帳を取り出して金額を書き込み、サインを行う一連の支払行為は大変面倒であり、カードを出してサインをすれば支払が完了するクレジットカードが便利な支払方法として普及した。しかし欧米人も少額決済にクレジットカードを利用することはやはり気が引けるといい、20〜40ドル程度の現金を持ち歩き、少額の買い物では現金を使うことが多かった。英国人の場合は15〜30ポンドまでは現金、それ以上は小切手かクレジットカードといった具合である。リボルビング払いが基本で月次の最小支払額を小切手で支払うクレジットカードは、ユーザーが利用明細を確認したう

え、ミニマムペイメント金額以上の金額で支払う金額を自分で判断して小切手を振り出す支払方法であり、先に金額を確認することなく銀行が勝手に口座から引き落とす自動振替は敬遠されがちであった。しかしこれらの欧米諸国でも金融機関のシステムの精度が向上して金額を間違えるケースが少なくなると、デビットカードが普及し始める。銀行側においても、口座開設時に与信の問題からクレジットカードを発行できない顧客にはまず先にデビットカードを発行し、その利用実績が積み重なるとクレジットカードを発行するといった対応によって顧客の裾野を広げる対応が増えたり、小切手を取り扱う業務コストを削減するために積極的にデビットカードを活用する銀行が増えた。ユーザー側でも少額決済であれば口座振替してもよいと考える消費者が増え、利用内容を覚えておきやすい高額利用はクレジットカードを利用しつつ、日々の細々した支払にはデビットカードを利用することでリボルビング残高を押さえるような利用方法が広がっていった。

　ちなみに口座振替は英語では"DirectDebit"といわれ、英国などではキャッシュレスの一環とみなされてキャッシュレス決済比率を算出するBIS（Bank for International Settlements：国際決済銀行）の統計値にも含まれている。経済産業省が設立した産学官からなる「キャッシュレス推進協議会」が2019年4月に発表した「キャッシュレス・ロードマップ2019」には、金融庁の「金融審議会 金融制度スタディ・グループ平成30事務年度第3回資料」からの抜粋として「3メガバンクの個人給与受取口座等からの出金の54.5％は口座振替・振込によって出金

図表２－８　個人の給与受取口座等からの出金状況

[以下は３メガバンクより計数（参考値・概算値）の提供を受けて作成したグラフである。あくまでも参考資料である点に留意する必要がある。]

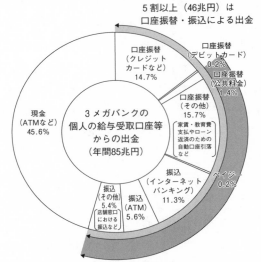

５割以上（46兆円）は
口座振替・振込による出金

口座振替
（クレジット
カードなど）
14.7%

口座振替
（デビットカード）
0.2%

口座振替
（公共料金）
1.4%

口座振替
（その他）
15.7%
家賃・教育費
支払やローン
返済のための
自動口座引落
など

３メガバンクの
個人の給与受取口座等
からの出金
（年間85兆円）

現金
（ATMなど）
45.6%

ペイジー
0.2%

振込
（インターネット
バンキング）
11.3%

振込
（その他）
5.4%
店舗窓口
における
振込など

振込
（ATM）
5.6%

４割程度（約33兆円）はクレジットカード・
デビットカード関係以外の口座振替・振込

（出典）　金融審議会　金融制度スタディ・グループ平成30事務年度第３回　金融庁資料より抜粋
（出所）　キャッシュレス・ロードマップ2019

されておりキャッシュレスが活用されている」ことが記載されている（図表２－８参照）。また、この「金融制度スタディ・グループ」のメンバーである株式会社日本総合研究所理事長の翁百合氏は、理事を務めるNIRA総合研究開発機構のオピニオンペーパーで「日本のキャッシュレス決済比率は51.8%である」と主張している（図表２－９参照）。さらに銀行系カード会社の業界団体であるJCCA（日本クレジットカード協会）は2020

図表２－９　決済手段別にみたキャッシュレス決済比率 (%)

キャッシュレス決済比率	51.8
クレジットカード	31.4
口座引落し*	10.5
プリペイド式電子マネー	5.0
インターネットバンキング*	1.4
キャッシュカード振込み*	0.9
デビットカード	0.8
フィンテック決済サービス	0.7

（注）　キャッシュレス決済比率は金額ベースで算出したものである。なお、*は銀行が提供しているサービス。
（出所）　NIRA総合研究開発機構オピニオンペーパー No.42 2019. Feb.

年２月、日本のキャッシュレス決済比率は62％と発表した。訪問調査をふまえた独自の推計で、口座振替などを加えたという。

　現在、経済産業省が公表するキャッシュレス決済比率に含まれるキャッシュレス決済金額は、JCA（日本クレジット協会）が公表するクレジットカードショッピング額と、日本銀行が「決済動向」で公表する電子マネー決済金額[7]およびデビットカード決済金額[8]の合計額である。今後キャッシュレス決済金額に現在急増するコード決済の決済金額を含めようと考えた

7　プリペイド方式のうちIC型の電子マネーの８種類のみが対象。具体的には、楽天Edy、SUGOCA、ICOCA、PASMO、Suica、Kitaca、WAON、nanacoから提供されたデータを集計したもの。交通系については、乗車や乗車券購入に利用されたものは含めていない。

8　本邦にてデビットカードを取り扱っている日本電子決済推進機構（JEPPO）、株式会社ジェーシービー、ビザ・ワールドワイド・ジャパン株式会社、銀聯国際日本支社の４調査先から提供された計数を集計したもの。

場合に、コード決済利用金額の支払方法がクレジットカードに合算請求されたり、金融機関の口座振替に紐づけされたり、口座チャージでプリペイド方式であったりなど口座振替と深く結びついていることや、その金融機関口座を日本国民の約98％が保有している事情、キャッシュレス決済の目的が消費者の利便性向上や事業者の生産性向上にあること、デビットカードは単なる媒体でありまさに口座振替がその機能の本質であること、何より目的は現金の撲滅による社会コストの削減やデジタル社会を支えるキャッシュレス社会の実現にあることなどを勘案すると、筆者もデビットカードにとどまらず口座振替や口座振込をキャッシュレス決済に含むべきと考える。

(4) デビットカードのキャッシュアウトサービス

① キャッシュアウトサービスの概略と海外で使われる事情

金融庁は2016年5月、銀行法の改正により銀行法施行規則第13条の6の4に、デビットカードのキャッシュアウトサービスをATMに限らず加盟店端末を含んで外部委託の規定に追加する整理を盛り込んだ。

デビットカードのキャッシュアウトサービスとは、小売店のレジから銀行口座の現金を引き出すサービスである。デビットカードで買い物する際に、買い物の代金とは別にカードユーザーが必要な現金額を店員に伝え、購入商品と一緒あるいは単独でレジから現金を受け取り、利用額の合計をデビットカードで支払って銀行口座から自動振替することで、銀行窓口や

ATMに行かなくても買い物のついでに現金を得ることができる。金融庁の金融審議会「決済業務等の高度化に関するワーキング・グループ」の議事録には「銀行業界としてずっと以前から要望していた」と記載され、2015年12月の最終報告書にコンビニエンスストアやスーパーマーケットのレジでキャッシュアウトサービス提供を可能にするよう整理すべきとの提言が盛り込まれると、2018年春にはみずほ銀行がキャッシュカードを活用したデビットカード「J-Debit」で加盟店のレジから現金を引き出せるキャッシュアウトサービスを開始した。みずほ銀行の口座保有者は、イオンのサービスカウンターなどでJ-Debitとしてキャッシュカードをレジで読み取り、レジ経由で口座から現金を引き出すことができる。2019年5月には横浜銀行とゆうちょ銀行が、東急電鉄の各駅の券売機で銀行のスマホアプリ「はまPay」や「ゆうちょPay」を使って銀行口座から現金を引き出せるキャッシュアウトサービスを開始している。

　海外では、ブランドデビットにて買い物時にレジから現金を引き出すキャッシュアウトサービスが"CashBack"として普及している国が多い。最初にキャッシュバックサービスが始まったのは英国の大手スーパーマーケット"TESCO"である。TESCOは、毎日の営業時間が終了した際にレジに残る大量の現金の処理が煩雑であるほか、レジに大量の現金があれば強盗などの犯罪に遭う確率が高まるため、業務効率化と防犯の両面から、銀行のデビットカード利用客に対してATMのようにレジの現金を払い出すサービスを考案し銀行と交渉した。街中にATMを置くとATMごと強奪されかねない国では、ATMはビルの壁をくり抜くか、建物のなかの鍵のかかる部屋

に設置することが一般的で、ATM の設置場所や管理コストに課題を抱えていた英国の銀行としても現金を引き出せる場所を増やせることは魅力的であった。高額の現金を持ち歩く危険を避けたいユーザーとしても、街中の小売店で気軽に少額の現金を受け取れるのであれば、高額現金を持ち歩く必要がないこのサービスは便利かつ安全であり、デビットカードのキャッシュアウトサービスは三方良しのサービスとして普及していった。

　身近に数多くの ATM があり、容易に便利に高額現金が引き出せる環境が前提の日本では、キャッシュアウトサービスのニーズに疑問を呈する向きもある。しかし日本でも、身近に金融機関も ATM もなく、現金の入手に苦労する地域は地方を中心に多く存在する。このような地域においては、たとえば近くの小売店でレジから現金を引き出すことができれば、現金を入手するためだけに遠くの金融機関に行く必要がなくなるので非常に便利となり、加盟店も現金目的の来店客によるついで買いなどの効果が見込める。キャッシュアウトをきっかけにデビットカードの利用が活性化すれば、イシュアーやアクワイアラーも加盟店手数料収入の増加が期待できる。また、そもそも人件費の削減を目的に設置された ATM であるが、近年ではその ATM の設置・運営コストさえも金融機関の経営を圧迫する要素となってきており、三菱 UFJ 銀行と三井住友銀行が ATM を相互開放したり、ATM の設置台数を大幅に削減する銀行が増えたりなど、ATM 削減の動きが加速しており、身近にATM がないとの状況は決して一部の地方だけの問題ではなくなりつつある。ブランドデビットであればインターネットショッピングにも利用でき、重い荷物を自宅まで届けてくれる

ので、近くに小売店のない買い物難民や、幼い子どもを抱えた
シングルマザー（ファザー）、重い荷物を運べない高齢者といっ
た社会的弱者を救う解決策にもなりそうだ。

　また、日本のキャッシュカードが国内独自仕様であるため
に、訪日外国人がATMを使えず不満の声があがっていること
は観光庁の調査でも明らかであるが、訪日外国人が携行する
VisaやMastercardのブランドデビットで身近な加盟店のレジ
から日本円の現金を引き出すことができれば、気軽に日本円が
入手できて便利になるうえ、地域における消費の活性化にもつ
ながりそうである。

　キャッシュレス化の取組みが活発化しているのに現金を出金
するサービスは方向性が逆との声も聞かれるが、いつでもどこ
でも気軽に少額現金を引き出せるようになれば、欧米の消費者
が通常20〜40ドル程度の現金しか持ち歩かず、いざとなったら
キャッシュアウトする習慣と同じような習慣が根づく可能性も
考えられる。日本の消費者はATMから平均約3万8,000円も
の現金を引き出して持ち歩く[9]。日本人の財布のなかには常に
高額の現金が眠っているのだ。クレジットカードや電子マネー
が普及してキャッシュレス化が進捗するなか、さらにデビット
カードも普及し、いざとなればレジで現金が入手できるとの安
心感が広まれば、ATMで多額の現金を財布に移して持ち歩く
習慣が少額現金だけを持ち歩いていざという時には店頭で補充
する習慣に変革する可能性は十分にあろう。そうなればキャッ

9　どの金融機関もATM平均利用額は非公開のため、セブン銀行の
　ATMで引き出される金融機関の金額の平均金額を同行IR資料より抜
　粋。

シュアウトがキャッシュレス社会のますますの進展に寄与する
といえる。キャッシュアウトを IC デビットカード前提のサー
ビスにすれば、訪日外国人が安心して買い物できる環境として
全取引 IC 化を目指す政府の目標達成にも寄与する。いきなり
100％のキャッシュレス社会を目指すのではなく、まずは欧米
のように高額領域の現金をなくし、少額領域へキャッシュレス
を広げるとのステップ展開は、現実的なキャッシュレス推進策
になりうると考えられる。

② J-Debit 念願のキャッシュアウトサービスの仕組みと特徴
　J-Debit のサービスがスタートした2000年当初より、代表幹
事を務めていた富士銀行（現在のみずほ銀行）はキャッシュア
ウトサービスを提供したいと考えていた。しかし当時の法令の
解釈はキャッシュアウトサービスを行ってよいのか否かは不明
瞭であり、銀行業界においては、サービス提供が可能と明確化
されない限りグレーはすなわちイコール NG と考えられてい
た。2016年の金融審議会「決済業務等の高度化に関するワーキ
ング・グループ」で主に仮想通貨に対する規制のあり方に関す
る議論が高まるなか、前年の「決済業務等の高度化に関するス
タディ・グループ」の中間整理で示された課題の１つとして
キャッシュアウトサービスの検討が提起されたことが紹介され
る。2017年６月に公布された銀行法等の一部を改正する法律の
銀行法施行規則第13条の６の４「預金の受払事務の委託等」
に、現金自動支払機（CD）や現金自動預入払出兼用機（ATM）
のほかに、「当該銀行の使用に係る電子計算機と電気通信回線
で接続された端末装置に顧客がカード等を利用し（中略）識別

符号を入力することにより預金又は資金の貸付けの業務に係る金銭の払出しを行う（中略）措置」として、小売店のレジで金融機関口座から預金を引き出すデビットカードによるキャッシュアウトサービスが明記され、これをもってみずほ銀行は長年の念願であったキャッシュアウトサービスを開始するに至った。その仕組みは図表2－10のとおりである。口座保有者（ユーザー）は店（加盟店）で買い物してレジでキャッシュカードをデビットカードとして支払うにあたり店員に現金引出金額

図表2－10　J-Debit キャッシュアウトサービスの仕組み

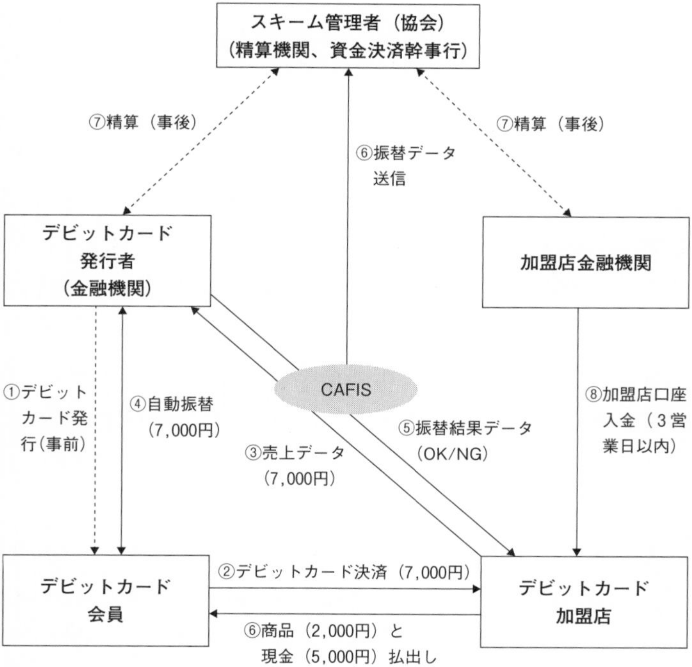

（出所）　筆者作成

を告げる。店員は買い物金額と現金引出額の合計額をデビットカード決済として処理し、レジで客に暗証番号を入力してもらって取引が承認されると、現金引出額を口座保有者に渡すという流れである。ユーザーの口座から買い物金額と現金引出額の合計額が即時で振替えされ、加盟店の金融機関口座に３営業日以内に代金が入金される。その際加盟店手数料が差し引かれるが、金融機関と直接加盟店契約する場合の加盟店手数料は１％程度で、上限250円、下限50円との設定をした金融機関が多く、クレジットカードに比べて廉価であることが大きな特徴である（基本的には加盟店手数料はアクワイアラーによって異なるので、必ずしも前述のとおりではなく、現実的にはカード会社がクレジットカードと同等の加盟店手数料で契約する加盟店が多い）。

　J-Debit は、サービス開始の翌年には４億枚以上発行されていたという金融機関のキャッシュカードがそのまま買い物に使えるデビットカードであり、新規の申込みやデビットカードとして使うための設定などは必要ない。銀行や信用金庫などの金融機関に口座をもつ消費者がその口座からお金を引き出すのに使っているキャッシュカードを加盟店の端末で読み取り、端末に接続されたキーパッドで暗証番号を入力すれば買い物代金が口座振替になるサービスである。このように全国の金融機関で圧倒的多数の消費者が利用できる J-Debit の仕組みを活用してキャッシュアウトサービスが提供されるということは、加盟店さえ確保できれば（利用環境が整えば）全国津々浦々で利用できるサービスといえ、たとえば近くに金融機関窓口や ATM がないような地域でも小売店があれば、その小売店で口座のお金を引き出すことができるようになり、店側も来客を促すことが

できる。他国と比較すると ATM の設置台数が多く、ATM アクセス効率が非常に高い日本の都市部においても、ATM 設置台数を大幅に削減する動きは加速している。これまで ATM に寄って現金を引き出してから買い物に行っていた消費者が、わざわざ ATM に寄らなくても最初から買い物する店に行き、キャッシュレスで買い物したついでに最小限の現金を入手できると考えれば、キャッシュアウトサービスは便利である。J-Debit は、キャッシュアウトサービス取扱店が一目瞭然となるよう、アクセプタンスマークの変更も行っている（図表2－11参照）。

　しかし、前述のとおり J-Debit 自体は、当初は家電量販店で現金と同じパーセンテージのポイントが付与されることで利用されたり、その後ニーズを掴んだ生命保険会社で契約時の初回の保険料を口座振替で支払ったりキャッシュカードとして月々

図表2－11　J-Debit キャッシュアウトサービス取扱店のアクセプタンスマーク

（出所）　日本電子決済推進機構ウェブサイト

の保険料の自動振替を設定できたりすることが便利として使われたほかに、目立った加盟店の広がりがなく、取扱額は減少の一途をたどっている。これだけ多くの金融機関が参加している決済サービスであるにもかかわらず利用が低迷した要因として、①大切な口座にアクセスするカードとショッピング利用するカードは分けて管理したいとのユーザー心理が働いた、②人前（加盟店店頭）で大切な口座にアクセスする暗証番号を入力することが敬遠された、③加盟店の数が少ない、④当初、加盟店手数料は1％と大々的アピールされたが、実際に加盟店契約するとクレジットカード同等の手数料をとられると判明し店側の失望を招いた、⑤ユーザーが口座を保有する金融機関がアピールしないのでわからない、などがあげられそうである。だとするとキャッシュアウトでもやはり、①大切な口座アクセスカードとショッピング利用するカードは分けたい、②人前で大切な口座にアクセスする暗証番号を入力するのは避けたい、といったユーザー心理は相変わらず大きな課題となりそうである。さらに、J-Debit のキャッシュアウトサービスでは、買い物代金と現金引出金額の合算金額が口座振替され、その内訳がわからない。たとえばユーザーが金融機関に「店頭で現金を引き出したが金額が違う」といった問合せをしても、金融機関側では実態の把握が困難であり、厳格化するマネー・ローンダリング対策の運用として問題がないのかといった点も気がかりである。解決策としては、加盟店に対して「レシートで現金引出額をわかるようにしてください」とお願いするか、内訳がわかるように電文の仕様を変更するとの選択肢になるが、前者は加盟店に対して取扱要件を増やすこととなり、ただでさえ少ない

図表 2−12　八丈島観光協会の J-Debit キャッシュアウトサービス
　　　　　紹介ページ

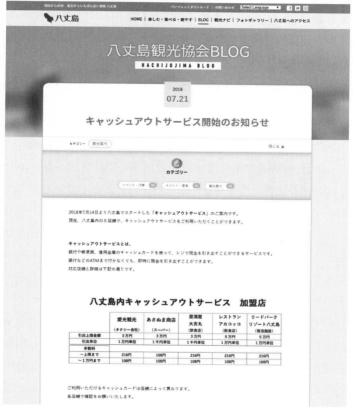

（出所）　八丈島観光協会ブログ

加盟店に高いハードルを設けることになる。後者はキャッシュ
アウトサービスを取り扱わない金融機関を含めて大がかりなシ
ステム改修が必要になる。

　すでに J-Debit のキャッシュアウトサービスは、イオンの

J-Debit 取扱店舗のサービスカウンターや八丈島などでサービスが開始されている。特に金融機関窓口の少ない八丈島では大変便利なサービスとして好評のようだ。J-Debit に参加する多くの金融機関が参加しやすいのは確かであり、各地域におけるATM 削減の進捗、キャッシュレス決済の進捗に応じて、今後各地域の金融機関や小売店のキャッシュアウトサービス対応ニーズが高まる可能性が考えられる。

③　ブランドデビットとキャッシュアウトサービスの親和性

　J-Debit の課題であった加盟店数について、ワールドワイドに圧倒的な加盟店数を誇るのがブランドデビットである。ブランドデビットでキャッシュアウトサービスが実現すれば、小売店のレジから現金を引き出すサービスはおおいに普及しそうである。ブランドデビットでは海外諸国においてすでにキャッシュアウトサービスが普及している。日本ではブランドデビットのキャッシュアウトサービスは展開されないのだろうか。

　すでに述べたとおり、国内でもブランドデビットカードを発行する金融機関は増加している（図表2－4参照）。しかし加盟店獲得に注力している金融機関がいまはまだ少ない。企業融資などホールセールが花形とされる金融機関の経営戦略においてデビットカードはリテールに分類されがちであるが、実は小売企業や流通企業にとって決済サービスユーザーこそ経営を左右する重要なお客様である。ただし餅は餅屋で、いかにお店に客を呼ぶか、売上げを拡大するかといった取組みは、小売企業や流通企業のほうが長い年月にわたり幅広に深く取り組んでいることから、これまでの金融機関は資金調達など資金面や会計面

での関与が中心であった。しかし人口減少が避けられず、客の絶対数が減り従業員が減るなか、商取引に係る業務やコストの効率化や、金融機関のリテール顧客をホールセール顧客企業に送客するような協業の提案は重要となろう。この時、店舗の現金を減らし、現金の取扱いに関する業務やコスト、現金の紛失・盗難リスクを減らして、コンシューマーの消費データをもとにホールセール顧客企業に有効な提案を行うこと、それも金融機関の決済サービスを活用することでコンシューマーへの能動的なアプローチ策を提案することが、金融機関にとって非常に重要な取組みになっていくと考えられる。

　その際キャッシュアウトサービスは1つのソリューションとして活用できそうであり、インバウンド消費の取り込みとあわせて地域小売企業の売上拡大をねらうには国際ブランド決済カードの活用が有効になる（インバウンド消費については、海外発行カードによるショッピング利用の拡大が取組みの中心であり、海外金融機関が発行したブランドデビットでキャッシュアウトサービスが使えるか否かは別の議論である）。すでにブランドデビットで地域の加盟店獲得とキャッシュレス環境整備に注力し始めている金融機関は多く、今後そのような金融機関でブランドデビットのキャッシュアウトサービスを展開する可能性はおおいにあると思われる。

④　キャッシュアウトサービスを日本で展開するうえでの課題

　欧米に遅れること約30年、現金社会の日本でも2018年にキャッシュアウトサービスが始まったが、そのスキームにはまだまだ改善の余地が多そうだ。

レジから現金を払い出す加盟店には、現金を取り扱う手間が発生する。ランチタイムのコンビニエンスストアでレジの前にたくさんの行列ができている風景をみれば一目瞭然だが、レジスピードの向上は小売店にとって重要な課題であり、キャッシュレスでレジスピードが向上するなか、現金の払出しは重い業務負荷となる。スーパーマーケットなどで自動的にお釣りが出てくるレジが増えているのは、レジスピードの向上に加えて現金の数え間違いや内引きの防止といった目的もあり、防犯やミス・トラブルの防止という主旨でもキャッシュレス化の意義は大きい。そもそもレジに現金がなければ盗難や現金受渡しのミスは起きない。運転手が襲われやすいタクシー業界では「カード OK」ではなく「カード Only」にすることで強盗被害をなくしたいとの声も聞かれる。現金取扱業務の無駄や防犯意識の高い小売企業ではできるだけ現金を扱わない努力を重ねてきており、レジに入れておく現金額も少なくなっている。キャッシュレスは店に置く現金やその取扱業務と付随コスト、リスクを削減する。キャッシュアウトサービスは、店に置く現金を減らすことに貢献するが、仮にキャッシュアウトサービスのために現金を準備するとしたら本末転倒である。日本の小売店はサービスを提供する以上、いつなんどきでもサービス提供できていなければならないと完璧を目指そうとする傾向があるが、キャッシュアウトサービスでは「現金が残存する範囲内でのサービス提供」と割り切らなければ、いつも必ずサービス提供を行うというのはむずかしいかもしれない。それができるか否か、小売店と消費者の意識の問題もありそうだ。

手数料も深刻な課題だ。現在の J-Debit 決済データでは現金

払出金額の内訳がなく、加盟店は買い物代金と現金払出額の合計額に対して加盟店手数料を支払うことになる。店の商品が売れる買い物代金には利益が含まれるが、キャッシュアウトする現金には利益は含まれない。加盟店が現金払出額の加盟店手数料分を現金払出手数料としてユーザーに転嫁することも可能だが、結局手数料をとられるのでは利用されない可能性が懸念される。

　米国では、キャッシュアウトサービスは銀行のATM設置コストや現金払出業務の削減と位置づけられており、銀行から加盟店に数セントのキャッシュアウト取扱手数料が支払われるので積極的に取り扱う店が多い。デビットカードで支払う客に店員が「現金は要らないの？」と話しかけてくる。キャッシュアウト取扱店であることが集客の差別要素となる東欧の場合は、現金払出額にも加盟店手数料がかかる。日本ですでにコンビニエンスストアやスーパーマーケット、ショッピングモールや駅構内に数多くのATMが設置済の商圏では、キャッシュアウト取扱店が集客に寄与する可能性は低そうで、加盟店手数料もかかるとなると取扱店は増えない可能性が高い。キャッシュアウトサービスに加盟店手数料を課金しないためには現金払出額を識別する必要があるが、それには決済データの仕様を変更し、加盟店端末、データ授受ネットワーク、カード発行者（銀行）など、関係各所のシステムにも影響するため、費用対効果が大きな課題となる。

　デビットカードを発行する銀行にも課題が残る。ATM同様にレジで現金を引き出すデビットカードユーザーは大切なお客様であり、ATM同様に現金引出金額の問合せに対応できる必

要がある。たとえば「レジでの受取金額より多い額が口座振替された」との問合せを受けた場合に、「デビットカードで買い物した商品内容まではわからないように、当行ではキャッシュアウトの金額はいっさいわかりません」との対応でよいとは思えない。購入した商品に関する問合せは、店舗やメーカーの問題であるが、払い出した現金に関しては、店舗はATMと同等の存在であり、金融機関の問題となる。それが払出金額すら把握できないというのでは、サービス品質としてどうなのかとの問題もあるうえ、マネー・ローンダリング防止（AML）の観点でも「本人確認はしているが、いくら現金を渡したかわからない」といった対応になりかねず懸念が残る。金融庁のワーキング・グループ報告書にも「現金の引渡しが人の手を介しつつ行われることなどを踏まえ、銀行に対し、監督上、必要に応じ、然るべき体制の整備等を求めていくことが考えられる」とあり、昨今厳格化するAMLとともに今後も慎重な議論が続くであろう。

アクワイアラーとの契約関係にも課題がありそうだ。デビットカードが利用できる小売店と加盟店契約を締結しているのは、ブランドデビットではクレジットカード同様にカード会社、J-Debitでは金融機関と情報処理センターになる。情報処理センターとは加盟店とイシュアーの間で決済データを授受する事業者を指し、主にはネットワーク会社やカード会社であるが、J-Debitで最も多くの加盟店契約を締結しているのはカード会社である。そのカード会社において、クレジットカードでは改正割賦販売法により加盟店管理強化が求められる一方で、デビットカードではATM同様にレジで現金を引き出せるのに

その額が把握できなくてもかまわない、というバランスの悪い状況が許されるとは考えにくい。となると、やはり現金払出額を把握できるようなデータ仕様の変更は必要で、アクワイアラーのシステムやその設置する加盟店端末、ネットワーク会社やイシュアーのシステムにも影響する可能性は高い。費用対効果もますます大きな課題となる可能性がある。

(5) 銀行の海外送金の仕組みと FinTech の送金サービス

① 銀行の海外送金が「高くて遅い」といわれる理由と日本の事情

　通常、海外に送金しようとする場合は銀行の海外送金サービスを利用する。銀行は国を越える送金では SWIFT（Society for Worldwide Interbank Financial Telecommunication：国際銀行間通信協会）に接続して、海外諸国の金融機関に送金する。ただし銀行の海外送金サービスは日数がかかるうえ手数料が高いため、FinTech 企業などが「速く・安く海外送金できる」サービスを提供する動きが活発になっている。しかしスタートアップ企業の方の話を聞くと「銀行の海外送金は高くて遅い」というユーザー観点の認識にとどまっているようで、それがなぜなのかまで掘り下げているケースはあまりないように感じる。単純な話として、現在の銀行の海外送金の「高くて遅い」原因が改善され、「安くて速い」サービスになったら、「速く・安く海外送金する」を武器に活発に展開している FinTech の送金サービスは不要になるのではないかと心配になる。

図表 2 −13　SWIFT の基本的な仕組み

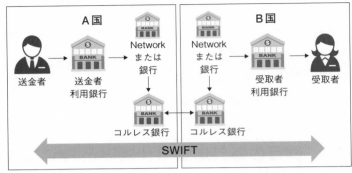

（出所）　筆者作成

　SWIFT は1973年に発足し、200以上の国または地域で１万1,000以上の銀行や証券会社、事業者などを結んでメッセージングを行う国際決済システムである。国際送金の80％を処理し、１日の決済額は3,000億ドルを超えるとされる。各国の中央銀行のシステムや国内ネットワークの仕組みが異なるため、コルレス銀行と呼ぶ中継銀行を介して取引する。日本の代表的なコルレス銀行は三菱 UFJ 銀行で、SWIFT で送受信された送金メッセージ（送金指図）に従って海外のコルレス銀行と開設し合う口座を使って資金を動かし送金を行う。そのためコルレス銀行間の送金は実は意外に速くて安い。SWIFT 自体は送金メッセージの送受信にすぎず、ものの２〜３秒、わずか数円のコストで送金メッセージの送受信は完了する。

　一方、コルレス銀行から先の非コルレス銀行に送金する際には、受取者の国のコルレス銀行から同国内の国内ネットワークを経由して受取者のコルレス銀行の口座に送金され、仲介者が

増えれば増えるほど手数料も時間もかかる。コルレス銀行から先は実際にどのような仲介者を経由するのか、その際の各経由地における手数料や処理時間はどれほどなのかといった条件をすべて洗い出して把握するのは残念ながら非現実的である。日本の金融機関でさえ最近は金融機関や支店の統廃合が活発であるが、海外では金融機関が倒産することも珍しくはなく買収や統廃合は日常茶飯事であるうえ、各国国内のネットワークや金融機関の間の提携関係は経済条件を含めて常に流動的である。そのような状況下において、日本国内の金融取引に慣れており、正確に着金することが当たり前という感覚の消費者に対して、中途半端に着金予定日や手数料を案内して万が一遅れたり手数料が高くなったりすると、銀行の信頼性に影響しかねない。そのような事態を回避しようとすると、時間も手数料も十分なバッファをもってユーザーに案内することになる。当然、日本の金融機関のシステムや業務に係るコストも勘案される。このような事情によって、銀行の海外送金はユーザーには「遅く・高く・わかりづらい」仕組みになっている。

　また、米国がイランに対する経済制裁としてイスラム共和国（イラン）中央銀行をSWIFTから除外することで金流を断ち切ったことに表れたように、SWIFTは政治圧力にさらされる面も持ち合わせている。2015年には中国がSWIFTを経由しないCPIS（Cross-border Interbank Payment System：人民元国際決済システム）を立ち上げている。ロシアやトルコなど米国の経済制裁対象となっている国の中央銀行や中国人民銀行と直接人民元決済する日本の銀行を含む約90ヵ国の銀行が参加するなど、国際決済システムが大きくダブルスタンダード化しつつも

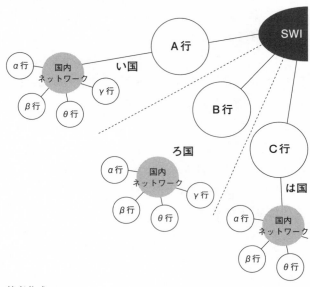

図表 2 −14　各国コルレス銀行と国内ネットワークのイメージ

（出所）　筆者作成

ある。海外送金が国家間の関係にもおおいに影響を及ぼす点にも注意が必要である。

　しかし SWIFT も手をこまねいているわけではない。2019年の世界最大の銀行トップ４は中国の銀行が占める[10]が、そこに近い位置づけにある某欧米系金融機関の東京支店にいる熟練の海外送金担当者は、送金先の銀行からなかなか着金の連絡がないと「あの国のあの銀行なら、経由するあの銀行が滞っているに違いない！」と思い当たり、その銀行の担当者に電話を入れると、途端にすみやかに着金すると実態を明かしてくれる。世

10　The Banker "Top 1000 World Banks 2019"（Tier 1　capital ベース）。

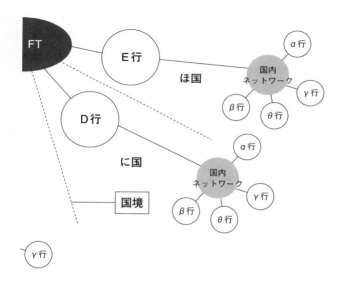

界各国のさまざまな銀行にそのような熟練した担当者がいるの
かはなはだ疑問ではあるが、そのような熟練した担当者がいな
くてもすみやかに処理ができるようここでも FinTech が活躍
する。

　SWIFT は数年前から API の拡大、インターフェイスの革新
のほか、海外送金のリアルタイムサービス化やリアルタイム追
跡機能、入金確認通知などを具備したソリューション "gpi"
（global payments initiative）の提供を行い、追跡情報の顧客連
携と24時間以内の入金を実現している。金融機関や接続企業な
どから着金が速くなったとの声が聞かれ、送金状況の問合せも
3割程減っているという。近い将来、銀行の海外送金が「安く

図表２－15　コルレス銀行間の取引とその他銀行の取引

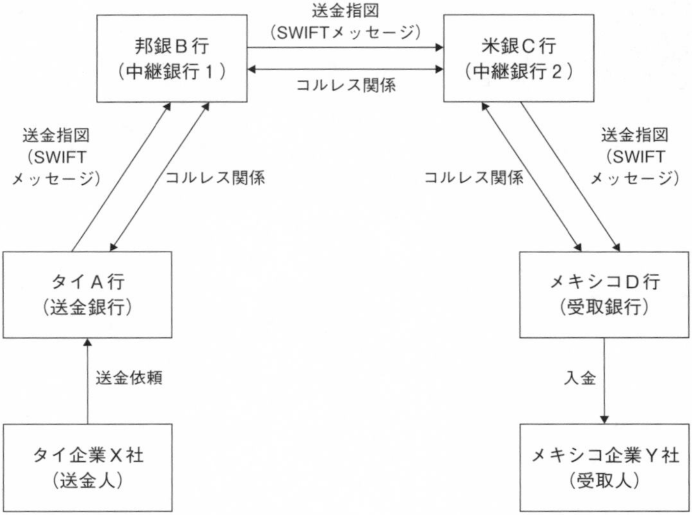

（出所）　筆者作成

て速い」になる可能性は十分にある。「安くて速い」だけでは
選ばれなくなるスタートアップは、さらに独自の強みを高めて
いく必要に迫られるかもしれない。

②　ウエスタンユニオンや PayPal が「安くて速い」背景と注意点

　銀行以外の海外送金サービスの代表格にウエスタンユニオン
がある。黒地に黄色い文字で非常に目立つウエスタンユニオン
の看板は、どこの国の都市でも田舎町の商店でも見つけること
ができる。まだコンビニエンスストア ATM で海外送金ができ
ない当時、ウエスタンユニオンの紙袋をもっていると、何人か

の外国人に「ウエスタンユニオンはどこにあるんだ？」と話しかけられたくらい、海外に渡航する外国人の間では有名な送金サービスであり、貴重な現地通貨入手手段でもある。

　ウエスタンユニオンは1851年に米国で設立され、世界200以上の国と地域、50万カ所の取扱店で現金授受が可能な世界最大手の国際送金サービスである。自宅から数キロメートル行っても銀行の店舗やATMがないような発展途上国の農村部でも、近くの小売店で送金や受取りが可能なので、金融機関口座やクレジットカードをもたない消費者や口座開設が困難な一時滞在者、留学生や出稼ぎ労働者などの国際送金や、国をまたいでの電話代や学費の支払などに活発に利用されるほか、税金や公共料金の支払などにも使われている。

　取扱店のレジやパソコンがウエスタンユニオンのシステムに直結しており、送り手が取扱店で送金先の情報や送金金額を渡すと、取扱店で入力された情報はすぐにウエスタンユニオンのシステムに反映される。送り主から連絡を受けた受取主が指定された店舗に行けば、受取店のレジやパソコンからも当該送金情報が確認でき、受取人が本人であることを確認できれば送金額から手数料を差し引いた現金を受け取ることができる。送金するとほぼリアルタイムで受け取れる状態となり、銀行送金より手数料が安いことが多い。

　南米、アフリカ、東南アジアなど世界19カ国[11]では2019年2

11　バルバドス、チリ、コロンビア、コスタリカ、ミクロネシア連邦、香港、インドネシア、カザフスタン、マレーシア、マーシャル諸島、モーリシャス、パラオ、ペルー、フィリピン、ケニア、台湾、タンザニア、タイ、ウルグアイ。

月から、ウエスタンユニオン取扱店でオンラインショッピングの買い物代金を現金で支払うことができる"PayCode"というスマホ決済サービスが展開されており、同年9月には米国のAmazonも"Amazon PayCode"としてこのサービスに参加している。Amazonで購入した商品の代金をウエスタンユニオン取扱店の店頭で現金で支払えば、Amazonから購入商品が自宅に送られてくるサービスで、金融機関口座をもっておらず小切手を換金できない消費者や、クレジットカードやデビットカードをもたない消費者でも、現金を使ってAmazonで買い物ができる。無人店舗（正確にいえばレジなし店舗）として有名なAmazon Goに対して、金融機関口座やクレジットカードをもたない貧困層に対する差別であるとの批判の声が高まり、マ

図表2－16　ウエスタンユニオンのマークと送金スキーム

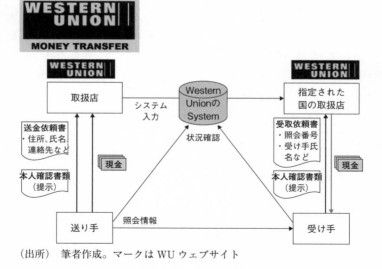

（出所）　筆者作成。マークはWUウェブサイト

サチューセッツ州やニュージャージー州などで小売店に現金受領を義務化する州法が成立するなど現金客排除反対の流れが強まる米国において、貴重な現金支払手段として再び存在感を高めている。

銀行以外の送金サービスのもう1つの代表としてPayPalがある。PayPalは1998年に米国カリフォルニア州サンノゼで設立され、200以上の国や地域、100以上の通貨で、世界中のECサイトで利用されているオンライン決済サービスである。世界約30カ国に展開し約1億6,000万人が利用するといわれる世界最大級のECサイト「eBay」の決済サービスとして世界に普及した。2002年にeBayに買収されて傘下に入ったが、2015年にふたたび分社化し、その後NASDAQに再上場している。また、2013年には米国の若者の間で大流行するモバイル送金サービス「Venmo」を買収。米国でベビーブーマーをしのぐ巨大世代といわれるミレニアルズ（1980～1990年代に生まれ2000年以降に成人となった若者層。米国総人口の4分の1を占める米国最大の人口群）の圧倒的な支持を集める送金サービスを傘下にもつ。

E-Mail送金サービスのPayPalは、国際ブランド決済カードの番号や金融機関口座を登録しておくことで世界中の1,800万店以上の店舗でオンラインショッピング決済できるほか、スマホ決済端末「PayPal Here」設置店では店頭決済もでき、世界2億5,000万人以上が利用する。オンラインショッピングサイトで支払方法の選択肢にPayPalの表示があれば、それを選択してPayPalのIDとパスワードを入力すると、あらかじめ登録した国際ブランド決済カードや金融機関口座で支払うことが

できる。日本のオンラインショッピングサイトでも、海外向けに商品を販売しているサイトを中心に、支払方法の選択肢にPayPalを用意しているサイトが増えている。これらC2Bの決済サービスでは店舗側に加盟店手数料が発生するが、C2Cの個人間送金では送金手数料が発生せず、米国では主にE-Mailを利用した個人間送金で、モバイルでも活発に利用される。サンフランシスコ郊外のオフィスに勤務するNRIパシフィックの当時の同僚たちも、ランチタイムに車でレストランに行くとだれかが全員分をカード決済し、オフィスに戻る車内で自分の分を送金して精算していた。日本でも2012年に資金移動業者の登録を行い、金融機関の口座振替登録を行えば登録者間で送金できる。2018年には海外で展開していた「ペイアウト」サービス、すなわち企業からの報酬などをPayPal残高として受け取れる機能を日本でも開始。2019年にはついに個人間の海外送金も可能となった。

　ちなみに「PayPal Here」は、iPhoneやiPad、Androidスマホのイヤホンジャックに三角形のカード読取機（図表2−17参照）を差し込み、店頭で国際ブランド決済カードを読み取って売上げをあげるモバイル決済端末であり、日本でも2012年5月にソフトバンクがPayPalと合弁会社「PayPal Japan」を設立して「PayPal Here」が推進された。記者発表会で登壇したソフトバンクの孫正義代表取締役社長は「日本はカード決済後進国。導入コストが高く、代金回収期間が長く、決済手数料も高い。法人営業部隊で（PayPal Hereを）徹底的に配りまくって一気に店舗数を100万店、200万店に増やしていきたい」と語り、実質無償で端末を配布し、加盟店手数料を当時では廉価な

3.24％で展開した。筆者もおおいに期待して同合弁会社社長とも面談をしたが、過去に回数券購入などで消費者トラブルが発生したことでカード業界が加盟店化を自粛した英会話学校やエステサロンなどを中心に最初こそ加盟店が増えたものの、その後加盟店獲得は伸びず、PayPal Hereは2016年3月に日本から撤退した。IC対応が課題になったとの専門家のコメントが散見されたが、米国PayPal Hereは接触ICにも非接触ICにも対応しており、IC対応の問題ではなさそうである。よくキャッシュレス未導入店に「なぜ導入しないのか？」とアンケートを行った結果として「端末が高い」「加盟店手数料が高い」の2つが主因とあげられるが、そのような選択肢が回答欄にあれば深く考えずに丸をつける回答者が多くなるのは必然であり、PayPal Hereは端末を無償配布しても加盟店が増えなかった事例といえる。

なお、海外送金では送金手数料のほかに為替レートにも注意

図表2－17　PayPal Here（日本）

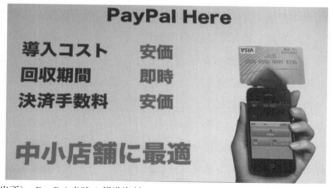

（出所）　PayPal当時の報道資料

する必要がある。為替レートは金融機関や送金サービス事業者によって異なるが、独自のレート設定をしている送金事業者も少なくない。送金手数料だけをみて安いと思って送金しても、為替レートが高ければ受取額は大きく目減りする点に注意が必要である。安く速く送金できることを特徴とする送金サービスは、スマホを使ったり、為替レートを工夫したり、ブロックチェーンのような新たな技術を活用したりなど、さらなる発展を遂げようとしている。

③　新たな送金サービスの台頭と課題

　以前、街中で突然外国人に店舗所在地を尋ねられたウエスタンユニオンは、その後、取扱店を探さなくてもコンビニエンスストアのATMで気軽に使えるようになった。セブン銀行のATMやファミリーマートのキオスク端末などから海外の「ウエスタンユニオン」取扱店に、数百円からの手数料で送金することが可能となった。ファミリーマートなどでは「ウエスタンユニオン」のみならず「SBIレミット」や「GCASH REMIT」など複数の送金サービスを利用することができる。ウエスタンユニオンをはじめとする送金事業者も自らインターネットやスマホアプリなどで直接送金ユーザーにサービスを提供しており、取扱店に行く必要もない。随時、送金状況を確認することも可能だ。送金手数料も、たとえばGCASH REMITでフィリピンに1万円送金する際は440円とリーズナブルになっている（ただし送金するために送金準備金口座へ入金した資金を出金する場合には1,000円の出金手数料がかかったり、日本円で送金するので為替レートによって目減りするなど、注意が必要である）。

PayPal は米国の若者の間で人気のスマホ送金サービス Venmo を提供する。Venmo はペンシルベニア大学時代にルームメイトだった創業者の2人が、電話番号だけで簡単に友人に送金するアプリを2009年につくったことに始まる。2012年にシカゴの決済ゲートウェイのスタートアップ「Braintree」が Venmo を買収し、さらに2013年に PayPal が Braintree を買収して Venmo も PayPal の傘下に入った。学生に大人気の Venmo は米国の携帯電話番号さえあれば簡単に使える。App Store か Google Play からアプリをインストールし、電話番号と金融機関口座またはデビットカードやクレジットカードを登録するだけで、金融機関口座かデビットカードであれば手数料無料で、クレジットカードは3％の手数料で送金できる。前述のとおり、米国金融機関が発行する口座アクセスカードは国際ブランド決済のデビットカードかクレジットカードなので、金融機関口座をもっていれば登録は容易だ。スマホのアドレス帳や Facebook の友達から送金先リストを作成することができ、必ずしも送金がメインではなく SNS として日々のやりとりやタイムラインの投稿・閲覧もできる。ホームパーティにかかった代金の割勘分を友達に送ったり、一緒に行ったレストランや参加したイベントの立替代金を送ったりなど、金銭授受にかかわるやりとりを画面でわかりやすくみることができるので、当初は流行を追うかのような感覚でイベントに参加して Venmo で支払っていたのが、序々に当たり前の行動へと定着している。日本でいえば Google で検索することを「ググる」というように、Venmo で送金してねという意味で "Venmo me" と固有名詞の Venmo を動詞のように使う表現が一般的になるほ

図表 2 −18　Venmo スマホ画面

（出所）　venmo.com

　ど流行しており、その取扱高は年平均成長率157.6％で推移し（図表 2 −19参照）、2018年第 1 四半期には過去最高の123億ドルを取扱っている。ただし基本的に無料で送金できるため事業性にはまだ課題があり、決済に利用できる加盟店を増やし加盟店手数料を得て収益を拡大しようとしている（図表 2 −20参照）。

　これに対して2017年にサービスを開始したモバイル P2Pサービス "Zelle" は、米国金融機関30行以上が参加するネットワークにより口座番号を知らせる必要がなく、相手の電話番号やメールアドレスと名前だけでスマホで送金できるサービスで、銀行はシステム開発を行う必要がない。最小限の投資で自行の Web サービスやスマホアプリに組み込むことができるほか、Visa や Mastercard もネットワークに参加しており利用できる先が多いことから、急速に拡大している。クレジットカー

図表2－19　Venmo 取扱高推移

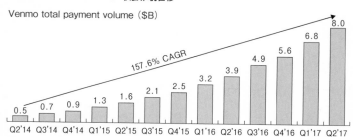

Venmo total payment volume（$B）

Data compiled Oct. 19, 2017

Source: Company disclosures and S&P Global Market Intelligence estimates.

© 2017. S&P Global Market Intelligence. All rights reserved.

（出所）　S&P グローバルマーケットインテリジェンス

図表2－20　Venmo で決済できる加盟店

（出所）　venmo.com

ドやデビットカードを発行する金融機関が推進しているので使
える加盟店も多く、Zelle の取扱高は2018年には前年比73％以
上、ユーザー数は2,740万人となり、Venmo の2,290万人を上
回ったとの報道もある。ただし、Zelle はもともとの金融機関
の取扱高が含まれることに注意が必要である。

　米国では、日本でもスマホ決済端末を展開する "Square"
も、2013年に "Square Cash" という P2P モバイル送金サービ
スを開始している。Gmail や Outlook メールなど通常利用する

図表 2 −21　Zelle に参加する金融機関

（出所）　Zelle ウェブサイト

メーラーで、宛先に送金したい相手のメールアドレスを、cc
に「cash@square.com」を、件名に送金金額を入力して送信す
ると Square から登録依頼メールが届く。そこにデビットカー
ドの番号を入力すれば、Square が当該カードを審査し支払可
能を確認する。すると送金先の相手にも Square から受取用と
してデビットカード番号を入力するようメールが届くので、相
手が自分のデビットカード番号を入力するとそのデビットカー
ド口座に送金が届く。加盟店端末事業者の Square が、送り手
のユーザーと通常は加盟店である受け手を接続するようなサー
ビスといえる。米国の金融機関に口座があればまずデビット
カードが発行されるので、だれでも即座に送金ができる。
Square Cash のユーザーは950万人おり、米国の P2P モバイル
送金サービスは、Venmo、Zelle、Square Cash がトップ 3 で
ある。さらに Square は2018年には Square Cash で暗号資産
（仮想通貨）のビットコインの売買ができるサービスを追加し

図表 2−22　Square Cash 送金画面

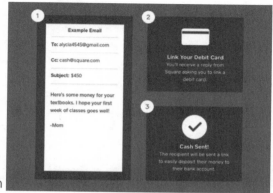

Square Cash

（出所）　the verge ウェブサイト

ている。ユーザーがアプリを通じて週に1万ドルまでビットコインを購入でき、Square がユーザーのかわりにビットコインを保有してアプリを通じて売却や引出しができるという。ビットコインの売却に手数料はかからないが、スプレッドを含む仲介手数料が発生する。Square の創始者で CEO のジャック・ドーシー氏はビットコイン支持を表明しているが、瞬時に売買を行わなければ乱高下する価格に翻弄されかねない点には注意が必要であろう。

　Facebook も2015年にメッセンジャー送金サービスを開始している。米国金融機関が発行する Visa か Mastercard のデビットカードを紐づけ登録のうえ、Facebook メッセンジャーの友達とのチャット画面に表示される「＄」マークをクリックし、金額を入力して送金すれば受取者のデビットカード口座に入金される。手数料は無料だ。驚いたことに米国でこのサービスが

図表 2 -23　Facebook メッセンジャー送金スマホ画面

（出所）　Facebook ウェブサイト

始まった2015年 3 月にはすでに日本語のヘルプページも存在し
ていたが、日本では Facebook メッセンジャー送金サービスは
まだ始まっていない。Facebook は世界で約24億人が利用する
といわれ、その Facebook で国境を越えて世界各国の友達に送
金できるようになると世界経済に大きなインパクトを及ぼすと
思われるが、2019年に暗号資産（仮想通貨）「Libra」を発表し
て以降、話題はもっぱら Libra に移っている。Libra には当
初、PayPal や Visa、Mastercard などの決済事業者も参加を表
明し、2019年10月15日に21団体でリブラ協会が正式発足した。
決済サービスとして普及するのではないかと思われたが、その
後前述の 3 社に加えて eBay や Stripe などが続々と不参加を表
明。G20でも国家が発行する通貨にかわる「通貨主権にかかわ
る問題」が生じかねず厳しく対処すべきであるとの方向性で一
致するなど、厳しい立ち上げとなっている。

図表 2 −24　リブラ協会参加団体（当初）

（出所）　Facebook ウェブサイトに筆者にて加筆（斜線が離脱表明）

　海外送金でも、為替リスクを吸収する新たなサービスが台頭
し始めている。Transferwise は2011年に欧州でサービスを開
始したスタートアップの海外送金サービスである。送り手と受
け手が希望する通貨・金額をマッチングし、双方の国内で
Transferwise 口座に振り込むことで、本当に海外に送金する
のではなく 2 国の国内取引で決済して為替手数料が発生しない
仕組みとなっている（図表 2 −25参照）。実際にはそう簡単に送
金したい先の国に同額で逆方向の送金をしたい人が見つかるわ
けではないので、Transferwise がいったん立替をして、長い
目で複数の送金トランザクションをマッチングさせて両国の
Transferwise 口座残高相違を解消していくと考えたほうがわ
かりやすい。日本でも2016年にサービスが開始されている。他
の銀行を経由しないのでそもそも上乗せする手数料が発生せず
手数料が安い。為替手数料も不要なのでこれまでの海外送金

図表２−25　Transferwise の仕組み

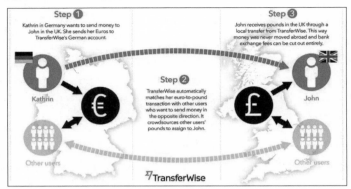

(出所)　Transferwise ウェブサイト

サービスよりも廉価に利用でき、インターネットがあれば好き
な時に送金できるし、着金日をあらかじめ教えてくれ、送金か
ら着金までが速い。筆者が特に注目する海外送金サービスであ
る。

　送金サービスでは、日本の金融機関も参加してブロック
チェーン技術や分散管理台帳技術（Distributed Ledger Technol-
ogy：DLT）を活用した送金サービスも実証実験や商用化が始
まっている。ただ、なかには本当に DLT なのかと疑問を感じ
るものもある。たとえば、クラウド上に構築したシステムを金
融機関ごとにインスタンスを切って管理する手法は、クラウド
で構築したシステムを複数企業が使用する ASP などで従前か
ら行っている当たり前の対応であり、これを「分散管理台帳技
術（DLT）を使った送金サービスである」といわれると違和感
がある。そもそもブロックチェーンや DLT は何かを実現する
際に活用する手段であり、金融機関の経営層が「ブロック

チェーンをやりたい」とか「うちの銀行ではブロックチェーンをどうするのか考えろ」などと部下に手段を目的化したような指示を出すことは避けるべきである。技術は技術として正確に理解することは重要であるが、何をやりたいかの目的に照らして最適な手段として活用するのが技術であり、技術を使うことが目的になってはいけない。そもそもブロックチェーンもDLTも、まったく最新技術ではない。ビットコインが分散管理という考え方で構築したシステムが案外使えると皆が気づいただけのことであり、ビットコインをはじめとする暗号資産（仮想通貨）が散々盗難にあっている事実も事実として真摯に受け止めなければならない。2019年の暗号資産の盗難被害額は4,800億円超と、また急増しているとのレポートもある。セキュリティが高いという理屈も、分散管理するノードの一部が勝手にデータを改竄したら他のノードのデータと相違するので善良なノードは改竄しないというもので、過半数のノードが白を黒だといえば黒になるし、実際に2019年1月にイーサリアムクラシックでまさに過半数で事実を歪曲する51％攻撃の被害が発生している。信頼できるノードだけで分散管理するプライベートブロックチェーンなら安全だと地銀を集めたコンソーシアムもあったが、クラウド上でデータ管理をするにあたってデータ保有者ごとにインスタンスを切って管理する手法は、クラウドでは当たり前であり、分散管理台帳技術とは言いがたい。コストについても、暗号資産では高額な高性能コンピュータを各ノードが保有するコンピュータを使うので安く済むという理屈であり、新たなシステムを構築して運用するのでは、安くならない可能性のほうが高い。

このように、ブロックチェーンや DLT との言葉の意味がさまざまに違って使われており、いったい何のことをブロックチェーンや DLT と呼んでいるのか確認する必要がある。

　送金サービス提供という目的達成のためにどのような技術が活用できるか、効率的か、を慎重に見極めなければならない。

　さらに海外送金では、中央銀行が発行するデジタル通貨CBDC（Central Bank Digital Currency）の動向に細心の注意が必要である。中国政府は国としてキャッシュレス決済や送金の利便性向上に加え、脱税や金融犯罪を防止すべくブロックチェーン技術を使ったデジタル人民元の発行準備を進めている。これは(5)①に前述した SWIFT 同様に、国家間の関係に大きな影響を及ぼしかねない。現在、世界で最も多く使われている通貨は米ドルであり、国際決済に占める割合は40％となっている。すなわち貿易など国際的な取引の多くは米国の銀行を経由しており、世界の秩序を守る名目で米国政府が行う経済制裁は、SWIFT ベースで米国の銀行を経由する金流をコントロールすることで実施されているが、デジタル人民元を使えば米国の銀行を経由する必要がなくなる。米国は警戒感を強めるほか、日本銀行も国際決済銀行やイングランド銀行などとともにCBDC の共同研究を行うと発表しており、国際送金に最も大きな影響を及ぼす存在として特に注目する必要がある。

第 3 章

プリペイドカードと電子マネー

(1) 日本の電子マネーの特徴、課題と展望

① 電子マネーの定義と分類

　日本で急速に普及した決済サービスに「電子マネー」がある。実は電子マネーには明確な定義がない。日本銀行はウェブサイトや「決済動向」をはじめとするレポートのなかで電子マネーを「利用する前にチャージを行うプリペイド方式の電子的な決済手段を指す」と定義しており、サーバ型電子マネーを含めるレポートも少なくないが、特に IC 型の主要電子マネー 8 種について定期的に事業者に調査してその統計を発表している。そして経済産業省の「キャッシュレス・ビジョン」の根幹を成し、政府の「未来投資戦略」の KPI にもなっている「キャッシュレス決済比率」に含まれる「電子マネー」も、この日本銀行「決済動向」の統計にある電子マネー、つまり IC型の主要電子マネー 8 種類の決済金額合計で算出されている。8 種類は具体的には、「楽天 Edy（楽天 Edy 株式会社）」「SUGOCA（九州旅客鉄道株式会社）」「ICOCA（西日本旅客鉄道株式会社）」「PASMO（株式会社パスモ）」「Suica（東日本旅客鉄道株式会社）」「Kitaca（北海道旅客鉄道株式会社）」「WAON（イオン株式会社）」「nanaco（株式会社セブン・カードサービス）」である[1]。日本銀行決済機構局の「決済動向」レポートによると、これら電子マネーの2019年（暦年）の決済件数は約59億件、決済金額は 5兆7,506億円となっている。

---

[1]　交通系電子マネーの計数について、乗車や乗車券購入に利用されたものは含まれていない。

電子マネーも基本的な構造はクレジットカードと同じである。決済サービスを利用する「会員（ユーザー）」、会員と契約して会員にカードを発行するなどして決済サービスを提供する「イシュアー」、そのペイメントカードで買い物できるよう取り扱う「加盟店」とその小売店と加盟店契約を締結する「アクワイアラー」、イシュアーとアクワイアラーを接続するスキームホルダーである「ブランド会社」の5者の間で決済データの授受やお金の精算を行う構造が基本だ。ただし電子マネーの場合は、別のイシュアーが発行したカードのICチップやスマホの非接触ICチップにペイメントサービスのアプリケーションを搭載することも可能であり、「バリューイシュアー」というカード発行者とは別のバリュー発行管理者が存在する場合がある。これは、IC型電子マネーのカード媒体が、これまでのクレジットカードのように磁気ストライプとプラスチックカードが1対1の媒体ではなくICになったことで、ICのなかに複数のサービス（アプリケーション）が搭載できるようになり、プラスチックカードの発行者と電子マネーサービスの提供者が別になったものであり、基本的な概念としてはプラスチックカードの発行者ではなく決済サービスの提供者をイシュアーと置き換えて考えれば、国際ブランド決済のスキームと基本的には同じ構造と理解することができる。

　ただし、もともと電子マネーにはICカード型のほかにサーバ型があり、必ずしもイシュアー、アクワイアラーとスキームホルダーが登場しない電子マネーも存在する（図表3－1参照）。FeliCaを中心としたICカードをかざす利用方法が一般的なIC型電子マネーは、ICチップに記録した利用情報を正と

してオフライン決済（リーダー／ライターからネットワークを介してサーバにオンライン接続することなく、リーダー／ライターとICカードの間のデータ授受のみで支払を済ませる決済方法）するケースが多いのに対し、サーバ型電子マネーは磁気カードなどでID番号のみをデータ連携し、サーバで管理するプリペイド残高を差引きすることで決済する。たとえば、デパートの全国共通百貨店ギフトカードをはじめとする小売店のギフトカードは、高コストなICカードを使わず、サーバで残高管理を行いカード媒体は磁気カードを使うサーバ型電子マネーが多いが、使える店がカードを発行しているケースが多く、すなわちイシュアーとアクワイアラーは同じお店ということになる。また、オンラインショッピングやオンラインゲームの利用代金、インターネット異性紹介サービスの会費や利用料などインターネットサービスによく利用されるカード媒体を使わないサーバ型電子マネーもある。WebマネーやBitCashなどが事例であるが、コンビニエンスストアで販売されている購入番号とパスワードを利用サイトで入力すれば、電子マネー事業者のサーバのプリペイド残高から利用サイトに利用代金を支払うことができ、ICカードや磁気カードなどの媒体は不要である。この電子マネーはスキームホルダーがイシュアーでもアクワイアラーでもあり、電子マネー事業者であるスキームホルダーが自ら消費者に電子マネーを販売し、直接加盟店を獲得している。ゆえに、必ずスキームホルダー、イシュアー、アクワイアラーが存在するわけではないが、これらの役割を個々の事業者が分担してスキーム全体を構成しているケースと、いくつかの役割を兼ねる事業者がいてスキーム全体を構成しているケースがあると

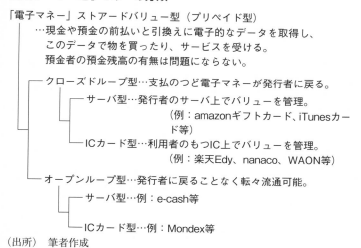

図表３－１　電子マネーの分類

「電子マネー」ストアードバリュー型（プリペイド型）
　　…現金や預金の前払いと引換えに電子的なデータを取得し、
　　このデータで物を買ったり、サービスを受ける。
　　預金者の預金残高の有無は問題にならない。

　クローズドループ型…支払のつど電子マネーが発行者に戻る。
　　　サーバ型…発行者のサーバ上でバリューを管理。
　　　　　　　（例：amazonギフトカード、iTunesカード等）
　　　ICカード型…利用者のもつIC上でバリューを管理。
　　　　　　　（例：楽天Edy、nanaco、WAON等）
　オープンループ型…発行者に戻ることなく転々流通可能。
　　　サーバ型…例：e-cash等
　　　ICカード型…例：Mondex等

（出所）　筆者作成

考えれば、やはり基本的には同じ構造であることがご理解いただけるであろう。

　前払式支払手段（プリペイド方式決済サービス）は資金決済に関する法律の適用を受けており、金融庁の認可団体である一般社団法人日本資金決済業協会が計数を公表している。日本銀行のIC型電子マネー８社の2018年の決済金額が５兆4,790億円であるのに対して、2018年度の前払式支払手段の年間発行額は24兆5,132億円となっている（図表３－２参照）。発行額ではなく使われた金額である回収額をみても、2018年度で24兆4,197億円となっており、キャッシュレス決済比率の分子にこの数字を使えば2018年の日本のキャッシュレス決済比率は約30.8％となるが、前払式支払手段には紙のギフトカードも含まれており、「キャッシュレス」というには少々無理があるように感じ

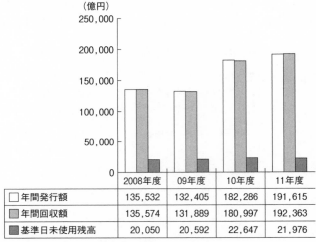

図表 3 - 2　前払式支払手段の発行額等の推移

（億円）

	2008年度	09年度	10年度	11年度
□ 年間発行額	135,532	132,405	182,286	191,615
▨ 年間回収額	135,574	131,889	180,997	192,363
■ 基準日未使用残高	20,050	20,592	22,647	21,976

（出所）　一般社団法人日本資金決済業協会ウェブサイト

る。仮に紙のギフトカードもキャッシュレス決済比率に算入す
るとなると、地方自治体が発行するプレミアム商品券も紙のギ
フトカードであるが、国や地方公共団体が発行する証票等は資
金決済に関する法律の適用除外となっており、前払式支払手段
の発行額には含まれていないため、キャッシュレス決済比率は
さらに高まる。キャッシュレス決済比率の定義がむずかしい要
因の1つである。

② 多くの実証実験の屍を超えた IC 型電子マネーの歴史

　現在国内で普及している IC 型電子マネーが最初に登場した
のは1999年の「Edy！」である。FeliCa を開発したソニーが実
験を行い、2001年に実用化した。ほぼ同時期に IC 乗車券とし

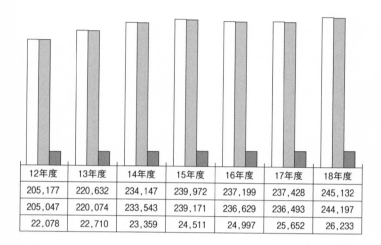

12年度	13年度	14年度	15年度	16年度	17年度	18年度
205,177	220,632	234,147	239,972	237,199	237,428	245,132
205,047	220,074	233,543	239,171	236,629	236,493	244,197
22,078	22,710	23,359	24,511	24,997	25,652	26,233

て Suica が登場したが、電子マネーとしてショッピングに利用
できるようになるのは2004年であり、当初は IC 乗車券として
改札でのみ利用可能であった。しかし実は「Edy！」が登場す
る前に数多くの IC 型電子マネーが生まれては消えている（図
表3-3参照）。ここでは、その歴史を振り返ってみたい。

　1996年のアトランタオリンピックをはじめ世界各国で実験が
展開された「VISA キャッシュ」は、日本では通商産業省の
「エレクトロニック・コマース推進事業」として、1997年10月
には神戸、1998年7月には「世界最大の電子マネー実験」とう
たって東京・渋谷で実証実験を実施した。Visa を発行する日
本の主要カード会社10社や都市銀行など大手銀行、メーカーな
どが参加し、プリペイドの使い切り型、リローダブル型、クレ

図表 3 － 3　主な IC カード型電子マネーの実証実験

時期	実験・プロジェクト名称	運営主体	電子マネー	場所	ICカード
1997年10月～1998年3月	スマートコマースジャパン	SCJ コンソーシアム	VISA キャッシュ	神戸	接触型
1998年2月～1999年3月	郵貯大宮 IC カード実証実験	郵政省	郵貯電子マネー	大宮	接触型
1998年7月～1999年10月	渋谷スマートソサイエティ	SSS コンソーシアム	VISA キャッシュ	渋谷	接触型
1999年4月～2000年5月	スーパーキャッシュ共同実験	スーパーキャッシュ協議会	スーパーキャッシュ	新宿	接触型
1999年4月～2004年3月	MEGAWEB	トヨタ自動車、JCB	独自	お台場	FeliCa
1999年12月～2004年3月	MONDEX	MONDEX 推進協議会、日本スマートカードソリューションズ	MONDEX	三鷹	接触型
1999年7月～実験 2001年11月～実用化	ゲートシティ大崎	ビットワレット	Edy!	大崎	FeliCa
2001年3月～実用化 2001年11月本格サービス開始	Suica 実証実験	JR 東日本	（IC乗車券）	埼京線	Suica（FeliCa方式）

（注）　そのほか、地方展開した IC カード、電子マネーは多数あり。
（出所）　筆者作成

176

図表3－4　渋谷スマートカードソサイエティの概略および各社の
　　　　　発行カード

【電子マネー名称】実験名称	【VISA キャッシュ】渋谷スマートカードソサイエティ
スケジュール	1998年7月～1999年9月
実験規模	【カード発行枚数】約10万枚　【利用件数】約9万件 【利用金額】1億1,645万円 【参加加盟店数】約800店舗＋自販機1,000台 【平均利用単価】1,400円
IC カードの種類	VISA キャッシュ（使い切り型）、VISA キャッシュ（リローダブル型） IC クレジットカード＆VISA キャッシュカード一体型、キャッシュカード（磁気）＆VISA キャッシュ一体型
参加企業	【カード会社】三井住友、DC、UC、ミリオン、日本信販、セゾン、しんきんクレジット、あさひカード 【金融機関】東京三菱、第一勧業、富士、住友、東海、あさひ、さくら、大和、横浜、平成信金 【加盟店】マツモトキヨシ、マクドナルド、本屋、CD ショップ
特記事項	Visa がブランドをあげて電子マネー実験を展開

（出所）　各社ウェブサイトなどより

ジットカード一体型、キャッシュカード一体型と4種類の接触型IC カードを発行して実用化を目指した。「VISA キャッシュ」は一部のカードの有効期限が到来する2002年頃まで継続し、その間にクレジットカードの IC 化が開始されている。

　「VISA キャッシュ」に参加しなかった三和銀行は、JCB、日立製作所、大日本印刷などと英国のナショナル・ウェストミンスター銀行が提唱し、英国の中央銀行であるイングランド銀行や Mastercard が実証実験を行った MONDEX を日本で展開

図表3－5　郵便貯金ICカード実証実験の概要・発行カード事例・
　　　　　端末事例

【電子マネー名称】実験名称	【郵貯電子マネー】　郵政省大宮ICカード実証実験
スケジュール	【第1フェーズ】1998年2月～1999年3月 【第2フェーズ】2000年2月～
実験規模	【カード発行枚数】6万4,000枚 【参加加盟店数】286店舗
ICカードの種類	郵便貯金キャッシュカード一体型カード（J-Debit対応） ICクレジットカード一体型カード（VISA、JCB、Mastercard）
参加企業	【郵便局】47郵便局　【カード会社】JCB、クレディセゾン、イオンクレジット 【参加企業】高島屋、丸井、イオン、マイカル、ダイエー、JR東日本、NTT、KDDなど
特記事項	郵貯口座からチャージ可能。自宅電話に移替端末を接続してチャージ可能。公衆電話、券売機利用。

（出所）　筆者作成

した。MONDEXはやはり接触型ICカードであったが、IC
チップ内に保持したバリューをハンディ端末に差し込んだ2枚
のカードの間で移すことのできる転々流通性をもつ電子マネー
として実用化が図られたものの、普及には至らなかった。一
方、MONDEXが搭載されたICカードのOS（オペレーティン
グシステム）は、ISO/IEC7816をベースとしたマルチアプリ
ケーション対応OSで、ITSEC[2]で最高レベルのE6を取得し
た高セキュリティのマルチOSとして、その後の多機能ICカー

2　情報技術の評価機関。

ド展開を支えた。

　海外ではほかにも、ドイツの「ゲルトカルテ」やフランスの「モネオ」など、さまざまな接触型ICカードの電子マネーが実証実験され、なかには実用化に至ったケースもあるが、後の日本の電子マネーほどの普及には至っていない。

　日本では、ほかにも1998年に郵政省がNTT、KDDなどと埼玉県大宮市で「郵便貯金ICカード実証実験」[3]を実施した。5万円を上限としたリローダブル型電子マネーの接触型ICカードを約7万枚配布するとし、デパートやスーパーマーケット、コンビニエンスストア、公衆電話などで使えたほか、JRの切符も買うことができた。電子マネーとしては実用化しなかったが、その後に郵便貯金の磁気ストライプのキャッシュ

図表3－6　郵便貯金ICカード実証実験のデータフロー

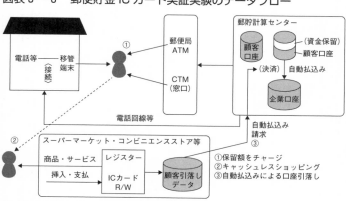

（出所）　総務省「平成11年版通信白書」

---

[3] http://www.soumu.go.jp/johotsusintokei/whitepaper/ja/h11/html/B3822000.htm

図表 3 - 7　郵便貯金 IC カード実証実験モニターの利用状況（1999年1月末）

（単位：件、円）

		累計	月平均
全体	件数	54,231	4,519
	金額	79,441,642	6,620,129
	（1件当り金額）	1,465	—
スーパーマーケット	件数	22,274	1,856
	金額	49,651,971	4,137,664
	（1件当り金額）	2,229	—
コンビニエンスストア	件数	18,644	1,554
	金額	14,297,843	1,191,487
	（1件当り金額）	767	—
百貨店	件数	2,650	221
	金額	12,031,918	1,002,660
	（1件当り金額）	4,540	—
公衆電話	件数	1,726	144
	金額	58,250	4,854
	（1件当り金額）	34	—
運輸	件数	8,937	745
	金額	3,401,560	283,463
	（1件当り金額）	381	—

（出所）　総務省「平成11年版通信白書」

カードを接触型 IC カードへ移行するための技術検証となった。

　また、NTT 情報通信研究所と日本銀行金融研究所が主体となり、1999年4月に都市銀行や長期信用銀行や信託銀行、大手

地方銀行など22行が参加する「スーパーキャッシュ共同実験」を東京・新宿で実施した。1枚の接触型ICカードで10万円までチャージできる電子マネー、デビットカード、キャッシュカードが利用でき、新宿のデパートや家電量販店で利用できるリアル実験と、インターネット上のショッピングモールで利用できるバーチャル実験を実施した。接触型ICカードはリアル店舗でチャージしてインターネットで利用することも可能で、各行がさまざまなデザインのカードを発行し、ポイントや電子チケットなど多彩なサービスが提供され、10万枚が発行される計画であった。しかし、その後のスーパーキャッシュ協議会の公表計数では発行枚数は約2万枚にとどまり、ここでも電子マネーの実用化には至っていない。

　当時、筆者は国土交通省や道路4公団にETCカードを提案し、カード業界代表幹事として自動車業界や電機業界とETCの実現に取り組んでいたが、ETCの場合はICカードでなければ入口情報を格納することができず、ICカードであることに大きな意義があった。一晩で全国の料金所に路側アンテナを設置することができない以上、入口情報は車載器ではなくICカードに書き込まなければ料金所のノンストップ走行を実現できなかったことから、ETCにおけるICカードの必要性が非常に高いことが一般消費者にも大変わかりやすかった。一方で、磁気カードでも十分に利用できており、万が一不正利用されても補償される決済サービスにおいては、当時まだ高額であったICカードに移行する費用対効果は見出しにくかったといえる。もちろん、長年決済サービスを提供してきたカード業界は、深刻化しつつある偽造カード被害に対抗すべくIC化の必要性を

図表 3 - 8　スーパーキャッシュ共同実験概要・カードとビューワー

【電子マネー名称】実験名称	【スーパーキャッシュ】　スーパーキャッシュ共同実験
スケジュール	【リアルモール】1999年 4 月～2000年 5 月　（バーチャルモール：1998年10月～）
実験規模	【カード発行枚数】約 2 万枚　【利用件数】約 5 万4,000件 【参加加盟店数】約900店舗　【平均利用単価】約5,000円
IC カードの種類	IC キャッシュカード一体型カード
参加企業	【金融機関】都市銀行 9 行、信託銀行 5 行はじめ24金融機関、NTTcom など 【参加企業】小田急百貨店、高島屋、紀伊国屋書店、ビックカメラ、am/pm、コスモ石油など
特記事項	リアル（対面）とバーチャル（インターネット）を 1 枚のカードで共用可能。銀行設置のチャージ機のほか、インターネットを介して自宅のパソコンや公衆電話から電子マネーのチャージを実現

（出所）　各社ウェブサイトなどより

認識していた。世界的に規格化の整備が進んで欧州を中心に普及し始めていた接触型 IC を推進したわけだが、自分が被害にあわないとその怖さが実感できない不正利用犯罪について、特にメリットを感じにくい消費者や加盟店の理解を得ることはむずかしく、プリペイドでオフライン決済できることがさほど魅力的には感じられなかったのだろう。これら接触型 IC カードを使った電子マネーは普及することなく、技術検証や対応ノウハウは知見として蓄積されたものの、サービスそのものは静かに消えていった。

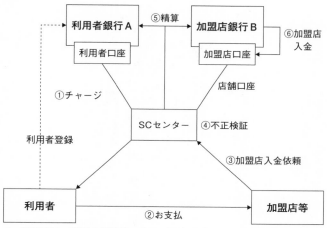

図表 3 - 9　スーパーキャッシュ実験の流れ

1．利用者は、銀行の利用者口座から預金を引き下ろし、同額のスーパーキャッシュの発行を受ける。
2．利用者は、加盟店などでスーパーキャッシュを支払う。
3．加盟店などは、利用者から支払われたスーパーキャッシュを SC センターに加盟店入金依頼する。
4．二重に加盟店入金されていないことの確認および偽造の有無をチェックする。
5．SC センターにおいて作成させたデータより、銀行間で精算を行う。
6．SC センターにおいて作成させた加盟店入金データに基づき、銀行は加盟店口座へ入金する。
（出所）　NTT コミュニケーションズウェブサイト

　このように振り返ると、これら1990年代後半に発生した電子マネーブームは、ちょうど現在のキャッシュレスブームでさまざまな QR コード決済が登場している姿に重なる。今後のキャッシュレス社会を展望する際にヒントとなる要素が多く、第4章に注意点とともに記述する。

　1999年になると非接触 IC の電子マネー「Edy！」が登場す

図表3−10　スーパーキャッシュで使える公衆電話

（出所）　当時の報道資料

る。Edy はもともと、複数の鉄道事業者が相互乗り入れする
乗車駅から降車駅の運賃を計算してわずか0.2秒の間に IC か
ら引き去る IC 乗車券「Suica」の実現のために、ソニーが開発
した FeliCa という非接触型 IC カードの応用展開として始まっ
た事業といえる。1999年から、東京の大崎で実証実験を行い、
2001年に実用化した。当初 Edy は、Euro、Dollar、Yen（日本
円）などの通貨に勝つという願いが込められ、その意気込みを
表すビックリマークを含めた「Edy！」が正式名称になってい
た。FeliCa は基本的には1ブロック16byte のブロック方式で
データを格納しており、複数ブロックを同時に処理することで
処理スピードの向上に特化した非接触型 IC カードである。当
時カード会社に勤めており、まだカード業界で最初の IC カー
ド担当者だった筆者は、ソニーで FeliCa を開発した技術者と

図表 3－11　スーパーキャッシュ利用実績

		件数	金額（平均金額：円）
チャージ	全体	19,573	272,818,109 （13,938）
	【内訳】銀行設置のチャージ機（39台）	11,094	189,788,660 （17,107）
	公衆電話（49台）	3,520	53,456,518 （15,187）
	バーチャル（パソコンから）	4,959	29,572,931 　（5,963）
支払	全体	47,457	225,119,133 　（4,744）
	【内訳】リアル（実際の店舗）	46,537	221,840,596 　（4,767）
	バーチャル（パソコンから）	920	3,278,537 　（3,564）

加盟店数	リアル	914店舗
	バーチャル	8 モール　81店舗

カード発行枚数	22,228

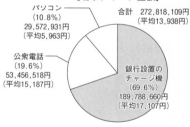

［端末チャージ件数］
合計　19,573件
パソコン（25.3%）4,959件
公衆電話（18.0%）3,520件
銀行設置のチャージ機（56.7%）11,094件

［端末チャージ金額］
合計　272,818,109円（平均13,938円）
パソコン（10.8%）29,572,931円（平均5,963円）
公衆電話（19.6%）53,456,518円（平均15,187円）
銀行設置のチャージ機（69.6%）189,788,660円（平均17,107円）

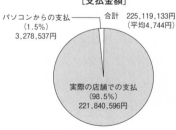

［支払件数］
合計　47,457件
パソコンからの支払（1.9%）920件
実際の店舗での支払（98.1%）46,537件

［支払金額］
合計　225,119,133円（平均4,744円）
パソコンからの支払（1.5%）3,278,537円
実際の店舗での支払（98.5%）221,840,596円

（注）　平成12年 3 月末　スーパーキャッシュ協議会より。
（出所）　NTT コミュニケーションズニュースリリース

それをサポートしていた印刷会社の IC カード部長に挟まれ、よく２人の技術談義を聞かされた。2001年に JR 東日本が IC 乗車券として Suica をスタートさせると、一般消費者に非接触IC の便利さが実感されるようになり、2004年に Suica でもショッピング利用が始まると、Edy と Suica は良きライバルとしてお互いに提携先や取扱加盟店を拡大するなど切磋琢磨して、接触型 IC の時代には普及しなかった電子マネーが普及し始めた。さらに2007年になると、セブン＆アイグループ各店舗でポイントが貯まる「nanaco」や、イオングループ各店舗でポイントが貯まる「WAON」、地下鉄・私鉄に乗るだけでもポイントが貯まる提携カードを提供する「PASMO」などが登場する。いずれも FeliCa ベースの電子マネー時代が幕開けを迎えた。

③　世界に先駆け非接触決済先進国となった日本の IC 型電子マネー

　接触型 IC カードによる電子マネーの紆余曲折を経た後、非接触型 IC カードの電子マネーの実証実験が始まり、実用化から現在の普及に至るのだが、それは必ずしも順風満帆ではなかった。なかでも最初に FeliCa で電子マネーを発行した Edy は、普及に相当な苦労をしている。

　1999年に「Edy！」は「大崎地区電子マネーモニターサービス」として大崎ゲートシティの５店舗で、モニター500人で実証実験を開始した。翌年にはモニターを１万人に拡大し、加盟店を増やして実験規模を拡大する。2001年にビットワレット株式会社が設立されサービスが実用化されたが、利用は低調で

あった。翌年7月には全国のコンビニエンスストア「am/pm」で利用できるようになったことが話題となり利用も増えたものの、まだ普及といえるほどではなかった。2003年にANAのマイレージをEdyに交換できるサービスがスタートし、クレジットカードのANAカードにもEdyが搭載されると、マイラーを皮切りに認知が高まりさらに利用が拡大したものの、当時はまだ「かざす」文化は世の中に浸透しておらず、総じて苦難の時代であったといえる。実は筆者も1999年にカード会社社員として、お台場にあるモビリティ体験型テーマパークでプリペイド（前払）方式とポストペイ（後払）方式のFeliCaカードを4万枚発行するプロジェクトに関与したが、決済業界のなかでも最新動向を情報収集する担当者やFeliCa関係者などの間でしか話題にならなかった。2000年には東京

図表3－12　ぱそまる2000 非接触IC買い物体験ブース

（出所）　筆者撮影

ビッグサイトで開催された「パソコン・マルチメディア博覧会（ぱそまる2000）」に、「近い将来、皆さんタッチで買い物するようになります」と非接触型ICカードで駄菓子を買い物する体験ブースを出展したが、話題になったのは非接触ICではなく、ブースの前に25名のコンパニオンやMCがズラリと並んだ姿の壮観さだった。

　しかし、2001年にIC乗車券としてサービスを開始した「Suica」が、2004年に電子マネーとしてショッピングでも利用できるようになると、それまで駅の改札でしか非接触ICを使わなかった消費者が、駅の売店で新聞や缶コーヒーを買うのに使うようになり、さらに駅ビルの店で買い物をするようになるなど、徐々に「かざす」文化が浸透し始める。「おサイフケータイ」が登場してからは、EdyやSuicaが搭載されるようになりモバイル決済が実現するなど、EdyとSuicaが切磋琢磨しながら日本の決済シーンの非接触IC化を促進していった。Edyは宮城のスーパーマーケットで「お札や小銭をこのカードに入れて使うと考えてください。小銭を数える必要がなくて便利です」と一般消費者に大変わかりやすく説明したうえ「おさいふカード」との名前をつけてサービス展開すると、毎月の利用額に応じて割引幅（％）が増えたり安売り情報が配信されたりといったサービスと相まって売上げが向上し、これがモデルケースとなってスーパーマーケット業界に電子マネーが普及していった。

　Edyは「電子マネーを導入すれば売上単価が上がる」とうたい、主要なコンビニエンスストアや高速道路のサービスエリアなどでも使えるよう加盟店獲得推進を強化した。当時まだク

レジットカードを取り扱っていなかったコンビニエンスストアでは、やはりキャッシュレスの導入において加盟店手数料が課題となった。であれば、常連客には自社の電子マネーを使ってもらうことで加盟店手数料の流出を防ごうと考えるのはきわめて自然な戦略である。セブン＆アイグループは2007年に独自の電子マネー「nanaco」をスタートさせた。その動向を察知したのか、イオングループも急ピッチで独自の電子マネーを開発し、「WAON」をスタートさせる。その約１カ月前には関東地区の民間鉄道会社や公営地下鉄が「PASMO」を開始、IC乗車券のみならず電子マネーとしても使えるよう展開した。これら主要な電子マネーの登場により、電子マネーはクレジットカードに次ぐキャッシュレス決済手段としておおいに普及する。コンビニエンスストアやスーパーマーケットで電子マネーが使われる姿は日常化し、各地域のバス事業者もPASMOを発行したことで駅周辺のみならずバス停周辺など住宅街でもSuicaやPASMOが使える店が増え、「駅ナカ」は「街ナカ」へと発展していった。こうして日本は世界に先駆けて非接触IC決済が普及した国になった。

　なお、同じFeliCaを使ったポストペイ（後払）方式の非接触IC決済も同時期に登場している。2005年にはジェーシービーが「QUICPay」を、NTTドコモが「iD」の発行を開始する。QUICPayはジェーシービーやトヨタファイナンスがカードを発行し、iDはNTTドコモの出資を受けた三井住友カードがプロパーカードに標準搭載するなど発行数の拡大に尽力し、タクシーなどビジネスマンの利用シーンを中心に加盟店を獲得するが、2007年に登場したnanacoやWAONにあっさり

図表 3 −13　主な非接触 IC 決済サービス

	前払式		
サービス名	楽天 Edy	Suica	PASMO
運営主体 （グループ）	楽天	JR 東日本	PASMO
サービス開始日	2001年11月 1 日	2004年 3 月 1 日	2007年 3 月18日
発行件数／会員数 （枚＋台）	1 億2,610万件 （2020年 2 月 1 日）	8,238万枚※ （2020年 2 月末）	3,844万件 （2019年 7 月末）
加盟店数／利用可 能箇所／端末数	74.5万カ所 （2020年 2 月 1 日）	34.3万店 （2020年 2 月）	16.5万店 （2019年 7 月末）
決済件数 or 金額／月	5,040万件 （2020年 2 月 1 日）	16,046万件 （2019年12月末）	4,805万件 （2019年 7 月末）

（注 1 ）　Suica の利用可能店舗数・決済件数は JR 東日本アクワイアリング分のみ。
（注 2 ）　※：Apple Pay 対応で急伸。
（出所）　筆者作成

と抜かれるなど伸び悩む時期が続いた。しかし2016年に日本で
Apple Pay がスタートすると、サーバ処理が根本思想の Apple
Pay の仕組みとポストペイ方式の QUICPay、iD は親和性が高
く、Apple が特別対応を行うことでプリペイド方式のオフライ
ン決済のまま搭載できた Suica とともに、Apple Pay でモバイ
ル決済を進展させた。

④　電子マネーで浮き彫りとなった決済サービスの課題

　一方、国際ブランド決済サービスとは異なる独自の決済サー
ビスを各社がバラバラに展開したことで、これまでみえていな
かった決済サービスの課題も浮き彫りになっている。

　第 1 章(1)⑥に記述したとおり、近接型非接触型 IC カードの
国際規格である ISO/IEC14443には Type-A と Type-B しかな

		後払式	
nanaco	WAON	QUICPay	iD
セブン＆アイ	AEON	ジェーシービー	NTTドコモ
2007年4月23日	2007年4月27日	2005年4月	2005年12月
6,835万件 （2020年1月末）	8,055万件 （2020年2月末）	1,569万会員※ （2019年12月末）	3,929万枚※ （2019年12月）
59.3万店 （2020年1月末）	67.6万カ所 （2020年2月末）	113万台 （2019年12月末）	106.4万台 （2019年12月）
1億7,152万件 （2020年1月末）	2兆592億円 （2016年2月末）	非公表	非公表

Suica・PASMO は、発行枚数・決済件数ともに買い物利用（乗車券利用は除く）。

い。デバイス（機器）間の非接触 IC 通信の国際規格である
ISO/IEC18092には FeliCa も含まれているが、近接型非接触型
IC カードの国際規格ではない以上、カード形状においては国
際規格ではなく、公共性の高い機関が国際規格に準拠していな
い製品を調達すれば WTO に提訴される可能性が生じる。その
ため、住民基本台帳カードもマイナンバーカードも、IC パス
ポートも IC 運転免許証も、これだけ日本国内に FeliCa 端末が
普及しているにもかかわらず Type-B である。さらに IC チッ
プとサーバの間で授受するデータの電文仕様は、世界中のほと
んどの金融機関では接触型 IC カードと同じ ISO/IEC7816の電
文仕様に準拠しており、FeliCa の電文仕様とは大きく異なる。
筆者も日本人として日本の技術が世界に広がってほしいと願っ
ているが、世界中で使える国際ブランド決済が、国やブランド

や支払方法を超えて世界中で共用を実現済であるデータ仕様「EMV」はISO/IEC7816やISO/IEC14443に準拠しており、各国の金融機関もこのEMV仕様に対応したシステムを構築していることに鑑みれば、FeliCaを海外の金融機関に展開することは非常にむずかしいことがおわかりいただけるであろう。ただし、だからといってFeliCaが消えるというわけではない。FeliCaはスピードに特化した非接触ICであり、瞬時に乗車駅を認識して運賃を引き去る日本のIC乗車券のように、スピード重視の環境では重宝する。そのように目的に応じて活用する技術として、海外でも採用されるシーンは今後も増えるだろう。

　なお、日本国内でFeliCaのことをType-CとかType-Fなどと呼ぶ方がいるが、ISO/IEC14443にはType-CやFとの規格は存在しない。ISO/IEC14443では、1996年頃にISO/IECのワーキングがType-A、B以外の非接触型ICカードの規格化を検討した際に、世界中から「われこそType-C」と名乗る非接触型ICカードが集まったことがある。当時ISOでは、これらを一覧表にまとめて、Type-CからType-Jくらいまでずらりと規格案が並んだ。その際にType-CにFeliCa、Type-Dにはシカゴの交通ICカードが並んでいたと記憶する。しかし、それらType-C以降の規格は詰まるところType-AやType-Bをカスタマイズしたものにすぎないと整理され、結局Type-AとType-Bだけが残っている。この前後で長い期間「われこそType-C」を名乗っていたのがFeliCaであり、他国の関係者もFeliCaのことをType-Cと呼ぶこともあるが、よくよく確認すると彼等は「日本人がよくType-CといっているFeliCa」と、話し相手の日本人が理解しやすいように気を遣ってType-Cと

呼んでいるにすぎない。Type-F に至っては、FeliCa の頭文字を使ってFだという人もいれば、IC チップの汎用 OS である"Global Platform"の仕様として Type-F と表記したことを指している人もいるが、WTO を懸念する必要のある真の意味での公的国際規格は ISO、IEC、ITU の３つである。それらの国際規格に非接触型 IC カードの規格として FeliCa を Type-F と定義あるいは記載したものはないことを理解したうえで、理解し合えるもの同士が愛称のように Type-C や Type-F と呼んでいるにすぎないと認識したうえで使ったほうがよいだろう。

この FeliCa を使った日本の電子マネーは、Visa やMastercard などのような複数国際ブランドや国や支払方法（デビットもプリペイドもクレジットも）を超えて１台の端末で読み取って処理できる国際ブランド決済とは異なり、独自の端末と独自のネットワーク、独自のセンターという独自インフラの塊になっている。最近は大型チェーン店のPOSレジやリーダー／ライターなどで複数の電子マネーが使える端末も増えているが、基本的には POS レジや汎用リーダー／ライターという大きな箱のなかに各電子マネーの IC モジュールが入っている構造と考えるとよい。ちょうど電子マネーが出始めた2000年代初めに、家電量販店のレジに「Edy 用」「iD 用」「Suica 用」など各電子マネーのリーダー／ライターが並んでいたように中身はバラバラであり、接続先のネットワークやセンターもバラバラである。そのような独自端末と独自ネットワークを各々の電子マネー事業者が維持していくには相当なコストがかかる。１件の買い物のわずか２％程度の手数料をかき集めてビジネスにする決済サービスにおいて、１台数万円の端末コストを負担して

加盟店に提供し、ネットワークやセンターを運営する事業性がいかに厳しいかは想像にたやすい。決済サービスは実は超薄利多売の装置産業である。ゆえに世界中の金融機関は国際規格に準拠することでインフラコストを低く抑えて、決済サービスを展開しているのだ。

　日本の電子マネーのように独自端末、独自ネットワークでは事業継続性に大きな課題が生じる。象徴的な事例がEdyであろう。セブン＆アイグループのnanacoやイオングループのWAONのように端末コストやネットワークコストをグループ加盟店のPOS改修コストやその店舗システムでまかなうことができない独立系電子マネーだった「Edy」は、2001年のサービス開始以降毎年インフラ整備コストを主因に30億円や50億円の赤字を計上していたが、10年後の2011年には累積赤字が363億円にふくらみ、約30億円で楽天に買収され「楽天Edy」になった。「楽天Edy」はその後、楽天グループにおいて楽天経済圏を成す重要な役割を担うことから、買収されたことについて良い悪いと短絡的な評価を行うものではないが、ここでは決済サービスが「装置産業」で超「薄利多売」なビジネスであり、事業性確保にはボリュームの確保と効率的インフラの構築・運用が命題となることの例として記述しておく。さらに決済サービスは、前払いでは供託金、後払いでは立替金が必要であったり、些細な業務負荷の積み重ねが塵も積もれば山となるとばかりに事業性に影響したり、不正や未収リスクなど事業性に大きな影響を及ぼす潜在課題が数多く存在することを認識しなければならない。そして、事業性を確保すべく数多くの会員と加盟店を集めれば集めるほど日本の経済活動全般に大きな影

響を及ぼす存在となるため、「他の本業で稼ぐから決済サービスは手数料不要」との事業モデルを良しとした場合、万が一他の本業が不振になった際に、加盟店に取扱代金が支払われないなど急遽決済サービスを継続できなくなるような事態が発生すると、国の経済活動に大きな影響を及ぼしかねないということも意識する必要がある。第4章でも触れるが、FinTech やキャッシュレスの流行で新たな決済サービスが生まれるにあたり、おおいに注意すべき点である。

⑤ 「電子マネー＝非接触IC」とのイメージが引き起こした悲劇

欧州では EU 指令によって汎用的に使えるプリペイドカードは金融機関しか発行できない。米国も同様である。第1章(3)④で紹介したロンドン市交通局の IC 乗車券 "Oyster" は、発行者のロンドン市交通局が2009年に「地下鉄やバス以外に、駅のキオスクや街中のコーヒーショップなどでも利用できるようにする」とプレス発表したが、この EU 指令によって英国でも汎用決済プリペイドカードは金融機関しか発行できない法律が制定されることとなり、「乗車券以外の物販には展開しない」と先のプレス発表を撤回する発表を行った。ロンドン市交通局が IC 乗車券で汎用決済できる展開を行っていたら、Visa や Mastercard の非接触IC で改札を通れる現在の風景は異なるものになっていたかもしれない。

EU 指令の PSD（Payment Service Directive）により欧州では、さらに米国など多くの国でも、クレジットカードもデビットカードも汎用プリペイドカードも金融機関が発行している。

言い換えると金融機関が、前払い、即時払い、後払いの決済サービスを提供しているのである。使える場所や端末は共用できる必要性が高く、1台の端末で、前払いも即時払いも後払いも取り扱えるうえ、国際ブランドによって異なる国の決済サービスも、異なるブランドのカードも取り扱うことができる。さらに、端末でカード情報を読み取る手法も、磁気カード、接触型ICカード、非接触型ICカードとどの種類のカードでも、国際ブランド決済では世界的に相互利用できる環境が整っている。ここで大事なポイントは、支払方法と端末インターフェイスは別物であり、さまざまな組合せで展開されている点である。

　しかし日本ではこの点が混同されている。「電子マネーは前払いで非接触型ICカード」「クレジットカードは後払いで接触型のICカード」と支払方法と端末インターフェイスをセットにして認識されることが多い。特に非接触IC電子マネーの登場がその混同を招く要因になったようだが、今後、クレジットカードやデビットカードも非接触型ICカードやNFCで端末にタッチして支払うようになることを見越すと、支払方法と端末のインターフェイスは別物であり、いかようにも組み合わせてサービスをつくりだすことが可能であると理解すべきである。

　この混同が招いた不幸な事象も発生している。2014年、auはMastercardブランドを付したブランドプリペイドカードを発行した。基本的には磁気カードのプリペイドカードで、auの携帯電話を利用して貯まったポイントを電子マネーとして使えるサービスであるが、テレビコマーシャルで有名なタレント

が「どこでも使える電子マネー！」と大々的に宣伝したところ、コンビニエンスストアのレジでかざそうとする客や、「電子マネーで払います」という客に「かざしてください」という店員が続出した。磁気カードであるから当然 FeliCa の端末には反応はしないのだが、消費者はどの電子マネーのボタンを押せばよいのかわからずにレジが渋滞したり、店員が電子マネーボタンを押すオペレーションのコンビニエンスストアでは店員がどのボタンを押せばよいのかわからずレジが滞留したりする事態が多発し、コンビニエンスストア各社や客から au に苦情が殺到した。その結果、テレビコマーシャルのセリフは、磁気カードをスワイプすると瞬時にスマホアプリにポイントが貯まることを表す「シュッとしてチャリーン」に変更されている。これはまさしく、「電子マネーは非接触 IC でかざして使う」と刷り込まれていたために発生したトラブルであろう。au は悪くない。今後、決済サービスにもさまざまな技術が活用されるが、ユーザーと加盟店の間でどのような方法でデータ授受がなされるかというインターフェイスと後払いか前払いかとの支払方法は別物であり、いかようにも組み合わせることができると認識する必要がある。

⑥ iPhone の FeliCa 対応がもたらす Apple Pay の功罪

2014年10月、米国で Apple Pay がサービスを開始した。国際ブランド決済カードを iPhone に登録し、国際ブランド決済の加盟店の非接触 IC 端末で iPhone をかざせば支払ができる。2015年には英国やカナダ、オーストラリア、2016年には中国やシンガポールなど Apple Pay が利用できる国は拡大し、2016

年10月、ついに日本でもサービスを開始した。しかし他国とは様相が異なる。Visa のカードを登録しても日本国内の Visa 加盟店の非接触 IC 端末では使えなかったのだ。かわりに QUICPay や iD の加盟店で使えるという。どういうことか？　Apple は、FeliCa が普及済の日本市場にあわせて FeliCa で Apple Pay が使えるようにしたのだ。超特別待遇である。しかしこれによって日本の決済シーンはますます混迷を極める。

　たとえば、筆者は三井住友カードの ANA Visa カードをよく使うが、このカードには Visa のほか、裏面に Edy のマークが載っている。しかしこのカードを Apple Pay に登録すると、Visa でも Edy でもなく、iD として登録されるのだ。何が起こったのか？

　他国の Apple Pay のほうがシンプルでわかりやすいので、まずは米英をはじめとした海外諸国の Apple Pay の仕組みから説明する。Apple Pay は、iPhone のホーム画面に最初から表示されている Wallet アプリをクリックするとカードを登録する画面に遷移するので、そこでクレジットカードやデビットカードを登録する。登録できるのはカード発行者が Apple と提携しているカードであり、Apple と提携していないカード発行者のカードは登録できない。カードを登録すると、登録したカードに 1 対 1 で別番号「トークン ID」が発行され、以降、Apple Pay として iPhone をかざして支払をするときにはこの「トークン ID」を加盟店端末の間で送受信する。トークン ID は第 1 章(1)で解説した ISO/IEC7812の ID 番号体系に準拠しており、国際ブランドが ISO から取得した IIN（カード発行者識別子）が含まれている。ゆえに端末で読み取られたトークン

ID がブランド会社に送信されるが、ブランド会社はカード登録時からトークン ID に紐づく元のカード番号を管理しているので、どこの国のどのカード発行者が発行したカードの利用なのかを特定でき、カード発行者（イシュアー）に元のカード番号でデータを送信することで、通常のブランド決済と同じデータの流れにのっとり、決済が完了する。

　この時の非接触 IC は、国際ブランド決済カードが準拠する ISO/IEC14443すなわち Type-A/B であり、国際ブランド加盟店の非接触 IC 端末設置店で使える。Visa、Mastercard、American Express、銀聯などの国際ブランドが使える非接触 IC 端末は世界中どこでも Type-A/B の端末なので、Apple Pay に登録したカードと同じブランドの加盟店で非接触 IC 端末設置店であれば、Apple Pay マークの表示の有無にかかわらず、どこの国のカードを登録しても、どこの国の加盟店でも、支払が可能となる。国際ブランド会社は元のカード番号とトークン ID の組合せを TSP（Token Service Provider）として管理しているので、イシュアーは新たにトークン ID を生成したり管理したりする仕組みをつくる必要もなく、Apple Pay に発行カードが登録されれば、仮にユーザーがカードの入った財布を自宅に忘れても、iPhone があれば世界中の国際ブランドの加盟店で利用することができる（第4章図表4 - 7参照）。

　しかし日本の Apple Pay は少し違う。まず国際ブランド決済カードとは無関係に「Suica」が登録できる。海外の国際ブランド決済カードがすべてオンライン接続してデータを処理するのに対して、「Suica」はオフラインで利用が可能である。これは Apple Pay のシステムの根本思想と真逆であり、これを

図表 3 - 14　イシュアー別「iD」「QUICPay」判別表

カード発行会社例	FeliCa 加盟店
ジェーシービー	
トヨタファイナンス	
クレディセゾン、UC カード	
オリコ	
ビューカード	
楽天カード	
KDDI（au Wallet）	
三菱 UFJ ニコス	
American Express	QUICPay加盟店
アプラス	で利用可能
エポスカード	
ジャックス	
UCS カード	
三井住友カード	
NTT ドコモ（d カード）	
イオンクレジット	
ソフトバンクカード	
セディナ	iD加盟店
ポケットカード	で利用可能
ライフカード	

（出所）　筆者作成、ブランド画像は各社ウェブサイトより

EC&Type-A/B 加盟店	備考
JCB	FC やセブンカードなど業務受託分も対応。
JCB、Mastercard	J/M ブランドで EC、Inn-Ap 利用可を明記。
American Express、JCB、Mastercard	AX、J、MC ブランドでの EC、Inn-Ap 利用可明記。
Mastercard、JCB	全カード対応、J/M ブランドで EC 利用可明記。
JCB、Mastercard	ブランド制限なく EC、Inn-Ap 利用可と記載。
Mastercard、JCB	少し遅れて（2016年10月25日より）対応開始。
Mastercard	当初クレジットカードのみ対応、後にプリペイド追加。
Mastercard	MUFG カードのみ対応（AX、JCB、銀聯除く）。
American Express	EC や Inn-Ap は AMEX ブランドとして決済可と明記。
JCB、Mastercard	J、MC ブランドでの EC、Inn-Ap 利用可を明記。
―	発行カードが Visa ブランドのみで、EC 利用言及なし。
Mastercard、JCB	非接触端末推進強化中、MC、J の EC、Inn-Ap 利用可。
Mastercard、JCB	2016年8月接触IC カード化、2017年3月 Apple Pay 対応。
Mastercard	BC 発行カードも対応。
Mastercard	「d カード」クレジットのみ、MC は EC、Inn-Ap 可。
Mastercard、JCB	ブランド制限なく EC、Inn-Ap 利用可、G 利用可。
―	プリペイドカードでも Apple Pay 利用可。
Mastercard、JCB	提携カードも対応、MC、J で EC、Inn-Ap 利用可。
Mastercard、JCB	MC、J ブランドで EC、Inn-Ap 利用可。
Mastercard、JCB	MC、J ブランドで EC、Inn-Ap 利用可。

└iOS11以降 Type-A/B 加盟店で利用可能

実現するのには相当な年月と苦労を費やしたであろうと推測できる。

　他の決済カードについては、カードを登録するところまでは他国と同じである。しかしカードを登録した際にカードと同じ国際ブランドのトークン ID のみならず、日本独自の非接触 IC 決済である「iD」か「QUICPay」どちらかのトークン ID も一緒に取得しており、日本国内のリアル店舗での決済は基本的に「iD」か「QUICPay」の加盟店で、「iD」か「QUICPay」として支払うことになる（第 4 章図表 4 - 8 参照）。どうやら iPhone のシェアが高い日本の小売店には Type-A/B ではなく FeliCa 端末が普及していることを受けて、さらには日本の IC 交通乗車券「Suica」を搭載する方針の影響もあり、iPhone に FeliCa を搭載して日本国内では FeliCa ベースの非接触 IC 決済に対応するという判断を Apple が下したようだ。これは世界共用決済サービスを目指す Apple の方向性に照らすと非常に大きな決断であったと考えられる。しかしそれにより、日本の消費者にとって Apple Pay は余計に複雑な決済サービスになったといえる。海外の店では登録したカードと同じ国際ブランドの加盟店で決済できるが、日本国内は「iD」か「QUICPay」の店で決済するのだ。しかも日本のクレジットカードの売上データは国際ブランド会社のネットワークを経由しないため、国際ブランド会社の TSP を経由することができず、ブランド会社として TSP でセキュリティ管理を行う Visa はまだ日本の Apple Pay では利用できない。今後、ブランドネットワークを経由している Visa デビットや Visa プリペイドであれば、日本の Apple Pay でも Visa カードが利用できる可能性は高いと考え

られる。仕組みと Visa のポリシーから想像すると、Visa が
ワールドワイドオフィシャルスポンサーを務める東京オリン
ピック・パラリンピックまでには、日本の Apple Pay で Visa
のクレジットカードが使えるようになるのであろう。

　自分のもっているカードを登録すると「iD」か「QUICPay」
のどちらで登録されるのかは、イシュアーによる。すなわち、
Apple Pay にカードを登録する際にカード番号の頭6桁の IIN
でイシュアーを識別して提携先イシュアーか否かを判別して
「iD」か「QUICPay」かを判断しているのだ。図表3−14のと
おり、イシュアー各社は事前に「iD」の NTT ドコモと提携す
るか、「QUICPay」のジェーシービーと提携するかを決めてい
る。イシュアーである複数のカード会社にどのような理由でど
ちらに決めたのかを確認したところ、もともと異業種から決済
事業に参入して、三井住友カードに出資することなどで主に会
員や加盟店を増やすことやポイント付与に注力してきた NTT
ドコモよりも、もともとブランド会社として自社以外のカード
会社に対してもさまざまなサポートを提供してきたジェーシー
ビーのほうがサポートが充実しているようで、多くのカード会
社から受けがよかった。筆者自身が複数のカード会社の Apple
Pay 担当者に話を聞いて回った結果、両社の対応には雲泥の差
があったという声は多かったのだが、筆者がジェーシービー出
身であることに気を遣った面もあるかもしれない。

⑦　FeliCa 対応した Apple Pay に nanaco、WAON は載る
　　か？
2016年10月に日本で Apple Pay がサービスを開始したころ

によく目にした記事は「nanaco や WAON はいつ搭載される
のか」である。鋭い読者はすでにお気づきであろう。前述のと
おり、Suica は超特別対応であり、Apple Pay の基本構造はオ
ンライン処理である。加盟店端末で読み取ったトークン ID を
ブランド会社に飛ばして元のカード番号に直してイシュアーに
連携する。日本では Apple Pay に登録された「iD」か
「QUICPay」のトークン ID を「iD」もしくは「QUICPay」の
加盟店端末が読み取って「iD」か「QUICPay」の TSP に飛ば
し、トークン ID を元の「iD」や「QUICPay」番号に直してイ
シュアーに連携する。電子マネーのタイプでいえば、サーバ管
理型のシステムといえる。ゆえに、サーバ管理型の電子マネー
であれば親和性は高いが、nanaco も WAON もカード側の IC
チップで残高を管理する IC 管理型である。よっていまのまま
では nanaco も WAON も Apple Pay に搭載されることはむず
かしいといわざるをえない。Apple が Suica 同様に超特別対応
を行うか、nanaco や WAON がサーバ管理型に改修するか、
どちらかでなければ搭載は困難であろう。

　しかし日本人のスマホユーザーの 6 ～ 7 割が iPhone といわ
れた寡占状態は、徐々に変化の兆しをみせている。Suica で超
特別対応と思われた、Face ID などの認証不要でオフラインで
IC のアプリの残高を引き去る「エクスプレスカード対応」が
Suica 以外の決済サービスに適用する動きもみられる。そもそ
も Suica でできている対応は、技術的には nanaco や WAON
でもできるはずである。となれば nanaco や WAON も Apple
Pay で使えるようになる可能性は十分にあると考えられる。ス
マホの機種別シェアの推移も、2016年10月に日本で Apple Pay

がサービス開始した頃よりも、Apple Pay 側が歩み寄ってきてくれやすい状況になってきたように思われる。だとすれば、nanaco や WAON が Apple Pay に搭載される日は案外近いのかもしれない。

⑧　日本の電子マネーや IC 乗車券の海外進出を阻む本当の理由

　日本は世界に先駆けて非接触 IC が普及した。駅の改札機で Suica や PASMO をかざす人は非常に多く、なかには携帯電話をかざして改札を通るユーザーもみられる。コンビニエンスストアのセブン - イレブンやローソン、ファミリーマートや総合スーパーマーケットのイオンでも非接触型 IC カードをかざして買い物するシーンはもはや珍しくも何ともない。そして日本の非接触 IC 化を支えてきたのが FeliCa であることは疑いようのない事実である。であれば FeliCa を世界に誇る日本の技術として輸出しようではないか、との声が出てくることはきわめて自然である。しかし、ではなぜ日本の鉄道を輸出する際に FeliCa の IC 乗車券をセットにしても、FeliCa を開発したソニーが一生懸命 NFC フォーラムで Type-A/B と FeliCa の調和を図っても、海外では FeliCa ではなく Type-A/B が普及するのか。考えられる答えは大きく 3 つほどありそうだ。

①　国際規格

　第 1 章(1)に記述したとおり、国際規格とは準拠しなければ WTO 違反ではないかと提訴される可能性が生じる ISO、IEC、ITU の 3 つを指し、近接型非接触型 IC カードの国際規格は ISO/IEC14443で、そこには Type-A/B しか規格化されて

いない。FeliCaが機器間の非接触IC通信規格であるISO/IEC18092に規格化されていることを根拠とするのであれば、カード型ではなくデバイス間のみで非接触IC通信を行うサービスでなければ採用されにくい。しかし実際のサービスにおいてデバイス限定でカードを発行しないケースはまれであり、ISO/IEC14443の存在は非常に大きい。

② コスト

　FeliCaはスピードに特化して同時並行的にデータを処理する「縮退技術」という特殊な処理方法を採用している。また、ISO/IEC14443に準拠していないことで、ワールドワイドにみて採用事例は少ないといわざるをえず、Type-AやType-Bほどの製造量には至らない。ICチップの製造コストは製造量に大きく左右されるため、世界規模で量産されないFeliCaには分が悪い。日本でいかにFeliCaベースの電子マネーが普及したとしても年間の総発行枚数は4億枚程度であるが、片やType-Aの代表格であるMifareは数十億枚と桁が違う。さらに特殊な処理方法を採用していることで、ソニー以外のメーカーがFeliCaを製造しようとしても特許権の問題で、廉価に製造することが困難となっている。広く複数メーカーが製造できない体制がまたコストに影響を及ぼすという悪循環が発生している。

③ 金融機関のデータ仕様

　前述のとおり、世界中の金融機関が構築・運用している決済データの仕様はISO/IEC7816ベースのEMV仕様に対応している。ISO/IEC7816のデータ仕様は、コンピュータでよくみられる多層のファイル構造となっているが、スピードに特化した

FeliCaはこの構造とはまったく異なる独自のデータ仕様であり、世界中の金融機関がわざわざ媒体の1つのデータ仕様のためにシステムに手を入れるとは考えにくい。加盟店端末とカードまたは携帯電話移動機の間のインターフェイスである非接触IC通信にばかり目が行きがちであるが、そこで授受してバックヤードのサーバなど金融機関に送られて処理されるデータの仕様が金融業界の標準仕様と異なるFeliCaは、少なくとも海外の金融業界では採用されにくいといわざるをえない。

　ISO/IEC7816というICチップのデータ仕様の国際規格に準拠していないデータ仕様である以上、国際規格を気にする公共系サービスの調達においても採用されにくいといえよう。

　以上のような理由により、日本人として、はたまたSONYの1ファンとしても世界に広がることを強く望むFeliCaであるが、採用側の事情を詳しく調べれば調べるほど、なかなか厳しいとの見通しをもたざるをえない。しかし金融取引だけが非接触ICの使いどころではない。社員証や学生証などの職域カード、ヘッドフォンをタッチするだけで接続できる音響機器、何より日本が世界に誇る鉄道技術に付随するスピーディな運賃計算を可能とするIC乗車券など、非接触ICの用途はたくさんある。今後、日本のように鉄道が発達してスピーディな課金や複雑な計算機能が求められるケースが増えれば、近接型非接触型ICカードの国際規格が見直される可能性もある。筆者も日本発の技術が世界に広まることを願ってやまない。

(2) ブランドプリペイドカードの仕組みと課題

① トラベル、バーチャル、GPR、実はいろいろな種類があるブランドプリペイドカード

　日本では、Visa や Mastercard などの国際ブランド決済カードはクレジットカードとして認知されてきた。しかし海外ではデビットカードとしても普及しているほか、プリペイドカードとしても普及しており、ドラッグストアやスーパーマーケットのレジ近くには「25ドル」「50ドル」「100ドル」などと表示された Visa や Mastercard、American Express のプリペイドカードが陳列販売されている。それらのカードはレジで当該金額を支払うことでイシュアーに当該プリペイド額が支払われたことが連携され、イシュアーのサーバでプリペイド残高の管理が開始され、カードが有効化される。POSでカードがアクティベート（有効化）されることから、POSA カードと呼ばれる。ちなみに POSA カードは米国のアトランタに本社を置くインコム株式会社が特許を取得した技術であり、日本ではインコム・ジャパンの登録商標となっている。米国で POSA カードが普及した背景は(3)のギフトカードで後述する。

　日本では、au Wallet が Mastercard ブランドのプリペイドカードを発行して大々的にテレビコマーシャルを展開して「ブランドプリペイド」の認知が高まった。実際には日本でも au Wallet が発行開始されるより少し前からブランドプリペイドは発行されており、図表 3 –15のとおり大きく 4 種類に分類することができる。

a) トラベルプリペイドカード

　実は現在のようにブランドプリペイドがメジャーになる前から、ひっそりと利用されていたのがトラベルプリペイドカードである。筆者がクレジットカードをもっていない大学生の頃、海外旅行に行く際には、高額の現金を持ち歩くのは危険としてAmerican Express のトラベラーズチェックをもっていったものであった。いわゆる小切手で、支払の際に店頭でサインをして渡すことで紙幣のように使ったのである。しかし2014年3月末に日本国内ではすべてのトラベラーズチェックが販売を終了してしまった。では、大量の現地通貨をもっていくわけにはいかないが、クレジットカードをもっていない旅行客はどうすればよいのか。その解決策として登場し、いまでも利用されているのがブランドプリペイドである。JTB などの旅行代理店の窓口で、旅行を申し込んだ際に旅行中に使うであろう金額を前払いして、Visa や Mastercard のブランドプリペイドカードを発行してもらう。海外に行った際には、JTB の窓口で前払いしたプリペイド残高を拠り所として、当該カードで Visa や Mastercard の加盟店で買い物したり、ATM で現地通貨を引き出したりすることができる。プリペイドカードなので審査が不要ですべての申込者100％に発行が可能であり、現金を持ち歩かなくて済むので安全である。旅行代理店のほか、カード会社や外貨両替商なども発行している。ただし、海外でしか使えないよう利用可能範囲を制限しているケースが多い。

b) バーチャルプリペイドカード

　バーチャルプリペイドとは、オンラインショッピング専用のブランドプリペイドである。インターネットなどのオンライン

図表 3 − 15　国際ブランドプリペイドの分類

分類	国際ブランドプリペイドカード	
	a）　トラベルプリペイド	b）　バーチャルプリペイド
概略	事前入金額内で、海外の国際ブランド加盟店で買い物やキャッシングできるカード。	EC 専用カード番号を発行し、クレカや口座チャージのうえ EC 利用時に同番号入力で決済。
利用先	・海外のブランド加盟店、ATM	・EC の国際ブランド加盟店
特徴	・**外貨両替の代替手段** ・長期滞在者へ送金可能 ・申込者100％に発行可能 ・海外店舗、ATM 利用可能 ・為替等の手数料あり	・**安全な EC 決済（クレジットカード代替）** ・クレジットカード取扱店利用可 ・申込者100％に発行可能 ・手数料や有効期間あり ・無記名式の不正使用多発
事例 サービス名 （発行者） （ブランド）	・MoneyT Global（JTB）〈V〉 ・NEO MONEY（クレディセゾン）〈V〉 ・Visa TravelMoney（JACCS）〈V〉 ・キャッシュパスポート（Travelex）〈M〉 ・GAICA（アプラス）〈V〉 ・Moanepa Card（マネーパートナーズ）〈M〉	・V-PreCa（ライフ）〈V〉 ・e-さいふ（MUN）〈V〉 ・ドコモワンタイムカード〈V〉 ・バニラ Visa（SBI カード）〈V〉 ・楽天バーチャルプリペイドカード（楽天カード）〈M〉 ・inControl カード〈M〉

〈V〉：VISA、〈M〉：Mastercard、〈J〉：JCB
（注）　GPR：General Purpose Reloadable
（出所）　筆者作成

　ショッピングでクレジットカード番号を入力するのが怖いと感じたことはないだろうか？　クレジットカード番号を入力した店が情報漏洩を起こしたりハッキングされたりすると、消費者が入力したカード情報も流出し、他のオンラインショッピングで不正利用されたり偽造カードをつくられて不正利用されたり

c) ホワイトレーベル	d) 汎用プリペイド（GPR[注]）
国際ブランドカードの仕組みを活用したハウスプリペイドカード。	事前入金額内でクレジットカードと同様に使えるブランドプリペイドカード（使い過ぎ抑止）。
・発行会社や提携先店舗	・国際ブランド加盟店
・効率的なハウスカード実現 ・汎用化も可能 ・申込者100％に発行可能 ・端末、NWの流用可能 ・事例はまだ少ない	**・国内外＆EC加盟店利用可能** ・端末、NWの流用可能 ・申込者100％に発行可能 ・活用事例増加中
・ユニクロオンラインギフトカード（クレディセゾン）〈V〉 （2015年10月30日新規購入終了） ※ハウスプリペイドカードへの活用が見込まれる	・ココカラクラブカード（セゾン）〈V〉 ・au Walletカード（Webマネー）〈M〉 ・Softbankカード（SFPS）〈V〉 ・おさいふPonta（クレディセゾン）〈J〉 ・LINE Payカード（LINE Pay）〈J〉 ・ANAプリペイドカード〈V〉

する可能性がある。実際に日本でも通信教育の会社で2,600万件ものカード情報が漏洩したり、決済サービスのゲートウェイや金融機関のペイメントサービスのシステムを担う企業がセキュリティコードを含むクレジットカード情報を漏洩したり、海外では国際ブランド会社が数千万件にのぼるカード情報を盗

まれたりしている。情報漏洩も不正利用も他人事ではないが、自身の力の及ばないところで自分の情報が流出されてしまっては防ぎようがない。このような情報漏洩が発生したとしても、被害を最小限に抑える方法にバーチャルプリペイドカードがある。

　バーチャルプリペイドカードは、オンラインショッピング専用のプリペイドカードで、自身が保有するクレジットカードから一定の金額を購入して入金しておくことができるサーバ型電子マネーのようなサービスである。このサーバ型電子マネーのプリペイドカード番号は、クレジットカードと同じ国際規格やブランドレギュレーションに準拠した番号なので、インターネットなどでつながる世界中のオンラインショッピング加盟店で利用することができる。なおかつ万が一カード番号が流出しても、プリペイド残高の範囲内でしか利用できないので不正利用を最小限に防ぐことも可能である。ライフの「Ｖ・プリカ」を筆頭に、三菱 UFJ ニコスの「e-さいふ」[4]、SBI カードの「バニラ Visa オンライン」[5]などさまざまな国際ブランドのプリペイドカードが発行された。しかし組織的犯罪集団に目をつけられるようになり、犯罪に活用されるケースが増えた。EC 用のバーチャルプリペイドカードはリアル店舗のように不正利用するために買い物に行って捕まるリスクがないことから不正利用にトライしやすく、もともとは匿名性がバーチャルプリペイドの大きな特徴であり、不正利用されやすい性質であったといえる。資金決済法や犯罪収益移転防止法上、匿名性をもつこ

4　2019年 4 月にサービス終了。
5　2017年 4 月にサービス終了。

と自体は問題がないはずではあるが、当局からはできるだけ本人確認するよう協力要請があり、大きな特徴である利便性に影響して利用が伸びないわりに本人確認対応が煩雑でシステムコストもかさばり、サービスを終了する発行者が増えている。

c ） ホワイトレーベルカード

ホワイトレーベルとは、ブランドプリペイドをある企業や加盟店のハウスカードとして活用するプリペイドカードである。ブランドプリペイドの仕組みは世界中で数多くのシステムベンダーが提供しており、これを活用することで比較的早期に廉価でハウスプリペイドカードの発行が可能になる。カード番号も国際ブランドカードのIIN（BIN）を使っているので、他の店でも利用できるように汎用性を確保したいときには容易に対応ができる。日本ではクレディセゾンがユニクロオンラインギフトというオンラインショッピング専用のプリペイドカードに採用していたが、残念ながら発行当時ですらユニクロのお店で従業員に質問しても知っている従業員は少なく、やがて新規発行も既存カードの利用も終了し、日本には存在していない種類となっている。

d ） GPR（General Purpose Reloadable：汎用プリペイド）

GPRとは、世界中のリアルとECの国際ブランドの加盟店で利用できる、いわゆるブランドプリペイドとして利用できるカードである。au Walletが大々的にテレビコマーシャルで宣伝したことで一気に認知が広まった。その後、JCBブランドのLINE Payカードというブランドプリペイドが2％のポイント付与を武器に発行枚数と取扱高を伸ばす（2018年6月より付与条件変更）。2017年にLINE Payが公表した取扱高約65億円

の多くがこのプリペイドカードの利用額だったようだ。クレジットカードと同様に、リアルの店でもECでも、世界中の店で利用することができる。新たに決済サービスを開始しようとする事業者にとっては、世界中で汎用的に利用できる機能を追加できるブランドプリペイドは、提供する決済サービスの利便性を向上するのに非常に効果的な手法であり、今後も新たな決済サービスが生まれるたびにブランドプリペイドの種類も増えていくものと思われる。

② クレジットカード加盟店で使えるブランドプリペイドカードのメリットとデメリット

　ブランドプリペイドの仕組みはブランドデビットと同じで、国際ブランドのクレジットカードで決済できるリアルとバーチャル（EC）の加盟店で利用することができる。第1章(1)②に記述したとおり、クレジットカードもブランドデビットもブランドプリペイドも、国際規格に準拠した国際決済ブランドの規格によって、1台の加盟店端末で決済できるのだ。国際規格のID番号にのっとったカード番号によって、加盟店端末とイシュアーの間でオーソリゼーションデータが送受信され、取引が承認されると売上データが送受信され、ブランドのルールにのっとって精算される。ユーザーはカード発行時にイシュアーと取り決められたルールにのっとり、先払いで支払済のプリペイド残高から利用金額が引き去られる。日本では資金決済法に基づき、プリペイド残高の残金を現金に換金することができないため、プリペイド残高がなくなるまで決済して使い切る使われ方となる[6]。

ブランドプリペイドは、基本的にはプリペイド残高の範囲内で利用できる決済サービスであり、クレジットカードのような審査は不要で申込者全員に発行できる。世界中のリアルおよびバーチャル（EC）のブランド加盟店（Visa、Mastercard、American Express、JCB などカードのブランドと同じブランドの加盟店）や ATM で利用することができる。現代のティーンエイジャー（10代の若者）は、クレジットカードはもちろん、銀行口座を開設する前からスマホを肌身離さず利用していることから、若年層の取り込みにおおいに有効な決済サービスであると考えられる。また、ユーザー観点でも図表3－15に整理したとおり、クレジットカードがなくても多額の現金を持ち歩けない海外旅行やインターネットショッピングでも安全で便利に買い物ができ、あらかじめ支払済のプリペイド残高の範囲内で利用するので使い過ぎる心配もない。

2016年3月には JCB ブランドのプリペイドカードとして LINE Pay カード[7]が登場、2％のポイント付与で人気を博した。もともと LINE Pay は2014年12月にサービスを開始した決済サービスである。本人確認をしていなければプリペイドのスマホ決済アプリとして、銀行口座やクレジットカードなどからチャージしたプリペイド金額で LINE のスタンプやゲーム、LINE STORE や LINE Pay Merchant などオンラインストアの商品を買うことができた。本人確認を行えば LINE の友

---

6 最近では、プリペイド残高がなくなると自動的にクレジットカードやカードローンなどに接続するサービスもあり、契約時に商品内容をよく理解しておく必要がある。

7 スタンプなどを購入するためのカードとしてコンビニエンスストア店頭などで販売する LINE プリペイドカードとは別。

達[8]に送金することができ、1回200円の出金手数料を払えば残金を銀行口座などに振り込んで現金化することも可能だ。しかしスマホアプリのLINE Payで買い物したり送金したりするより、物理的なカードとしてLINE Pay JCBカードを発行して、プリペイドカードとしてJCB加盟店で利用する人のほうが圧倒的に多かったのは、2％という高還元率のポイントサービスの効果が大きかったことが要因であろう。LINE Payカードが登場した2016年3月の2年後に当たる2018年3月に、「5月末をもって2％のポイント付与を終了する」と発表されると、ネット上では「LINE Payカードショック」と呼ばれるほどの大騒ぎが起きた。ここ4年ほどでブランドプリペイドは大きく存在感を高めたのだ。

　しかし一世を風靡したau WALLETも、月々の携帯電話利用額で貯まったポイントがプリペイド残高に置き換えられて利用されると、その後にチャージしてまで継続利用する利用者はなかなか増えず、結局チャージがネックとなって利用は伸び悩んだようだ。LINE Payカードもまた、ドライバーとなっていた還元率2％のポイント付与終了がブランドプリペイドとしての利用に大きな影響を及ぼした。結局のところ従前の決済サービスと同様にポイントがたくさんもらえるから使われたのであり、サービスとしての優位性が発揮されたわけではなかったのかもしれない。

　ブランドプリペイドに限らずプリペイドカード共通の課題として、チャージしてもらえるかどうかは大きな課題である。プ

8　送金相手の友達も本人確認を行っている必要がある。

リペイドカードの場合、残額ピッタリで決済できればよいが、大抵余るか不足する。不足した金額を現金や他の決済サービスで支払えるか否かは当該プリペイドサービスや加盟店によって異なるが、そのプリペイドカードを何度もチャージして使い続けてもらえるうちは特にユーザーに負担感は生じない。しかし、そうでない場合は、他の決済方法を組み合わせて残高０円ピッタリにできない限り中途半端なプリペイド残高が残ることになり、これがユーザーにはプリペイドカード利用を躊躇させる要因となる。使い切れるかどうかわからないプリペイドカードをチャージしてまで利用するかどうかが、使われるプリペイドカードとなるか否かの大きな境目である。

　なお、仮にユーザーがプリペイド残高を残したまま放置した場合、多くのプリペイドカード事業者は５年をメドに退蔵益として雑益計上するが、その後であってもユーザーが利用を申し出れば雑損計上されて再度利用できるようになるケースが多い。本書を読んでくださっている決済事業者や金融機関やITベンダーの社員の方も、プライベートタイムは一消費者である。有効期限が過ぎたからといって諦めるのではなく、残高が残っていたプリペイドカード事業者に一度相談してみることをお勧めする。その際、残高を保有していたことを証明できるエビデンスがあるほうが優位であることはいうまでもない。

　さらに新興系の決済サービスにおいては、これまでの決済サービスにはなかった課題の指摘も目についた。特にネット上で顕著だったのは不正利用への対応である。ネット系サービスはインターネット上でサービス提供することが当たり前であり、問合せ窓口の表記はURLを案内するにとどまることが多

い。また、紛失盗難や不正利用の連絡・問合せについても
Webでの対応にとどまったことで、Web上にはユーザーの
「Webに問い合わせても2週間や1カ月放置される」「勝手に
十数万円使われたと連絡したが、やっと返信があったと思った
ら「Webの問題報告フォームに書いて連絡せよ」と書いてあっ
た」など、多くの不満や不安の声が氾濫した。実は1990年代後
半のインターネットがまだ普及していない頃、インターネット
事業者が街中でADSLモデムを無料配布したのだが、まだ接
続が開通せずサービスの利用が開始できていないにもかかわら
ずクレジットカードで利用代金が引き落とされ、カード会社に
クレーム電話が殺到したことがある。インターネット事業者は
インターネットのビジネスなので問合せ電話番号は設置しない
とのポリシーで、問合せ電話番号が表記されておらず、カード
会社に電話が入ったのだ。理屈は理解できるものの顧客の満足
度や信頼を著しく低下させる懸念が残る。今でも当時の対応と
なんら変わっていないようだ。特に決済サービスはお金のやり
とりであり、顧客の不安は余計に募るし、万が一不正利用が発
生している場合には一刻も早く手を打たなければ被害額が急激
に増加するので、迅速な対応が必須である。不正利用の被害に
あう確率はコンマ何パーセントときわめて低いため、多くの
ユーザーは利便性に目が行きがちで、マスコミも便利さや新し
さを中心に情報発信を行うため、常に後々の影響を余念なく確
認しない限り、決済サービス提供者の対応も後手に回りがちで
ある。こと決済サービスにおいては可及的すみやかに利用を停
止したうえで、早急に原因を究明して対策を施さなければ、
あっという間に被害は拡大する。問合せができない、問い合わ

せても回答に時間がかかる、緊急事態なのに Web に記載して Web の回答を待つといった対応は、安全・安心な決済サービスを提供する体制とは言いがたい。

　また、サービス内容が一方的に改悪されるケースも目につく。前述のポイント還元サービス終了も代表的な事例の１つである。また、店頭で購入した LINE Pay カードの登録・チャージは１カ月５枚までと制限を加えた際に有効期限を半年で切ったことも、キャンペーンで得するからと複数枚のカードにチャージした利用者が、チャージ残高を使い切らないまま有効期限を迎えるという悪事例を発生させ、これもまたネットで騒ぎとなった。2017 年 8 月には本人確認不要で気軽に送金できるサービスとして「ポチ送金」の開始が発表されマスコミも大々的に取り上げたが、わずか 2 カ月後には静かに同サービスの実現を見送っている。「何でもやってみる。スピード命」のネット系サービスの精神は、現在のようなスピードがモノをいう時代にあって、さらには Try&Error を繰り返してサービスをつくっていく手法が主流となっている今の時代には非常に重要な取組姿勢ではある。しかし、こと決済サービスにおいては消費者や加盟店の財産に直接多大な影響を及ぼすうえ、一見単純なデータ授受の積み重ねにみえる決済サービスは、実は外部からはみえづらい不正利用をはじめとしたレアケースが事業性に大きく影響を及ぼす奥の深いサービスであることに鑑みると、新規参入しにくい大変複雑なサービスとさえいえるかもしれない。ここで事例をあげた特定の決済サービスに限定した課題ではなく、プリペイドサービスや送金サービスを管轄する金融庁の外郭団体である日本資金決済業協会のお客様相談室には、こ

のような問題を指摘する声が多数寄せられたようだ。

　なお、ブランドデビットであげたクレジットカードのインフラを流用するために発生する課題は、ブランドプリペイドにおいてもやはり同様に発生する。

③　海外で災害被災者や社会的弱者に有効活用されるプリペイドカード

　最近、新聞や雑誌など各種報道で「キャッシュレスは災害に弱い」「キャッシュレスは高齢者を置いてきぼりにする」といった記事を目にすることが多い。本当だろうか。

　1995年1月17日に阪神淡路大震災が発生した数日後、住友クレジット（現在の三井住友カード）とジェーシービーの加盟店部門の社員たちは、建物が倒壊した神戸地区に50cc原付バイクで向かった。鞄には、義援金10万円の封筒と複写式用紙の売上票セットがたくさん入っていた。彼らは加盟店があったであろう場所に行くと店主を探して義援金と売上票セットを配って回った。「このたびは大変な被害にあわれ、心よりお見舞い申し上げます。これはわずかですが、日頃お世話になっている加盟店様への義援金です。また、お客様が来られて商売される際には、お客様のクレジットカードをこちらの売上票セットに入っている複写式伝票に擦り取って売上票を郵送していただければお支払します」と説明した。端末がなくても紙の売上票を郵送すればクレジットカード売上げを計上することができるのだ。金融機関の建物も潰れ、停電でATMも使えないなか、クレジットカードで買い物できることは、少なからず復興に寄与

したと思われる。

　東日本大震災では、津波によって何もかも流されたが、実は海外ではブランドプリペイドカードが義援金支給に一役買っている。2005年8月、米国のニューオーリンズを破壊的なハリケーン「カトリーナ」が襲い、町の8割が水没した。近隣7州の合計で死亡者約1,800人、行方不明者約700人、避難者100万人以上を出したのだが、この時州政府は1家族に1枚、2,000ドル入りのMastercardプリペイドカード約32万枚を配布した。現金や食料品の現物支給では略奪が発生する。銀行通帳や小切手どころか身分を証明する物も流され、どこのだれかも確認できないが、これから配布するブランドプリペイドのカード番号を控えて被災者に渡す方法であれば、何番のカードをだれに渡したか、プリペイドカードを渡した瞬間から管理を行うことで、過去の情報がなくても被災者支援を開始できる。一方的な配給ではなく、商品を選ぶ余地のある買い物ができることで、買い物する側も、店を営む側にも活気がよみがえり、復興スピードが向上するという。現在であれば、店には太陽光パネルで充電できるスマホを貸し出して、カード読取端末として使うこともできる。国内の被災地でも、Amazonが被災地支援として無料で必要な物資を配送してくれるが、ここでもクレジットカードなどキャッシュレスは活躍しており、オンラインショッピングした必要品が届けられている。

　高齢者対応においては、たとえば電子マネーのnanacoでは60歳以上のユーザー向けにイトーヨーカドーのほとんどの商品が5％割引で購入できる「シニアnanaco」、WAONには通常のWAONの割引に加えて毎月15日の「G.G感謝デー」に5％

割引となる55歳以上向けの電子マネー「G.G WAON」が人気を博している。実はそのような高齢者向け商品でなくても、nanacoもWAONももともと高齢者の利用はむしろ活発である。一般的な電子マネーカードの月間利用回数が、全年代平均よりも高齢者層のほうが1.5倍も高いケースもある。電子マネーは小銭を数える必要がないので、レジで後ろに並んだ人の目を気にしてお札ばかり出す必要もない。散歩に行くときにポケットに１枚、電子マネーカードを入れて行けば、手ぶらで出かけて気軽に水やお茶を購入することもできる。いちいち何にいくら使ったかを覚えておかなくても、整理された利用明細データで一目瞭然である。むしろ高齢者とキャッシュレスは親和性が高いといえる。高齢者を置きざりにしているのはキャッシュレスではなく、スマホの操作であろう。駅で自分の降りる駅を探して運賃を確認し、ジャラジャラと小銭を取り出して券売機に挿入するお年寄りの姿も、最近はすっかりみなくなった。同じ距離を乗るのに、IC乗車券のほうが現金より安い「一物二価」は電車だけではなく高速道路のETCでも当たり前になっている。子どもにも、親が利用内容を確認できるので安心だ。

　災害時にブランドプリペイドを活用する事例は、米国のみならずイタリアの「イタリア中部地震（ラクイラ）」など他の国にも広がっている。ドミニカ共和国では生活保護の支給をVisaのブランドプリペイドで配布して、政府が必要に応じてチャージしたり、米国では育児支援金の給付をVisaプリペイドカードで行ったりしており、ブランドプリペイドであればオンラインショッピングでも使えるので、１ガロンが約４リット

ルもある牛乳などの重い荷物を子供を抱えながら持ち運ぶ必要はなく、玄関口まで届けてもらえるなど便利に使われている。生活保護では1カ月分を給付して2〜3日後にパチンコでなくなるのを防ぐべく、2日ごとや3日ごとにサーバのプリペイド残高に給付（チャージ）するといった工夫により、自立支援に役立てることや生活保護ビジネスの被害を防ぐことも可能である。

　本当にキャッシュレスは災害に弱いのか、高齢者が置いてけぼりになるのか、自治体や加盟店の業務負荷や業務コスト、人件費のほうが加盟店手数料よりも安いのか、実態をよく吟味したうえで工夫をこらし、キャッシュレスをうまく社会の役に立てていただきたい。

(3)　ギフトカード

　ブランドプリペイドが普及する少し前に、店頭にPOSAカードを陳列販売するコンビニエンスストアが増加したが、当初そこで陳列販売されていたプリペイドカードの多くがギフトカードである。ギフトカードは先に米国で流行し、やがて日本にも上陸した。その流行をリードしたのはiTunesカードであった。

　米国では毎年11月第4木曜日のサンクスギビングデーが終わると、翌日からクリスマスセールが始まる。クリスマスプレゼントの購入を当て込んだ大幅割引セールの始まりで、11月第4金曜日は客が殺到することから「ブラックフライデー」と呼ばれる。まさに決戦の金曜日である。クリスマスシーズンを迎え

て大人から子どもまでが大小さまざまなクリスマスパーティを開き、プレゼント交換が繰り広げられる。ところがこのように受け取るクリスマスプレゼントは必ずしも好みの商品がもらえるわけではない。店にはもらったプレゼントと同等の商品に交換してほしいという希望者が数多く訪れることになる。そこで、実はあらかじめいくらで販売したかがわかるプライスタグをつけておき、販売金額と同等金額の商品に交換できるサービスを提供する店が増えていたのだが、これが最初から好きな商品を買ってもらおうと贈り主が好みの店のギフトカードをプレゼントする習慣に変化した。店はギフトカードのデザインやラッピングにも力を入れるようになり、2005年頃には子どものクリスマスパーティが商品のプレゼント交換ではなく、お互いに自分の好きなお店のギフトカードを交換する風景に様変わりしたとのニュースも流れた。

　やがてギフトカードブームは日本にも上陸する。当初は音楽のダウンロードなどの支払ができる iTunes カードが消費者に強い人気があり、陳列販売する取扱店に割のよい販売手数料が入ることもあって、店頭で陳列販売する小売店が増えていった。そのうちに、海外ではブランドプリペイドカードが陳列販売されており、こちらも取扱店が効率のよい販売手数料収入を得られることがわかると、ブランドプリペイドカードの陳列販売を希望する小売店も増加した。POSA カードの特許を保有し米国で POSA カードを普及させたインコムが、日本にもインコム・ジャパンという日本法人を設立して POSA カードを普及させた。

　このようにギフトカードは日本でもブームとなる。日本では

図表3－16　「プリペイドカードを買ってきて」は詐欺

（出所）　日本資金決済業協会

　早くからファッションブランドのビームスがギフトカードを発行していたが、やがて紙の商品券で圧倒的な知名度を誇る全国百貨店共通商品券も全国の百貨店で使える「百貨店ギフトカード」を発行し、Amazonのギフトカードやスターバックスのギフトカード、モスバーガーのギフトカードなども登場すると、日本でもギフトカードは市民権を得ていった。

　しかしプリペイドカードでは詐欺も多発している。当初はインターネットサイトの架空請求などの支払に、店頭で販売されているプリペイドカードの番号を教えるように指示される詐欺が増えたが、被害の相談件数が増えると警察庁がプリペイド

図表3－17　電子マネー型プリペイドカードの不正利用被害額の
　　　　　推移

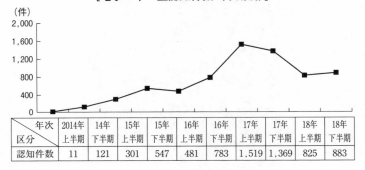

[電子マネー型認知件数（半期別）]

（件）

区分＼年次	2014年上半期	14年下半期	15年上半期	15年下半期	16年上半期	16年下半期	17年上半期	17年下半期	18年上半期	18年下半期
認知件数	11	121	301	547	481	783	1,519	1,369	825	883

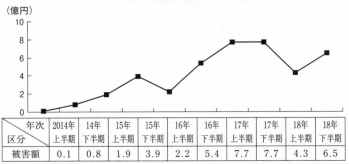

[電子マネー型被害額（半期別）]

（億円）

区分＼年次	2014年上半期	14年下半期	15年上半期	15年下半期	16年上半期	16年下半期	17年上半期	17年下半期	18年上半期	18年下半期
被害額	0.1	0.8	1.9	3.9	2.2	5.4	7.7	7.7	4.3	6.5

（出所）　警察庁ウェブサイト

カード事業者に本人確認対応などを求めるようになった。資金
決済法では前払式支払手段に本人確認義務はないものの、ブラ
ンドプリペイドを含むプリペイドカード発行事業者は自主的
に、あるいは携帯電話番号を紐づけ登録させるなど間接的に、
本人確認や警察が本人にたどり着けるような対応を進め、不正
利用がある程度減少する。しかし最終的には、「法律で義務づ

けられていないので対応する必要はない」との考えに立ち、強制も罰則もないものの業界自主ルールで対応する日本の習慣を理解することがむずかしい外資で世界最大のオンラインショッピングサイトが発行するギフトカードの詐欺被害は深刻なものとなった。さらにその後、今度は振り込め詐欺による被害金額の受渡しにプリペイドカードやギフトカードが使われるようになる。日本で最も使われるトークアプリの決済サービスや前述のギフトカードなどが、詐欺犯の被害金額の換金手段として活用されるようになり、当該決済サービスへの銀行口座チャージサービスを停止する銀行なども現れるようになった。日本資金決済業協会もあまりの詐欺の多さに、図表3−16の「「プリペイドカードを買ってきて」は詐欺」との啓蒙ポスターを貼るなどして被害の抑止に努めている[9]。

　また、2020年1月には創業320年で全国で3番めの老舗百貨店が倒産し、同社が発行する全国百貨店共通商品券が使えないとの報道が話題となった。過去には商品券は全額返金された例もあるが、前払式支払手段の供託金は50％であり、欧米の有識者がいった「日本人は半分なくなっても平気なのか？」との言葉が思い出される。今後も縮小する日本市場において百貨店や小売店の業績に絶対はない。何となく大丈夫だろうと安易に考えるのではなく、万が一を考慮してサービス設計を行わないと、異常系の事象発生時に大きな被害をもたらすことになりかねない。

　不正利用対策はもちろん、業界自主ルールで対応する手法

9　警察庁報道資料より。

も、倒産を前提とした対応も、今後のキャッシュレス社会の進展において重要な課題となるだろう。

第 4 章

新たな決済サービスの動向と
キャッシュレス社会の展望

(1)　中国のキャッシュレス化事情とQRコード決済の台頭

①　中国の決済サービス事情と銀聯の立場

　数年前から日本国内で急速に存在感を高めた国際ブランド決済に「銀聯」がある。もともと銀聯は中国の銀行間ネットワークである。銀聯ができる以前は、中国の銀行は自行内や同一支店内でしか預金を出し入れできなかった[1]。中国の金融・決済関連分野を監督する中国人民銀行は2002年、銀行間の相互利用を実現すべく銀行各社から出資を募って銀行間ネットワーク会社「銀聯」を設立し、法律で銀行に銀聯ネットワークへの接続を義務づけた。中国では商業銀行法により決済サービスである銀行カードを発行できるのは銀行のみであったが、銀行カードの利用情報を授受する銀行間ネットワークである銀聯に、間違ったデータが紛れ込むことのないように銀聯が管理を行う体勢が整備された。銀行が発行する銀行カードの券面に、正しいデータを取扱う証として銀聯マークを表示することも義務づけられた。銀行カードとは、①デビット機能付口座アクセスカード（キャッシュカード）、②クレジットカード、③預金担保型クレジットカードの3種類のカードのことで、法律で定義されており、いずれも銀行しか発行できない。こうして中国ではすべての銀行カードに銀聯マークが表示され、すなわち銀行口座を保有するすべての中国人が銀聯カードを保有している。中国人民銀行は適宜通達を発行することで金融・決済分野の監督・統

1　一部の地域に地域の主要銀行間で提携している事例はあった。

制を行っているが、銀聯はこの中国人民銀行の子会社的な位置づけにあり、政府機関の一端という見方ができる。実際に決済サービスの技術標準は、たとえば「中国金融ICカード規範」や「銀行カードネットワーク接続合同技術規範」など銀聯のルールが標準である。もちろん銀聯も国際規格に準拠して規格を策定している。VisaがEMVに準拠した自社の接触型IC決済アプリ「VSDC」、Mastercardが「M/Chip」との規格を出しているのと同様に、銀聯もEMVに準拠した「PBOC」というIC規格を出している。PBOCはPubic Bank Of China、すなわち中国人民銀行の略である。銀聯もまた、国際規格に準拠して世界で共用できる国際ブランド決済なのである。

② 銀聯の仕組みと廉価な加盟店手数料の理由

VisaやMastercardと同様に国際規格のISOやIEC、世界の金融・決済分野の業界標準であるEMVなどに準拠し、国際ブランド決済サービスとして世界展開する銀聯であるが、その仕組みは少々他のブランド会社と異なる。

図表4－1は中国国内における銀聯の仕組みである。銀行が発行した銀行カードをユーザーが中国国内の加盟店で利用すると、加盟店端末からアクワイアラー、アクワイアラーからブランド会社（銀聯）を経由してイシュアーへと届くデータの流れについては、他の国際ブランド決済と同じである。しかしお金の流れやその拠り所となるルールが少し異なる。他の国際ブランドではアクワイアラーが加盟店に対して加盟店手数料を差し引いた代金を支払うのに対して、実質的に国主導で整備した銀聯では、イシュアーはユーザーの利用代金を全額銀聯に支払

い、銀聯は精算機関として、加盟店に加盟店手数料を差し引いた取扱代金を振り込み、差し引いた手数料をアクワイアラーとイシュアー、そしてブランド会社の銀聯に分けて支払う。銀聯が、国の金融・決済分野を監督する中国人民銀行傘下のネットワークとして、スキーム全体のデータ流と金流を管理し、ネットワークを通るデータに基づき、精算機関として精算しているのである。イシュアーはユーザーから回収した取扱高を全額銀聯に支払い、銀聯が関係各所に各者の取り分を支払う。イシュアー、アクワイアラー、決済ネットワーク（銀聯）の加盟店手数料分配率は、2016年9月6日までは中国人民銀行の通達によって7：2：1に決められていた。2016年9月6日よりイシュアーの取り分は縮小され、アクワイアラーの取り分は自由化されている。加盟店手数料率も2016年9月6日までは、行政通達によって業種別に定められていた。たとえば、飲食や娯楽

図表4－1　銀聯のスキーム

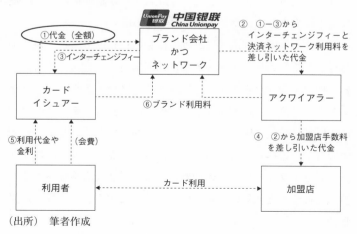

（出所）　筆者作成

は1.25％、一般消費財は0.78％、生活用品は0.38％、公共料金は０％といった具合である。アリペイやウィチャットペイなどの第三者決済機関が台頭してくると、2016年９月６日から業態別手数料が一本化され、デビットカードとクレジットカードの手数料が別になった。ちなみに加盟店端末のコストは原則加盟店負担であるが、実態は日本と同様に、アクワイアラーが負担するケースが多い。

　国が整備した中国国内唯一の決済手段である銀聯カードは、2002年以降中国経済の発展とともに取扱高が急拡大する。日本でも「爆買い」ブームが起きたことは記憶に新しい。中国の法律では現金（中国元）の国外持出しは２万元（約36万円）まで、海外での中国元の引出しは１日１万元（約18万円）までと制限されていた。そこで中国国内の銀行に預金を置いたまま海外で高額の買い物ができる方法として、銀聯カードによる決済が利用されるようになる。図表４－２に銀聯カードの発行枚数の推移を示したが、銀聯カードの９割はデビットカードである。中国政府は銀聯カードの海外ショッピング利用については制限を設けておらず、中国元を海外に持ち出せない訪日中国人客は銀聯カードでたくさんの買い物をして中国に帰るようになった。日本の小売店も大型チェーン店から中小規模の小売店、地方の小売店などさまざまな小売店が中国人観光客の大量購入を期待して我先にと銀聯の加盟店になった。日本のカード会社が端末のIC対応を依頼しても「カード会社のために加盟店端末を改修するのだから費用を負担せよ」といっていた大規模加盟店たちも、中国人観光客がたくさん買い物してくれるのであれば自ら端末改修費用を負担し、支払時に６桁の暗証番号入力が必要

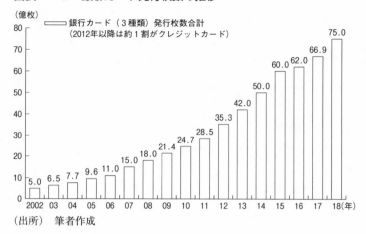

図表 4 − 2　銀聯カード発行枚数の推移

（億枚）
- 銀行カード（3種類）発行枚数合計
（2012年以降は約1割がクレジットカード）

年	枚数
2002	5.0
03	6.5
04	7.7
05	9.6
06	11.0
07	15.0
08	18.0
09	21.4
10	24.7
11	28.5
12	35.3
13	42.0
14	50.0
15	60.0
16	62.0
17	66.9
18	75.0

（出所）　筆者作成

なため端末に PIN パッド（暗証番号を入力するための数字入力装置）もつけなければならないという少々面倒な銀聯カード用の対応を行った。売上げが増えるのであれば、小売店は端末代をいとわないことがわかる事例である。

　その後、親族のぶんと偽って日本で大量購入した商品を中国に持ち帰って販売したり、日本国内に住む留学生が日本で商品を購入しては中国国内に向けてネット販売したりする「代購」ビジネスが横行した。やがて「代購」マーケットは個人が知り合いに頼まれた商品を購入して送る小規模なレベルから、貿易商のような大規模なレベルへと拡大する。

　2015年6月、中国政府は輸入品の関税を引き下げ、国内消費を刺激して海外消費の沈静化を図ったが効果はなく、規制強化に本腰を入れる。2016年4月、中国政府は虚偽の申請に対する罰金と関税を引き上げ、税関検査を強化し、銀聯カードの年間

利用額にも上限（190万円）を設定した。たとえば、高級時計は30％から60％、酒・化粧品は50％から60％、宝石は10％から15％へと関税が引き上げられた。これにより、日本で商品を大量購入して中国に帰国する際に税関で商品を没収されるケースや、日本から中国に送った商品が税関で没収されるケースが激増し、中国人観光客による大量購入も「代購」ビジネスも縮小して「爆買い」ブームは終焉に至った。中国国内消費が低迷するなか、中国政府としては国民が海外で活発に消費するのではなく、中国国内の消費を拡大したいと考えるのは自然な流れであろう。

なお、「爆買い」は前述のような政策によって影を潜めた背景があり、「アリペイやウィチャットペイを取り扱えばまた「爆買い」される」という単純な話ではない。ただしアリペイやウィチャットペイを取り扱うと、中国国内で買い物する際に使い慣れた決済方法とまったく同じように買い物できる安心感や、アリペイやウィチャットペイに付随するさまざまなサービスの効果などから、中国人観光客の財布の紐が緩む可能性は高く、小売店の売上拡大に貢献する可能性はおおいにありそうだ。

前述のとおり、中国人民銀行は随時通達を公布して中国の金融・決済市場を管理・統制しているが、銀行カードのIC化についても通達が出ており、銀聯カードは国際規格やEMVにのっとったIC化を進めている。通達では、2013年にはすべての加盟店端末に接触型IC対応を義務づけ、2014年には全加盟店にIC取引化を義務化、2015年には全金融機関に磁気カード

の発行を禁止している。さらにいえば、中国で発行済のIC
カードの9割には非接触ICチップも搭載済である。この非接
触型ICカードはやはり国際規格のISO/IEC14443や
EMVcontactlessに準拠したType-A/Bである。すでに中国で
は非接触型ICカードが普及しているといえる。ただし中国の
小売店、特に小規模の飲食店には屋台のような加盟店端末を置
かないタイプの店が多く、非接触型ICカード以前にそもそも
カード決済を取り扱っていない小売店が多かったことも事実で
あり、短期間に高コストな端末対応が必要となったことが、小
売店における銀聯カードの取扱いにマイナス影響を及ぼしたと
みることもできる。

　一方で中国ではATMの約2割が偽札といわれるほど大量に
偽札が出回っており、小売店もユーザーも現金に信頼をおけな
い状態にあったが、こういった事情が加盟店端末もICチップ
も不要なQRコード決済が普及する素地であったということが
できよう。中国人民銀行が銀行カードを中心に金融・決済市場
の統制を行っている間に、中国最大のECサイト「タオバオ」
のオンライン決済サービスであったアリペイがQRコードを活
用してリアル店舗への展開を開始すると、タオバオに出店する
店子の大幅割引などを武器にリアル店舗の加盟店も拡大した。
小売店は端末がなくても店頭にQRコードの紙やステッカーを
貼るだけで、ユーザーが自らのスマホで読み取って支払をして
くれ、現金授受がなく偽札か否かのチェックも行う必要がない
便利な決済サービスとしてQRコード決済を歓迎し、屋台のよ
うな零細店舗も加盟店化して取り扱うようになった。そうして
中国最大のSNSサービス「ウィチャット」で主にデジタルコ

ンテンツの購入に使われていたウィチャットペイと競いなが
ら、QRコード決済を中国全土、さらに中国人旅行客とともに
世界各国にまで普及させていったのである。

　ここで重要な点は、アリペイやウィチャットペイが出現する
前に、中国国内唯一の決済手段として国が銀聯カードを整備
し、その際に加盟店手数料を法律によって最初から廉価に設定
していたために、アリペイやウィチャットペイはそれよりもさ
らに廉価な加盟店手数料を展開せざるをえなかったことであ
る。中国国内唯一の決済サービスとして整備された銀聯が、国
の整備によって廉価な加盟店手数料で展開されている以上、後
発のアリペイやウィチャットペイはさらに安い加盟店手数料で
なければ加盟店獲得がむずかしい。皮肉にもアリペイやウィ
チャットペイの地盤を銀聯がつくったと言い換えることができ
る。

③　アリペイ、ウィチャットペイの位置づけと銀聯との違い

　「アリペイ」と「ウィチャットペイ」は当初から決済サービ
スとして国に認められていたわけではない。中国で金融・決済
分野を統括する中国人民銀行は、決済業務を銀行のみに許可
し、銀行を監督することによって決済分野を管理していた。と
ころがインターネットの急速な普及に伴い、国土の広い中国で
オンラインショッピングが盛んになるなか、お金を払っても商
品が届かないかもしれないと心配するユーザーと、商品を送っ
ても代金が支払われないのではないかと心配する小売店の狭間
で、「エスクローサービス」が発展した。「エスクローサービ

ス」とは、商品購入者から代金を預かって小売店に商品発送を促し、購入者に商品が到着したことが確認できると預かった代金を小売店に支払うサービスである。ユーザーと小売店の双方の信頼を得ている中国最大のECサイト「アリババグループ」が傘下のECサイトの購入代金においてエスクローサービスを展開していたが、やがてそのエスクローサービスが、買い物のたびに代金を支払うのではなくあらかじめ多めに代金を預かったり銀行口座に接続したりすることで、いろいろなEC加盟店の支払に充当できる決済サービスに進化した。これがインターネット決済サービスの「アリペイ」である。さらにアリババグループは、オンラインショッピングではIDとパスワードで決済サービスを提供していた「アリペイ」を、IDとパスワード入力のかわりにスマホアプリでQRコードを活用することによってリアル加盟店向けの決済サービスとしても展開するようになる。すると、トークアプリのQQやWeChat（微信）で有名なテンセント（騰訊）グループも、デジタルコンテンツを決済するサービスとして誕生させた決済サービス「テンペイ」をリアルへと展開する。こうしてスマホにIDがわりのバーコードを表示して店頭の端末で読み取ったり、店舗のQRコードをスマホで読み取ったりしてリアル店舗で決済できるモバイル決済サービス "Alipay Wallet"（以下、アリペイ）と、"We Chat Payment"（以下、ウィチャットペイ）が誕生した。

当初は資金決済機能を銀行に限定していた中国政府もやがて、銀行でなくても決済サービスを提供することができる「第三者決済機関」として法的な位置づけを整理し、銀行以外の事業者にも決済サービスの展開を容認せざるをえなくなっていっ

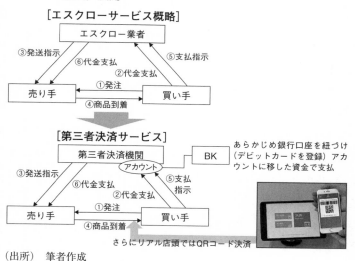

図表 4 - 3　第三者決済サービス誕生の経緯とリアル（QR コード決済）展開

[エスクローサービス概略]

エスクロー業者

③発送指示　　　　　⑤支払指示
⑥代金支払　　⑦代金支払

売り手　　　①発注　　買い手
④商品到着

[第三者決済サービス]

第三者決済機関　　　BK　　あらかじめ銀行口座を紐づけ
アカウント　　（デビットカードを登録）アカ
ウントに移した資金で支払

③発送指示　　⑤支払
⑥代金支払　②代金支払　指示

売り手　　①発注　　買い手
④商品到着

さらにリアル店頭ではQRコード決済

（出所）　筆者作成

た。

　このように、銀聯があらかじめ国が整備した決済インフラで
あるのに対して、アリペイ、ウィチャットペイはインターネッ
トの世界で独自に発展した民間の決済サービスであり、日本の
マスコミで一時期よく記事にした「銀聯 対 アリペイ」という
構図は少々実態とは異なっている。銀聯が国の決済スキームと
して業界を監督する立場に近い事業者であるのに対して、アリ
ペイ、ウィチャットペイは監督される純粋な民間事業者という
ことができる。この違いは実は非常に重要である。そして国が
整備したインフラを前提とした決済サービスに対して、それを
超えようとする決済サービスが生まれた状況も、単純に中国の

まねをしても同じようにキャッシュレスが普及するわけではない背景として理解しておく必要がある。

④　中国でアリペイ、ウィチャットペイが爆発的に普及した要因

　アリペイやウィチャットペイが爆発的に普及した理由はいくつかある。

　まずは何といっても特典である。これは日本も中国も同じで、特典が大きければユーザーは使う。アリペイは中国最大のECサイトであるアリババの決済サービスである。傘下には中国最大のC2CのECサイトであるタオバオや、B2CのオンラインショッピングモールのTモールなどがあり、2018年の年間流通総額は約80兆円（4兆8,200億元×16.5円）にのぼり、前年比は28％増という成長率である。アリババは傘下のECサイトに出店する傘下の小売店に対して、たとえばアリペイで支払えば5割引きになるなどの大胆な割引を要請したり、アリペイ自らが原資を負担したり、「独身の日」など大がかりな割引キャンペーンを展開することで一大ブームを巻き起こしたりなど、爆発的に利用を促進した。店が割引原資を負担しなくてもアリペイやウィチャットペイが割引してくれるキャンペーンも多く、売上げを上げるためにも小売店は、我先にと加盟店になった。

　さらに日本の金融機関や事業者が見習うべきは、上位サービスとの連携や他の事業者も利用するような決済データ活用サービスの提供である。決済は目的ではなく手段である。日本の決済サービスやキャッシュレスの取組みではよく決済そのものを

目的化した取組みがみられるが、決済サービスを使うために商品を買うのは一部の関係者くらいしかなく、ユーザーはあくまで商品やサービスを入手する手段として決済サービスを使うのである。使われる決済サービスになるためには、本来の目的である商品やサービスを入手する手段としていかに便利にお得にストレスなく使えるようにするかを考えることが重要だ。

　たとえばアリペイでは、ユーザーが銀行口座からアリペイのアカウントに移した資金をさらに「余額宝（ユエ・バオ）」というオンライン投資信託サービスに移して運用益を得られることで、決済に使える残高に高い利息がつく「資産運用サービス」を展開してアカウントへの入金額を拡大している。「滴滴出行（ディディ・タクシー）」は米国のウーバーのような配車アプリであるが、運賃は事前登録済のアリペイで自動的に支払われるので、降車する時に財布を出して精算を行うわずらわしさがない。店で買い物した客がスマホで車を呼んで帰宅すれば、支払作業なくシームレスにドア to ドアで自分と重い荷物を運んでもらえる。中国で大流行したシェアバイクの代金も、自転車に乗って返却すれば事前登録済のアリペイで自動精算される。サービスと決済が連携しているので、「支払」という行為をまったく意識することなくサービスを利用することができる。単に決済できるというだけではなく、さまざまなサービスに決済を連携させ、サービス利用と決済がシームレスにつながる「サービス連携」を増やすことで、決済サービスの利用を意識させることなく、決済サービス利用を拡大しているのだ。また、個人を点数評価する「芝麻信用（ジーマ・クレジット）」というサービスは、信用情報のみならず交友関係や消費傾向など

も評価対象として、個人の信頼度を点数で評価する「信用証明サービス」であるが、点数が高いと空港のセキュリティチェックでは優先レーンに並べたり、シンガポールのビザ取得が容易になったり、点数の高い人だけが参加できる婚活パーティが活発に催されたり[2]など、アリババグループのみならずグループ外のさまざまな企業や政府までもがこの評点を参考にするようになっている。約14億人もの人口がある中国では、どの人が信頼できる人かを判断することが非常にむずかしく、この評点が他人を評価判断する1つの拠り所となっているのだ[3]。最も手っ取り早く点数を上げる方法は、アリペイで買い物することである。買い物代金をちゃんと支払う実績はもちろん、高級品消費といった消費面での際立った特徴などの決済データが点数評価に活用されている。

　店舗側も、屋台が多い中国では加盟店端末の設置がむずかしいなか、店にQRコードを貼るだけで、ユーザーが自らスマホで読み取って支払うことができるMPM方式（後述、図表4－12参照）であれば高価な加盟店端末は不要で、設置場所も電源も操作方法を覚える必要もなく支払を受けることができる。客が自分のスマホで読み取って決済処理をしてくれるので店員はサービス提供に集中できる。ATMに2割入っているといわれるほど出回る偽造紙幣を識別する偽札判定機を購入する必要も

2　長年「一人っ子政策」が続いた中国では、一人しかいない子どもにより良い結婚相手をみつけることは非常に重要であり、どの家庭もきわめて真剣である。

3　婚活事情同様、こういった背景も中国で普及する信用スコアサービスがそのまま日本で普及するとは限らない重要な環境の相違点として認識する必要がある。

なく、紙幣を受け取ったりお釣りを渡したりする必要もなく、数え間違いや紛失も、偽札を掴まされて大損することも現金目当ての強盗被害にあうこともない安全・便利で簡単、かつ衛生的な決済方法として、瞬く間に普及した。

⑤　爆買いの終焉と中国決済サービス最新動向

　中国では、もともと資金決済は銀行だけに認められた業務であった。しかし国民の多くがアリペイやウィチャットペイのアカウントにお金を移し、アリペイやウィチャットペイがそのお金の保管口座銀行を別の銀行に変えると、銀行ではないアリペイやウィチャットペイが実質的に資金移動することが可能となる。また、国民が銀行口座に預けている預金は預金保護の対象となっているが、アリペイやウィチャットペイのアカウントにお金を移した途端に預金保護対象から外れるため、万が一アリペイやウィチャットペイが有事に見舞われた場合には多くの国民が財産を失うことになりかねない。当初、インターネットショッピングの世界だけの決済サービスと考えられていたアリペイやウィチャットペイが、これほどまでに国の経済に大きな影響力をもつことになると、中国政府としては有事が発生する前に手を打つ必要性が高まる（これは日本でも同じである）。

　中国政府は当然決済市場も注視しており、決済・金融分野を管轄する中国人民銀行や銀行業監督管理委員会が通達を出すことで、銀行や第三者決済機関を統制してきた。当初は銀聯カードの加盟店手数料率やその分配率も行政通達によって規制されていたが、アリペイやウィチャットペイが台頭してくると俗に「2016.9.6通達」と呼ばれる通達で、一部の自由化や上限だけ

を設ける規制に変更した。現在は加盟店手数料率そのものを法的に定めているわけではなく、イシュアーやネットワークに配分する料率の上限を規定している。業種による料率の区分や取引単位の加盟店手数料の金額上限規制も撤廃された。第三者決済機関に対しても、2014年3月には中国人民銀行が突然アリババとテンセントにQRコード決済サービスの停止を通達するなど（その後解除）、当初より政府の第三者決済機関に対する姿勢はかなり厳しかった。やがて世界第2位の経済大国へと成長した中国の国民は頻繁に海外旅行にも出かけるようになるのだが、海外で人民元口座から現地通貨を引き出す額は制限されていたことから、中国国内の銀行口座に預金を置いたまま海外にてデビットカードやクレジットカードで買い物ができる銀聯カードでの買い物が盛んになり、爆買いに発展した。さらに前述のとおり、貿易事業者以外の一般人がビジネスとして商品を大量に中国向けに輸出する「代購ビジネス」が横行するようになると、中国政府はこれら代購ビジネスによる輸入商品に対し

図表4－4　アリペイの申込条件説明画面

	快捷认证 （高速認証）	普通认证 （普通認証）	
		不上传身份证 （IDアップロードなし）	上传身份证 （IDアップロードあり）
可否开店	X	X	√
办理条件 （条件）	银行卡（支持快捷支付） （銀行カード＋身分証明証番号） ＋身份证号码	银行卡+身份证号码 （銀行カード＋身分証明証番号）	银行卡+身份证扫描件 （銀行カード＋IDアップロード）
办理周期	即时开通	1－3个工作日	1－3个工作日
收付款额度 （利用限度額）	2万/月	2万/月	5万/月

（出所）　アリペイウェブサイト

244

ても貿易扱いとして輸入 VAT や消費税の課税を行うなど対策を強化する。すると代購ビジネスに支えられた爆買いは落ち着きを取り戻した。アリペイやウィチャットペイを導入すれば爆買いが起きるかのような表現で加盟店営業を行う事業者が日本国内にもあるようだが、以上が爆買い終焉の実態であり、第三者決済機関の決済サービスを導入したからといって爆買いが再燃するわけではない。むしろ中国政府は第三者決済機関の海外利用金額を制限している。2016年7月には海外での日次利用額を制限したほか、2017年8月には中国人民銀行や第三者決済機関と共同出資して設立したオンラインショッピング用ネットワーク「網聯」への接続を義務化する通達を出して利用情報を詳細レベルまで把握できるようにし、アリペイやウィチャットペイと銀行の間の資金移動状況を透明化するなど、資金移動の実態把握に努める。さらに静的 MPM 方式の1日当りの利用額を500元（約8,500円）に制限したり、2019年1月までにユーザーの前払金の100％保全を義務づけたり、ユーザーの中国国民 ID の登録を義務づけてユーザーが特定できるようにするなど、資金決済市場の健全化やマネー・ローンダリング対策を強化している。

　一方でアリペイやウィチャットペイも取引の健全化に余念がない。QR コードの次なる技術の模索に注力し、非接触 IC 決済や生体認証決済の実証実験を行ったり、非常に積極的に新技術の情報収集を行っている。網聯接続によって第三者決済機関の平等性が強化され、2大決済サービスの圧倒的優位性にメスが入ると、ラカラやサムニンなど新たな第三者決済機関の決済サービスが日本にも進出してくるなど、中国第三者決済機関の

市場争いは新たなステージへと移行しつつある。先行するアリペイとウィチャットペイは、顔認証決済の展開を開始しているが、それは(3)で詳述する。

(2) スマホがもたらす決済サービスの変革

① モバイル決済の種類と分類

ひと言で「モバイル決済」といっても、その意味するところは人によってさまざまである。「モバイル決済」もまた定義がない。ユーザーがスマホをかざす決済サービスも、加盟店がスマホで代金を受け取る決済サービスも、インターネットショッピングをモバイル上で行うモバイルショッピングもすべてモバイル決済といえる。さらに最近は「スマホ決済」という言葉もよく聞かれ、主に QR コード決済のことを指す場合と、QR コード決済と非接触 IC 電子マネーの両方を含めてスマホを使って決済する方法を「スマホ決済」と呼ぶ場合と、さらには Visa のタッチ決済のようにスマホにクレジットカードやブランドデビットなどの国際ブランド決済を搭載して決済する方法も含めて「スマホ決済」と呼ぶケースもあるので、発言者の主旨を正しく確認する必要がある。また、PayPay や LINE Pay、Bank Pay などのようにユーザーが使う決済サービスを指すケースが多い一方で、Air Pay、ぐるなび Pay などは加盟店における設置端末の呼称であったり、QUO カード Pay のようにギフトカードアプリを指したりなど、ユーザーや小売店がますます混乱するような呼び方であふれている。

本書では、スマホに限定せず携帯電話（移動体通信機器）を

活用した決済サービスを、「モバイル決済」として図表4－5のように分類し、それぞれの特徴について整理する。

② EC、モバイルコマース

モバイルコマースは、携帯電話にてインターネットショッピング、すなわちウェブサイトで商品やサービスを購入することである。これまではパソコンでインターネットショッピングを行う際に、パソコンでクレジットカードの番号やプリペイドカードのIDとパスワードを入力していたが、スマホによっていつでもどこでも気軽にwebにアクセスして買い物できるようになったもので、EC決済のモバイル版といえる。パソコンではなくスマホやフィーチャーフォンのweb接続サービスで、パソコン同様にクレジットカード番号やプリペイドカードのID番号やパスワードを入力して決済することができる。

パソコンからのインターネットショッピングと同じで、クレジットカード番号を入力することで加盟店側にクレジットカード情報が残り、ハッキングや情報漏洩などでカード情報が外部にもれて不正利用につながる懸念があり、加盟店にカード情報が残らない「PCI DSS」対応が求められる。

③ モバイル加盟店端末（mPOS、端末モード）

加盟店が携帯電話を決済端末として活用するソリューションのモバイル決済も増えている。

Twitter創設者のジャック・ドーシー氏は2009年、ガラス工房を営む友人がカード決済端末の導入コストで困っていたのをみて、スマホのイヤホンジャックに差し込んでカード読取端末

図表4-5　モバイル決済の分類

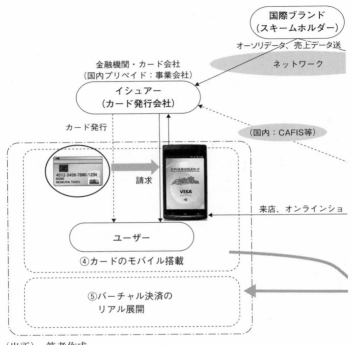

国際ブランド
（スキームホルダー）

オーソリデータ、売上データ送

ネットワーク

金融機関・カード会社
（国内プリペイド：事業会社）

イシュアー
（カード発行会社）

（国内：CAFIS等）

カード発行

請求

VISA

来店、オンラインショ

ユーザー

④カードのモバイル搭載

⑤バーチャル決済の
リアル展開

（出所）　筆者作成

にできる四角形のカード読取装置を開発し、さらにマーケティ
ング機能を付加した加盟店支援システム「Square」として米
国でサービス提供を開始した。2013年には日本にも上陸し、そ
れまでジャケットタイプだった日本のスマホ加盟店端末市場に
一石を投じる存在となった。

　ソフトバンクグループの孫正義氏は「日本は加盟店端末が高
額だからキャッシュレス取扱店が増えない。われわれは無償で
加盟店端末を配布し、加盟店を100万店獲得する！」と宣言

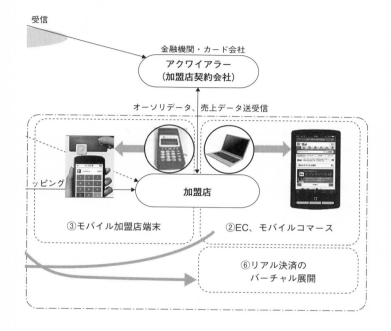

受信

金融機関・カード会社
アクワイアラー
（加盟店契約会社）

オーソリデータ、売上データ送受信

加盟店

タッピング

③モバイル加盟店端末

②EC、モバイルコマース

⑥リアル決済の
バーチャル展開

し、PayPal が米国で展開していた三角形のカードリーダー
「PayPal Here」を日本で展開した。しかし実質無償で加盟店
端末を配布したにもかかわらず、また機能的にも十分に加盟店
端末の機能を果たしているにもかかわらず「PayPal Here」は
普及せず、実質３年あまりで撤退してしまう⁴（加盟店端末を
無償にすれば、キャッシュレス対応店が増えるわけではない事例と

4　正確には、2012年５月に合弁会社を設立して推進を開始し、2015年
に新規受付を停止、2016年３月に完全撤退。

図表4－6　ドングル型スマホ決済端末

	Square	楽天スマートペイ
形状		
導入費用	無料	実質無料 （¥7,980）
加盟店手数料	3.25% （PAN 手入力は3.75%）	3.24% or 3.74%
アクワイアラー	三井住友カード	楽天カード
取扱ブランド	VISA MasterCard DISCOVER JCB D	VISA MasterCard DISCOVER JCB D Edy iD
入金サイクル	みずほ・SMBC：翌営業日 その他：毎週金曜日	楽天銀行：翌営業日 その他：入金依頼の翌営業日
加盟店売上げ 振込手数料	無料	楽天銀行：無料 その他：210円
対応 OS	iOS、Android	iOS、Android

	PayPal Here	Coiney
形状	2016年1月31日サービス終了	
導入費用	実質価格 （オープン価格）	無料
加盟店手数料	3.24%	3.24% or 3.74%
アクワイアラー	ソフトバンクペイメントサービス	クレディセゾン
取扱ブランド	VISA MasterCard （2014年3月～JCB取扱いと発表）	VISA MasterCard DISCOVER JCB D SAISON CARD
入金サイクル	PayPal 口座受取 （3～6営業日）	月6回
加盟店売上げ 振込手数料	無料	10万円以上：無料 10万円未満：200円
対応 OS	iOS、Android	iOS、Android

（出所）　各社報道資料より筆者作成

○Squareは2015年9月10日に
　ICリーダーの予約販売を開始

○楽天は2014年12月に
　最速でIC対応を発表
　（9月末磁気リーダー販売終了）

○SquareのNFC端末

○Coineyも2015年10月末に
　IC対応を開始

（Coineyターミナル）

○PayPal Hereも海外では
　IC対応

（日本は撤退済）

○PayPal HereのNFC端末

いえる）。

　また日本でも起業家が丸型のカードリーダーを国内独自のスマホ決済端末として、提供するスタートアップ「Coiney（コイニー）」を立ち上げ、政府系ファンドが「世界に誇る日本の新技術」と評価して10億円ほどを出資した。すでに磁気カードは簡単に読み取れるだけでなくコピーも可能で、ちまたではスキミングと呼ばれる磁気カードの情報を読み取る犯罪が多発したうえ、読み取られた情報で偽造カードがつくられて被害も発生していた状況に鑑みると、政府系ファンドが磁気カードのクレジットカードを読み取って売上げを計上する仕組みや技術のどの部分を「日本の新技術」と評価したのかは不明である。2015年10月に国際ブランドの Visa がカードの IC 化を義務づけるブランドルール（レギュレーション）の変更「チップライアビリティシフト」を発表すると、IC カード対応が必須になったコイニーは、英国の端末製造会社「ミウラシステムズ」が製造した IC カードリーダー／ライターを購入して日本国内で展開した。ミウラシステムズの端末は、2014年のリオデジャネイロオリンピックで IC 対応したブラジルをはじめ、廉価で IC 対応が可能な端末として世界中で使われている。日本の新技術へと出資された公的資金が、他国の端末購入費に充てられたわけではないと思うのだが、筆者はまだこの新技術の理解に至っていない。

　一方、前述の Square はあくまで独自開発にこだわり、小売店観点で売上管理や在庫管理、販売促進などのサポート機能を追加した。米国 Square は早々に非接触型 IC カードにも対応するなどバージョンアップを繰り返し、たとえばサンフランシ

スコの観光地「ピア39」の周辺では屋台でも Square 端末で
カード決済ができるなど着実に導入店が増えている。

　やがて、国際ブランド会社のブランドレギュレーションにと
どまらず、日本国内でも割賦販売法が改正され、クレジット
カード読取端末の IC 対応が義務づけられると、大型チェーン
店が POS で IC 対応を進める傍らで、導入コストを重視する中
小規模店舗やお洒落やスマートさを重視する小売店では、スマ
ホやタブレットを活用して複数の決済サービスを取り扱うこと
のできる mPOS（モバイル POS）端末として、「Air レジ」「ス
マレジ」「ユビレジ」「blayn」といった mPOS 端末の導入が進
んだ。

④　カードのモバイル搭載

　ユーザーが決済カードを携帯電話に搭載して使うモバイル決
済も増えている。

　2014年10月に米国でサービスを開始した Apple Pay は、国
際規格の決済サービスインフラを活用した決済サービスであ
る。すなわち ISO/IEC14443（Type-A/B）ベースで世界の金融
機関で共用する EMVcontactless の非接触 IC 決済サービスで
あり、Visa や Mastercard など国際ブランド決済カードが使え
る世界中の国際ブランド加盟店の非接触 IC 端末で決済するこ
とができる。

　iPhone には最初から Apple Pay の「Wallet」アプリが搭載
されており、そこに Apple と提携したカード発行会社が発行
したクレジットカードやデビットカード、プリペイドカードを
登録すると、カード番号と 1 対 1 の Apple Pay トークン ID が

設定される。国際ブランド加盟店の端末にかざすとトークンIDが読み取られて国際ブランド会社に連携され、国際ブランド会社が元のカード番号に置き換えてカード発行会社にオーソリデータや売上データを連携する。カード発行会社は元のカード番号のシステムのままで売上げを受領することができ、Apple Pay のトークン ID は第1章で述べたとおり国際ブランド決済カードの BIN に準拠しているので、世界中の国際ブランド加盟店の端末はほぼそのままで決済を受け付けることができる。世界中で共用できる国際ブランド決済の仕組みとうまく融合し、世界中で Apple Pay が使えるようにできている。

　Google Pay も基本的な方向性は同じである。ただし iOS とは異なり、Android の機種はさまざまなメーカーが製造しており、iPhone のように画一的に非接触 IC を搭載することができない。そこで Google は「HCE（Host Card Emulation）」[5]という対応方式を準備した。各メーカーが製造する機種に最小限の通信用 IC を搭載してクラウドに接続すれば、決済に必要なソフトはクラウドで対応できる環境を整えたのである。これによって Android 端末でも世界中の国際ブランド加盟店の非接触 IC 端末で決済できるようになった。

　さらに国際ブランドの Visa と Mastercard は、欧米・アジア・オセアニアの各地域で、「2019年までに各国のイシュアーは非接触型 IC カードを発行し、2023年までに加盟店端末は非

5　NFC においてチップのセキュリティ領域に書き込むカード番号などの機密情報の管理をクラウド対応することで、各メーカーの機種のチップスペックに依存せず EMVcontactless を実装できる方式。

接触IC 対応を行うこと」とのロードマップを公表している。これら非接触IC 化した国や地域からの訪日外国人の消費を取り込むためには、Visa や Mastercard の非接触IC に対応しておいたほうがよい、ということができる。

　一方、Apple Pay は前述のとおり、日本では海外とは異なる方法で利用を実現している。

　2016年時点の日本には、国際ブランド決済の非接触IC である Type-A/B の加盟店端末はまだ少なかった。世界で最も早く非接触IC 決済が普及した日本でメジャーだった非接触IC 規格はFeliCa であり、国内の至るところにFeliCa の電子マネー端末が普及していた。一部の商業施設の端末でしか対応していなかった Type-A/B が日本国内の国際ブランド決済加盟店で普及する見込みは、当時はまだ立っていなかった。複数の鉄道会社が相互乗り入れしたうえ、乗車駅と降車駅から運賃の計算を行い、瞬時にIC チップのプリペイド残高から運賃を差し引いてゲートを開かなければ大渋滞を引き起こす日本の鉄道事情においては、特に改札機には処理スピードが非常に速いFeliCa が必須である。そのFeliCa ベースのIC 乗車券が買い物にも使えるよう展開された小売店にもFeliCa 端末（リーダー／ライター）が普及し、携帯電話もFeliCa を搭載（おサイフケータイ）し、他の電子マネーもFeliCa 対応で追従するなど、日本ではFeliCa 利用環境が普及していた。そのためApple 社は、日本で普及済のFeliCa 端末で決済できるようにすることが最善であると考えたのであろう。IC チップのなかに残高を保有してオフラインで運賃や物販利用額を引き去ることができるよう特別にSuica 対応を行い、国際ブランドのクレ

ジットカードやデビットカードは、海外同様にバックヤードに
データを飛ばして処理する方式が活用できるポストペイ（後
払）型の iD か QUICPay に置き換えることで、日本国内に普
及済の FeliCa 端末で Apple Pay を利用する展開を行った。筆
者は2014年に『キャッシュレス革命2020』（日経BP）という本
のなかで「Apple Pay は世界共用の決済サービスを標榜してお
り、世界共用の非接触 IC 決済インフラである EMVcontactless
に対応できるようバックヤード処理が大前提との思想でシステ

図表4－7　海外各国における Apple Pay の仕組み（海外各国）

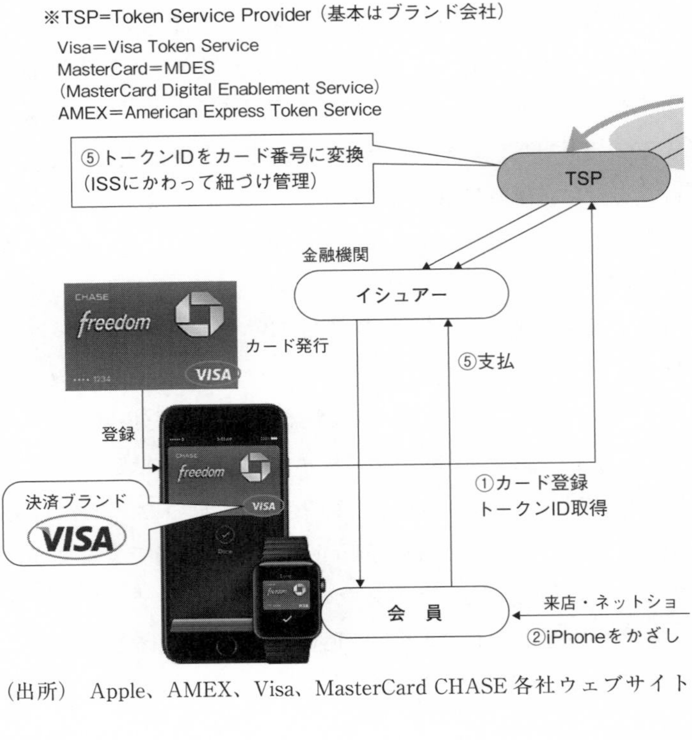

※TSP＝Token Service Provider（基本はブランド会社）

Visa＝Visa Token Service
MasterCard＝MDES
（MasterCard Digital Enablement Service）
AMEX＝American Express Token Service

⑤トークンIDをカード番号に変換
（ISSにかわって紐づけ管理）

TSP

金融機関

イシュアー

⑤支払

カード発行

登録

決済ブランド
VISA

①カード登録
トークンID取得

会　員

来店・ネットショ
②iPhoneをかざし

（出所）　Apple、AMEX、Visa、MasterCard CHASE 各社ウェブサイト

ムを構築している。ゆえに、オフラインが大前提の日本の電子マネーが搭載されるのは難しく、Appleとしても日本市場のためだけにFeliCa対応することはないだろう」と記載したが、その予測は見事に外れてFeliCa対応したのである。

しかし日本市場用の特殊対応は、Appleが目指す世界共用決済の実現には大きな課題を残すことになりかねない。Type-A/BはICチップのなかのデータ書込み方法が接触ICの規格であるISO/IEC7816と同じファイル構造でプログラムやデータ

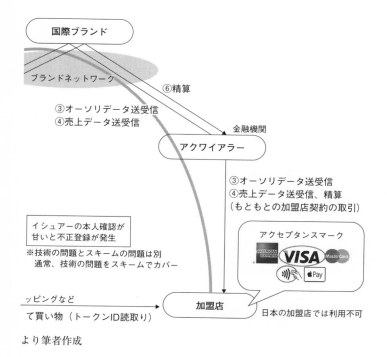

より筆者作成

を書き込むのに対して、FeliCaはスピードに特化した特殊な処理方法を採用している。世界中の金融機関がISO/IEC7816ベースのEMV電文のデータを前提にシステム構築・運用しているのに対して、FeliCaではEMV電文のデータ処理は困難と思われる。また、第1章で述べたように、国際ブランド決済カードのカード番号は、国際ブランド会社がISOから取得したID番号の仕様にのっとっており、元のカード番号とApple PayのトークンIDとの1：1の紐づけ番号の管理はブランド

図表4－8　日本のApple Payの仕組み（日本）

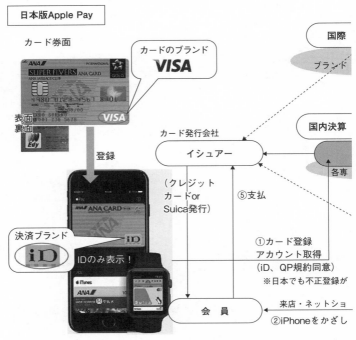

（出所）　三井住友カード、ANA、Apple、iD、QUICPay、Suica、AMEX、

258

会社しかできないとのポリシーを貫くブランド会社もいる。ブランド決済スキームにおいて何か不具合や不正利用が発生した場合の責任を担う意識の高いブランド会社であれば当然の考え方である。そのため、日本の Apple Pay のように国際ブランド決済カードを他の決済サービス（iD や QUICPay）に置き換えて、なおかつそれらカード番号の管理を他社が担うというスキームは容認されづらい。これが、日本の Apple Pay で Visa が使えない大きな要因と考えられる。

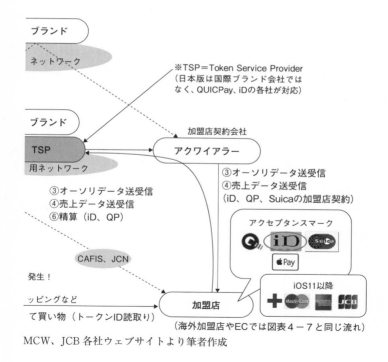

MCW、JCB 各社ウェブサイトより筆者作成

⑤　バーチャル決済のリアル展開

　ユーザーがモバイルを使って支払うという意味では、決済カードのスマホ搭載に似ているが、少し異なる経緯で発展したのがバーチャル決済のリアル展開である。すなわち、インターネットショッピングにてIDとパスワードを入力することで、あらかじめIDに紐づけたクレジットカードやチャージ残高などで支払う決済方法が、スマホによってリアル店舗でも決済できるようになった決済方法である。バーチャルのECではIDをパソコンやモバイルから手入力していたが、リアルではIDをQRコード化したうえでユーザーのスマホ画面に表示し、加盟店端末で読み取って支払う（Customer Presented Mode：CPM）方式と、加盟店番号のQRコードをユーザーのスマホのカメラ（QRコードリーダー）で読み取ってユーザー自身が自らのスマホアプリに購入金額を入力して支払う（Merchant Presented Mode：MPM）方式の2つがある（図表4－11、4－12参照）。スマホに非接触ICが搭載されている必要がなく、カメラと画面はおおよそどの機種にも搭載されているので、機種を選ばずだれもが簡単に決済できる方法として中国やインドで普及した。MPM方式であれば加盟店端末も不要であり、屋台が多い中国や東南アジア諸国の小規模店との親和性も高い。詳細は後述する。

⑥　リアル決済のバーチャル展開

　逆にリアル店舗での決済方法をバーチャルに展開したモバイル決済もある。

　前述のとおり、Apple Payはクレジットカードやデビット

カード、プリペイドカードを iPhone の Wallet アプリに登録して、リアル店舗の加盟店端末で非接触 IC 決済する支払方法である。Apple 社製のデバイスである iPad や Mac Book には Touch ID や Face ID の生体認証機能が搭載されており、iPad や Mac Book でインターネットショッピングする際には、Apple Pay の加盟店であればデバイス上で Touch ID や Face ID を確認して、バーチャル加盟店の利用代金を iPhone で支払うことができる。モバイルコマースの加盟店も同じである。さらには App Store からダウンロードしたアプリのなかで課金が発生するときも iPhone や iPad、Mac Book の Touch ID や Face ID で生体認証をして支払うことができる。

このように、リアルの決済において、特に本人認証の機能を活用してバーチャル決済の安全性を高めつつリアル決済の手法を便利にリアル決済に活用する取組みも展開されている。

(3) QR コード決済の仕組みと動向

① QR コードの仕組みと 1 次元バーコード、2 次元バーコード

中国で QR コード決済が爆発的に普及したことを書いたが、ご存知の方も多いとおり、QR コードは日本のデンソーウェーブが開発した 2 次元バーコードである。日本企業の技術が世界で使われているのだ。

QR コードは「Quick Response Code」の略称である。トヨタ自動車の「かんばん方式」の工程において、当初は 1 次元バーコードを指示書に貼ってマシンに読ませていたが、1 次元バーコードがたくさんになって人間が読む文字を記載するス

図表4-9　1次元バーコードと2次元バーコードの違い（構造と特徴）

2次元バーコードは、情報量を増やすと同時に、球面への貼付けや読取り方向を気にせず読取りが可能に

①コードの構造

バーコード

・横方向にのみ情報を保持（20桁程度）
・白黒バーの太さ（最大4種類）と並びのパターンで情報を表現

QRコード

・縦、横の2方向に情報を保持（大容量）
・白黒のセルの並びのパターンで情報を表現（セルの大きさの比率は1：1）
・セルを増やせばデータ量を増やせる

縦横や光の反射を気にせず表示して読み取れる

②データの復元（誤り訂正）

バーコード

・エラーの検出（チェックデジット）は可能だがデータの訂正、復元は不可
　⇒読取りできない
・コード種によっては誤読の可能性あり

QRコード

・「誤り訂正機能」によりコードの最大30％が破損しても復元して読取りが可能

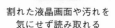

割れた液晶画面や汚れを気にせず読み取れる

（出所）　デンソーウェーブウェブサイト

ペースがなくなってしまった際に、トヨタが当時のデンソー（後にデンソーから自動車用部品以外の部門がデンソーウェーブとして子会社化）に改善を指示した。デンソーウェーブは2次元バーコードに目をつけ、先行する2次元バーコードを研究してつくりだしたのがQRコードである。2次元バーコードでは最後発といっていい。ゆえにQRコードは、先行する2次元バーコードの長所を結集した製品になっている。先行する2次元バーコードの良いトコ取りをしてつくったQRコードについて、特許使用料を無償にすることで世界中に広まった（ただし、勝手に加工や応用できないようさまざまな関連特許が存在するので注意が必要である）。そこに目をつけて決済に活用したのがアリペイやウィチャットペイである。技術的には非接触ICよりもかなり簡単な技術ということができ、セキュリティはお世辞にも高いとはいえない。そもそも1次元バーコードより多くの情報量を小さなスペース上に実現することが命題だったのであり、決済のような高いセキュリティを必要とする用途に開発されたものではない。

　1次元バーコードは、最大4種類の白黒バーの太さと並べ方で20桁程度の数字しか表現できない。しかしQRバーコードであれば、縦と横の2方向に「セル」という小さな白黒の正方形を並べることで数倍のデータ量を表現でき、セルを増やすことで最大7,000文字の英数字や漢字までを表現することが可能だ。1次元バーコードとは異なり読取り向きが決まっていないので、工場で貼り付けた部品がてんでばらばらの方向を向いていても、丸みを帯びた部品に貼られていても、容易に読み取ることができる。さらに工場で油などの汚れや破損があっても、

図表4－10　代表的な2次元バーコードとその特徴

		QRコード®	DataMatrix
開発会社（国）		デンソーウェーブ（日本）	CI Matrix社（米国）
データ量	数字	7,089	3,116
	英数字	4,296	2,355
	バイナリ	2,953	1,556
	漢字	1,817	788
主な特長		大容量データ 省スペース 高速読取り	省スペース
主な用途		全分野	FA
規格化		ISO JIS AIM International	ISO AIM International

（出所）　デンソーウェーブウェブサイト

最大30％の大きさまで読み取ることが可能だ。スマホの画面に光が反射したり、液晶画面が割れていたりしても気にせず読み取ることができる。

　図表4－10は代表的な2次元バーコードである。PDF417は米国の国内線などの航空機搭乗券でみたことのある方が多いであろう。レジのないお店として有名になったAmazon Goでは、有識者や専門家と呼ばれる方が新聞などでQRコードと仰っているのをよく目にするが、Amazon GoはQRコードではなくAztecコードというやはり米国の2次元バーコードを

MaxiCode	PDF417	Aztec
UPS 社（米国）	Symbol 社（米国）	Welch Allyn 社（米国）
138	2,710	3,832
93	1,850	3,067
—	1,108	1,914
—	554	957
高速読取り	大容量データ	高速読取り
物流	OA	運輸
ISO AIM International	ISO AIM International	ISO AIM International

採用している。QR コード以外の 2 次元バーコードは、事業譲渡されたり買収されたりなどの変化に見舞われており、現在なお追加開発できる会社はデンソーウェーブのみとなっている。そして実際にデンソーウェーブは、決済サービス向けにセキュリティ機能を高めた新たな QR コードなどを開発している。

② QR コード決済の仕組みと特徴

　QR コードは一見、人間には何が書いてあるかわからない複雑な模様にみえるが、コンピュータの目にはきわめて簡単に文

図表4−11　CPM（顧客表示方式）のフロー

CPM：顧客表示方式

- ・POSでユーザーのスマホに表示したQRコードを読取り（QRコードは一定時間で変更可能）
- ・読み取ったID番号を決済事業者に連携して決済（CAFISなど加盟店端末が接続するネットワーク経由）
- ・決済事業者は直接利用者のスマホへ決済結果を連携（利用通知）することで利用者の安心感を高めることも可能

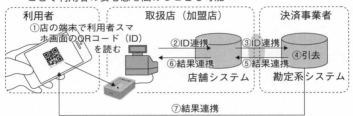

（出所）　筆者作成

図表4−12　MPM（店舗表示方式）のフロー

MPM：店舗表示方式

- ・店頭にQRコードを表示（端末不要。タブレットなどで表示変更する方法もある）
- ・店頭のQRコードをユーザー（買物客）のスマホで読み取り、利用者が自分のスマホアプリに金額を入力（店員は入力金額を確認！）
- ・携帯電話通信網で決済事業者にデータを連携して決済（加盟店端末接続ネットワークは経由せず）
- ・店員のスマホアプリ等に利用通知が着信

②利用者ID、加盟店ID（QR）、金額等を連携

利用者	取扱店（加盟店）	決済事業者
①アプリで店頭のQRコードを読み取り、金額を入力	④結果連携 店主のスマホや店のタブレット	③引去 勘定系システム
⑤結果画面をみて確認		

④結果連携

（出所）　筆者作成

字列がみえている。QRコード決済は、QRコードに書かれた
ユーザーのID番号や加盟店番号を読み取り、決済事業者の
サーバに連携してあらかじめ登録されたクレジットカードや
チャージされたプリペイド残高、金融機関口座残高で支払う決
済サービスである。

　QRコード決済には、ユーザーのスマホ画面に表示したQR
コードを加盟店端末で読み取って支払うCPM（Customer Pre-
sented Mode：顧客表示方式）と、加盟店端末のモニターやレジ
回りに貼ったQRコードをユーザーのスマホで読み取って支払
うMPM（Mêrchant Presented Mode：店舗表示方式）がある。
CPMではユーザーを識別するトークンIDを表示、MPMでは
加盟店番号など店舗を識別する番号をユーザーのスマホアプリ
で読み取り、購入金額を入力して事前登録した支払方法で決済
する。決済事業者のサーバには、ユーザーごとにIDに紐づけ
られた支払方法が管理されており、QRコード決済代金が、事
前登録されたクレジットカードや金融機関口座の口座振替、
チャージされていたアカウント残高などで決済事業者に支払わ
れ、決済事業者が加盟店手数料を差し引いて加盟店に支払う。

③　国内における新たな決済サービスの動向

　国内のQRコード決済は、2014年に「LINE Pay」がサービ
スを開始して以降、「オリガミペイ」（2020年にメルペイに買収
されサービス終了）や「楽天ペイ」など新たなQRコード決済
サービスが登場を続けている（QRコード決済といっても、POS
レジにQRコードリーダーのない加盟店が多く、まずは1次元バー
コードを読み取って決済するCPM方式が多い）。

最初に認知が広まったのは2014年12月のサービス開始時に「月間取扱高100万円以下の決済手数料は０％」と手数料ゼロを打ち出した LINE Pay である。残念ながら加盟店手数料ゼロでもなかなか加盟店が増えなかった LINE Pay は2018年６月に「決済革命」と銘打って３つの施策を発表する。１点目は決済アプリ「LINE Pay 店舗用アプリ」の提供開始。「レジ機能」に加えて店舗アカウントで友達にメッセージ配信が可能な「メッセージ機能」を備え、店舗の販売促進を支援する。２点目は「LINE Pay 店舗用アプリ」利用店舗の決済手数料を３年間ゼロにするというもの。３点目は「マイカラー」制度のアップグレード。利用額に応じて会員ステイタスが向上する仕組みの導入である。それまでの「月間取扱高100万円以下の加盟店の手数料はゼロ」と比較すると「加盟店アプリ導入店は３年間手数料ゼロ」との条件変更は、対象となる小売店が縮小したように思える。しかしマスコミをはじめキャッシュレスに注目していた自称専門家やコンサルタントは「とうとう加盟店手数料ゼロの時代がやってきた！」「銀行は到底 LINE に勝てない」などと大きく取り上げる記事が溢れた。

　さらに QR コード決済の認知を広く一般消費者にまで拡大した出来事は、その数カ月後の2018年10月にやはり加盟店手数料ゼロでサービスを開始した PayPay が、12月に「100億円あげちゃうキャンペーン」を展開したことである。すべての買い物において購入金額の20％が上限なしでキャッシュバックされるうえ、抽選で当たると全額キャッシュバックにもなるキャンペーンが始まると、PayPay が使える家電量販店に客が殺到した。当初３カ月間が予定されていたキャンペーンはわずか10日

間で100億円に達して終了してしまった。ニュース番組もこぞってこの現象を放映し、東京・墨田区の商店街などPayPayを導入していた中小小売店でも、取材を受けたタコ焼き屋の女性店主が「これまでキャッシュレスは導入したことがなかったが、これは本当に便利。加盟店端末は不要で、お客さんが自ら店頭のQRコードを読み取って支払を完了させてくれるから、私はタコ焼きを焼いていればいいだけ。いちいち手を洗ってお釣りを渡す必要もない」と笑顔で喜ぶ姿が映し出された。店頭にQRコードを表示するだけの決済サービスが、これまでいっさいキャッシュレスを導入しなかった小売店にキャッシュレスの便利さを実感させたことが全国に放映された瞬間である。加盟店端末が不要ということは、端末導入コストも面倒な端末操作を覚える必要もなく、加盟店手数料も不要、現金を用意する必要もなく、閉店後に現金を数えたり帳簿と突合せたりする作業も、営業中に現金を触る必要もない。強盗や紛失、数え間違いなどのトラブルに見舞われる可能性もないキャッシュレス化のメリットが、やっと日本でも理解される時代になったと感じられた。

　年が明けた2019年1月にはLINE Payも20%キャッシュバックを展開する。さらにPayPayも第2弾100億円キャンペーンを実施するなど、各決済サービスがさまざまにキャンペーンを展開し、特典提供が活発化した。さらに政府も2019年10月の消費税増税による消費低迷対策として、当初2020年7月に予定されていた東京オリンピック・パラリンピック開催までの9カ月間、中小規模店舗でのキャッシュレス決済に5％を還元する「キャッシュレス・ポイント還元事業」を実施するなど、キャッ

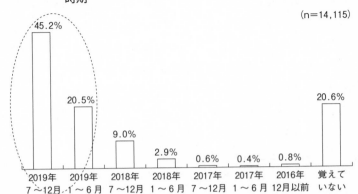

図表 4 −13　最も利用している QR コード決済サービスの利用開始時期

(n＝14,115)

（出所）　MMD 研究所「2020年１月スマートフォン決済利用動向調査」調査期間2019年12月26日〜2020年１月５日。18〜69歳までの男女48,208人を対象にインターネット調査。

シュレス化の波が一気に押し寄せた。

　しかしながら手数料ゼロ、すなわち収入がゼロなのに数百億円規模の消費者還元を行うというのは、真っ当なビジネスとしては考えられない。それが成立するのは別のところで収益をあげるからにほかならない。ただ、決済とは債権と債務の解消であり、ユーザーのお金を加盟店に渡すという経済活動において非常に重要な機能を果たす。別の事業で収益があがらなくなったから撤退するとか、加盟店が取り扱った決済サービスによる売上代金が万が一にも支払えないなどという状況を発生させるわけにはいかない。2018年12月には PayPay が多重決済や不正利用などの問題も発生させたが、これが金融機関であればもっと深刻な社会問題として報道されていたはずである。2020年１月にはオリガミペイがメルペイに買収されたが、１株１円の買

収で事実上の破綻であるとの報道が流れており、以前より講演などで懸念を表明していた筆者は、加盟店支払の不履行が発生しなくてよかったと胸をなでおろした。万が一、加盟店への支払が不履行になれば、決済事業者の連鎖倒産が加盟店である小売店業界やそこに融資する金融機関など国全体の経済活動にも影響しかねない。そう考えると金融システミックリスクに備えた仕組みや、決済サービス単体でも採算のとれるビジネスモデルが必要である。となると、決済を本業として安全・安心を第一として厳格に、しかし公平公正に消費者から信頼される金融ビジネスを展開してきた日本の金融機関には、安心して末永く利用できる決済サービスを提供してくれるのではないかとの期待が高まるのは自然である。

　その金融機関では、3メガバンクが中心となり、ゆうちょ銀行やりそな銀行、横浜銀行や全国地方銀行協会、第二地方銀行協会、全国信用金庫協会や全国信用協同組合連合会、労働金庫連合会、農林中央金庫など約1,300の金融機関が参加する日本電子決済推進機構（JEPPO）が、全国金融機関共通の決済サービス「Bank Pay」の取扱いを2019年10月より開始した。「Bank Pay」は「J-Debit」の仕組みを活用することで金融機関がイニシャルコストを大幅に抑えて参加でき、ユーザー口座と加盟店口座の間で毎日口座振替できるJ-Debitの精算の仕組みを活用するためJ-Debitと同じように3営業日以内に加盟店支払ができ、低コストで実現できるため加盟店手数料は1％台で展開されるというAll Bankのスマホ決済サービスである。通常の決済サービスにおいて加盟店に取扱代金を支払うのは口座振替ではなく口座振込で、決済事業者には振込手数料が大きな負担と

なるのだが、J-Debit のインフラを使うのでそれが発生しない。さらにユーザーがチャージするにせよ、利用代金を銀行口座から振り替えるにせよ、どこの銀行が使えるかは決済サービスが利用されるためにきわめて重要である。決済サービス事業者は通常、たくさんの金融機関との口座振替やその手数料の交渉が非常に煩雑で難航するのだが、「Bank Pay」は最初からほとんどの金融機関が使える。このアドバンテージは非常に大きい。全国の自治体には指定金融機関があり、最近は手数料が安く採算があわないとして指定を辞退する動きもみられるが、たとえば税金や公共料金の納付書に QR コードを印刷して、地域住民が自分のスマホアプリで納付書の QR コードを読み取って支払うことができれば金融機関やコンビニエンスストアの窓口に行く必要はなくなり、支払う側も受け取る側も非常に便利になる。この時にあちらの市は○○ペイ、こちらの町では△△Pay とバラバラでは不便であり、全国のほとんどの金融機関で使える Bank Pay で実現すれば、日本のキャッシュレスは一気に加速する。

　なお、口座振替については中央省庁などが API 接続を推進しているが、金融機関がシステム改修コストをかけて対応するにはそれなりの費用対効果が必要である。でなければ株主にも説明がつかない。費用対効果をもたらす FinTech サービスが金融機関からも期待される。

　すでに金融機関でも、「銀行 Pay」や「& Pay」「J-Coin Pay」などの決済サービスが提供されており、たとえば「銀行Pay」陣営の「はま Pay」や「ゆうちょ Pay」は「Bank Pay」との相互利用を目指すと発表しているが、金融機関の体力低下

が深刻化するなか、今後は金融業界が一致団結して効率的に全国共通の決済サービスを推進していくことがきわめて重要である。繰り返しになるが、決済は装置産業、すなわちインフラビジネスである。それを理解しているから、海外の金融機関や決済サービス提供者は、Apple や Google に至るまで世界共用の国際ブランド決済のインフラを活用している。インフラ部分は協業領域としてシステムや業務を効率化し、上位のサービス提供部分を競合領域として企業独自や地域独自のサービスや付加価値を提供することで、差別化を実現しているのだ。セキュリティ対策も協業で取り組めば、より多くの発生事象や対策効果などの情報が集まり、不正の検知も効果ある対抗措置も迅速に対応が可能となり、コストも被害も低減できる。実は日本のクレジットカードでは、シングルアクワイアリング（1社が集中で加盟店契約を締結するかたち）のJCBがまさにこの理屈のとおり、数多くの加盟店の情報が収集できることから、有事の検知も対策もスピーディにでき、先行してノウハウが蓄積できている。日本の金融機関がAll Bankで一致団結して「Bank Pay」を推進することが、安全・安心なキャッシュレス社会の実現の近道になると考えられる。

　なおコンビニエンスストアでも、2019年7月1日よりセブンペイやファミペイが、いずれも加盟店手数料の流出を抑えつつマーケティング機能を高める目的で、独自の決済サービスを開始した。ファミペイは、ファミペイアプリにタイアップするメーカーのクーポンを配信したり、人気商品をお得に買える回数券を載せたりなど、ファミリーマートの売上増に貢献するマーケティング機能の搭載を粛々と進めている。しかしセブン

ペイは、サービス開始2日目にして他人のクレジットカードを紐づけ登録する不正使用が多発し、サービスを終了することになった。決済サービスにおける不正利用の怖さをまざまざとみ

図表4−14　主なQRコード決済サービス一覧

サービス名称	d払い	au PAY	PayPay	楽天ペイ
運営主体	NTTドコモ	KDDI	Softbank Yahoo!	楽天
端末I/F	バーコード（CPMのみ）	バーコードQRコード	バーコードQRコード	バーコードQRコード
主な支払方法	〈利用後支払〉・電話料金合算・クレカ紐づけ・dポイント充当・ドコモ口座充当	〈事前チャージ〉・au Wallet残高（auポイント、クレカ、じぶん銀行などからチャージ）	〈事前チャージ〉・PayPay残高（BK口座、Y!カードからチャージ）※近日SBポイント置換	〈利用後支払〉・登録クレカ払い（クレカ事前登録、利用都度払い）・Rポイント充当
加盟店手数料	総合的判断	0%（2021年7月まで以降3.25%予定）	0%（2022年6月まで）	3.24%（ブランドによっては3.74%）
入金サイクル	月2回	月1〜2回	JNP：翌日、他BK：翌々日（1万円以上）	翌日入金（楽天BKから他BKに拡大）
備考	端末必須	楽天Pay加盟店で利用可能	中小小売店へMPM積極展開	楽天キャッシュで送金可能

（出所）　筆者作成

せつける事例となっている。

　コンビニエンスストアを経営する店舗オーナーとしては、PayPay や LINE Pay のように決済金額の20%を還元する特典

LINE Pay	Bank Pay	メルペイ	オリガミペイ
LINE	全国金融機関	メルカリ	オリガミ
バーコード QR コード FeliCa（QP）、 Type-A/B（Visa）	QR コード	バーコード QR コード FeliCa（iD）	バーコード QR コード
〈事前チャージ〉 ・チャージ残高 （銀行口座、店舗、ATM、クレカ登録などでチャージ）	〈利用時支払〉 ・スマホデビット （金融機関口座から自動振替）	〈事前チャージ〉 ・ポイント残高 （メルカリ売上金でポイント購入 or BK 口座チャージ）	〈利用後支払〉 ・登録クレカ／BK 口座払い （クレカや BK 口座を事前登録、利用都度支払）
加盟店アプリ利用は 3 年間 0 ％ AP 利用2.45% 店頭・EC3.45% EC コンテンツ5.5%	1 ％程度 （加盟店契約する金融機関次第）	1.5%	0 ～3.25%
月 1 ～ 5 回 （ 2 回目以降は手数料200円／回）	3 営業日以内 振込手数料不要 ホワイトレーベル対応	月 1 ～ 2 回 （10万円以上は即時振込）	月 1 回
本人確認後に送金・現金化可能。 MPM 用端末有。	メガ、地銀、信金等 全国金融機関共用。推進は個社判断。	無償ポイント、有償ポイント、資金移動ポイントあり	MPM 用端末有 2020年 1 月メルペイが買収

が付与されると、自身が割引原資を負担しなくても決済事業者が20％もの特典を提供してくれるので魅力的である。導入したいと考えるのは当然であるが、コンビニエンスストア本部としては単に外部の決済サービスを導入するだけでは加盟店手数料が流出するうえ決済データを活用することもできない。流通企業にとって決済サービスの導入は手数料の流出に直結する。独自の決済サービスをつくって手数料の流出を抑えると同時に決済データを活用して本業貢献を考えるのは当然の方向性である。ただしこれら流通企業の決済サービスにおいてもやはり、ユーザーに金融機関口座やクレジットカードを登録させたり、チャージさせたりするのは大きなハードルとなる。そこでたとえば Bank Pay の仕組みを使って、すなわち OEM のように Bank Pay のインフラを活用して流通企業独自のハウスペイメントサービスを実現することができれば、一気にハードルは下がる。あくまでも Bank Pay が全国で加盟店を増やして普及させることが前提となるが、今後は Bank Pay とほかの Pay との提携動向にも注目したい。

④　キャッシュレス推進協議会のコード仕様と実用性

　QR コード決済がこれだけ乱立してくると、小売店にも消費者にも何が何だかわからなくなってくる。あの店では○○ Pay が使え、この店では□□ Pay が使えるが、自分のもっているのは△△ Pay となると、「現金がいちばん便利」となりそうである。そう考えたときに「1つの QR コードを店頭に提示しておけばどの Pay も使えて便利ではないか」と考えるのは、一見合理的に思える。また(3)①で述べたとおり、QR コード決済

は単純な数桁の数字を読み取ってサーバに連携するだけの非常に簡単な決済サービスであることから、別の決済サービスなのにたまたま酷似した数字を読み取って誤請求が発生する可能性も考えられる。決済サービスごとに識別番号をつけて間違いが起こらないように整理しようと考えるのも自然である。そこでキャッシュレス推進協議会が整備したのが統一 QR コード「JPQR」である。

　JPQR では、CPM の1次元バーコードや QR コード事業者コードの ID の頭8桁を事業者識別番号として決済サービス別に固定番号とすることで、決済サービスを誤認することなく正しく識別できるようにする規格である。事業者識別番号は決済サービスのデファクトスタンダードである EMV に準拠する。

　実は第1章で述べたとおり、ID は ISO/IEC7812という国際規格で頭番号1桁の産業識別子が決まっており、さらに頭番号を含む6桁が発行者識別番号としてスキームホルダーに分け与えられている。頭番号「4」と「5」が金融・ファイナンス分野の識別子で、「4」で始まる6桁の発行者（イシュアー）識別番号のほとんどを Visa、「5」で始まる発行者（イシュアー）識別子のほとんどを Mastercard が取得していると書いたあの番号である。JCB、American Express、Diners Club は Travel and Entertainment の産業識別子「3」で始まる。国際ブランド決済カードは、クレジットカードのみならずデビットカードやプリペイドカードもこの番号体系を使ってカード発行されており、この整理に基づいて世界の金融機関で IC 取引手順などを決めているのが EMV である。EMV には QR コード仕様もあり、JPQR では仮に海外の QR コード決済サービス

が日本で使われるようになったとしても、間違いが発生することなく決済できるよう EMV に準拠すると決めたのだ。そしてこの整理を推進した分科会のリーダーを、日本で唯一の国際決済ブランドとして ISO/IEC7812 や EMV をよく知っている JCB が務めて CPM の統一仕様を整理した。

MPM では、加盟店識別番号を整理している。すなわち、JPQR として1つの統一加盟店番号を QR コード化して店頭に表示し、その店で使える決済サービスの事業者が自社で管理する加盟店番号と1対1の紐づけ管理を行い、ユーザーが読み取った統一加盟店番号を自社の加盟店番号に置き換えることで売上げをあげた加盟店を識別し、取扱代金を支払うスキームとなっている。これにより「1つの QR コードを貼れば、さまざまな QR コード決済サービスが使える」状態を実現しようというのだ。2019年8月からは総務省がこの JPQR を使って岩手県、長野県、和歌山県、福岡県で「JPQR」普及事業を開始している。さらに2020年には全国規模に拡大するようだ。

しかし残念ながら、決済サービスの業務運用を考慮すればこの方法が円滑に運用できるとは考えにくい。ある小売店でどの決済サービスが利用できるかは、当該小売店と決済事業者の契約事項である。加盟店手数料は決済事業者によって異なる。QR コードを1つ店頭表示するだけでは、消費者はその店でどの決済サービスが使えるのか識別できない。

実際の運用を考えると、まず取扱開始段階において、加盟店審査は決済事業者ごとに審査基準も審査にかかわる時間も異なるので、JPQR を申し込んでも取扱いを開始できる日程が決済サービスによって異なる。ある決済サービスは使えるが、ある

決済サービスはまだ使えない、との状況になる。この混乱はまさに経済産業省のキャッシュレス・ポイント還元事業で発生した混乱と同じである。キャッシュレス・ポイント還元事業では、対象店のポスターの下部に取扱決済サービスが表示されたが、表示されているのに取扱いできない決済サービスが存在し、利用できると思って買い物したユーザーと店頭トラブルが発生した。同じことが発生しうるのである。総務省のJPQR普及事業では、この店頭トラブルが発生しないよう、統一QRコードの下に当該店舗で利用できる決済サービスのブランドロゴシールを貼るという解決策にたどり着いている。決済サービスのブランドロゴを複数並べて表示するのであれば、ロゴの横にQRコードが表示する方法と大して変わらず、むしろ最初からその店で使える決済サービスのロゴとQRコードを表示するほうがシンプルである。下手にJPQRを使うと加盟店は未開始の決済サービスについていつから開始できるのかを管理しなければならず、開始連絡が来たらJPQRの下にブランドロゴを追加しなければなどと不要な心配事が増える。さらに取扱開始後も、かえって加盟店の業務運用は煩雑になりそうだ。現在は緒についたばかりのQRコード決済事業者各社が今後決済サービス提供のノウハウを蓄積していけば、加盟店売上げの規模や業種によってリスクが異なることに気づき、リスクに応じた手数料に変更する可能性は高い。加盟店手数料に変更が生じれば、当然契約を見直す加盟店も数多く発生することになり、その際にいちいち統一QRコードであるJPQRの下のロゴマークシールから使えなくなった決済サービスを剥がさなければ、店頭の表示と実際に使える決済サービスとは異なることになり、統一

QR 表示は意味をなさなくなる。たとえばある加盟店がある決済サービスで「ぼったくり」の売上計上を発生させて被害が多発した場合、当該決済事業者は加盟店契約を解除するが、そういった加盟店契約解除の基準や契約解除に該当すると判断するための取引実績は決済事業者によって異なる。決済事業者ごとに異なる契約条件にのっとって、契約解除が発生するたびに、統一 QR コードで取り扱う決済サービスに変更が生じるのだ。実際に60年ほどの歴史があるクレジットカードをみてみると、いまはもう使われていない国内決済ブランドのステッカーをいまなお店頭に貼っている加盟店は少なくない。加盟店には使える決済サービスが正しく表示されることのほうが、来店客とのトラブルを防ぐために重要であり、クレジットカードで複数のアクセプタンスマークが表示されているように、店ごとに最新の取扱決済サービスを表示するほうがむしろ業務運用は効率的である。

　また、QR コード決済のインターフェイスが非接触 IC や生体認証に変わる可能性もある。日本の報道や自称専門家は「電子マネーは非接触 IC」「クレジットカードは接触 IC」「スマホ決済は QR コード」などと決済サービスをすぐに媒体で分類しようとするが、媒体はあくまでデータ授受の媒介物であり、肝になるのは媒体ではなく媒体につながる業務とシステムからなるビジネスである。象徴的な事例が金融庁主導による銀行グループのカード会社再編であろう。「カード」という媒体に惑わされ、購入商品ごとに個別に契約を締結する個別信用購入斡旋と、会員に与信を与えて利用限度額内で立替払いする包括信用購入斡旋というまったく異なるビジネスを「同じカード会

社」として強引に集約した結果、いつまで経ってもシステム統合ができない。事業が異なるのだから基幹システムも異なり、1つにまとまらないのはいわば当然である。決済サービスが正しく理解されていない象徴的な事例といえよう。重要なのは媒体ではなく、ビジネスモデルである。媒体技術が変化したり、不正利用が多発したりすれば、使う媒体は変化する。

そもそもJPQRが参考にしたシンガポールの統一QRコード「SGQR」も、SGQRを整備・運用するNETSという組織に問い合わせれば、QRコード決済はキャッシュレス決済件数の1％以下しか使われていないという実態が容易に確認できる。シンガポールではすでに多くのキャッシュレス決済は非接触IC決済なのだ。

総務省のJPQR普及事業は2020年6月から全国に拡大されるが、先行する4県では実際にどれだけの利用がされたのか、JPQRの有効性はどこにあって、その長所を全国展開ではどう伸ばせばいいのか、どのような課題があって、その解決策や善後策はどうすればよいのか、2019年度の事業結果を総括して、2020年度の事業に有効活用することで、ぜひこれらの懸念を払拭していただきたい。

CPMについても、世界中のキャッシュレス決済が国際ブランドの非接触IC決済になりつつある現状と、中国で爆発的に普及するQRコード決済がEMVのQRコード仕様に準拠していない状況に鑑みると、EMV-QRコード仕様に準拠する必要性は現状では低いといわざるをえない。筆者は2017年にVisaとMastercardの米国本社を訪問し、QRコード決済担当者の個人的見解を確認したが、両者とも「QRコード決済は加盟店

端末の設置が普及していない発展途上国用の暫定的決済方式」といっており、実際に先進国では QR コード決済を展開していない[6]。統一 QR コード仕様[7]には、事業者識別コードについて「協議会事務局が発番した番号以外の 8 桁の番号を、協議会事務局の承認を経たうえで使用することも可能」とあるが、実際に EMV に準拠した ID 番号を保有しているのは国際決済ブランド会社だけである。Visa、Mastercard、American Express など海外の国際ブランド会社が QR コード決済を発展途上国用と位置づけて展開しているなか、日本で事務局の承認を経る可能性があるのは、このガイドラインの策定を行った分科会のリーダーであった JCB くらいである。実際に JCB は自ら保有する ID を使って「Smart Code」を展開しているが、CPM では QR コードを読み取る加盟店端末が決済サービスを正しく識別できれば統一番号は不要であり、事実、CPM を取り扱う大型加盟店は、POS レジで読み取った QR コードのデータをゲートウェイに連携して判別させることで、JPQR 準拠の QR コード決済サービスも非準拠の QR コード決済サービスも正しく判別処理できている。

　それでなくても、たとえば LINE Pay は2019年 5 月に「300

6　経済産業省が同年実施したキャッシュレス検討会：正式名称「クレジットカードデータ利用に係る API 連携に関する検討会」では、委員を務める QR コード決済事業者の代表取締役が「米国でも中国でも QR コード決済が普及している」と事実誤認の発言をしたのをだれも正すことのないまま、検討会は終了している。その発言をした QR コード決済サービスはその後、事実上の破綻といわれながらメルペイに買収されていった。SGQR の事例もあるように、キャッシュレスの議論はもっと決済サービスについて公正公平に正しく深い前提認識を共有したうえで議論される必要がある。
7　正式名称「コード決済に関する統一技術仕様ガイドライン」。

億円還元祭り」を実施した際には490万人いた月間アクティブユーザーが、特典の少ない第3四半期には286万人に減少するなど、大胆な特典を提供しないと使われない現在のQRコード決済サービスでは、決済サービスを利活用しようにも十分なデータ量を集める途中で体力が尽きかねない。仮に十分な量と多様なデータを集めたとしてもそのデータを使ってなんらかの誘導を行うためにはやはり特典が必須であり、特典での誘導で効果をあげるためには決済データを活用した特典提供以外の特典を絞る必要に迫られる。しかし、もともと特典目的で集まったユーザーは特典を絞ると離脱するし、特典慣れしたユーザーを特典で誘導しても定着する可能性はきわめて低い。

　ただでさえ超薄利多売な決済ビジネスにおいて、そのように低収入で体力を消耗する手法を続けていては、ますますQRコード決済サービス事業者の体力は削られて、収斂が加速すると考えられる。結果として、たくさんのQRコード決済サービスを統一することが目的のJPQRに血税を投入して実証実験や全国展開を行う意義があったのかと問題になる可能性すら懸念される。筆者の杞憂に終わることを願ってやまない。

⑤　QRコード決済の課題と不正利用

　ここまではQRコード決済の利便性やメリットを中心に記述したが、前節の後半に記述した統一QRコードにおいて少し触れたように、QRコードを活用した決済には課題も多い。

(a)　通信障害とシステム障害

　QRコード決済は、サーバに保存したデータに基づいて決済

を行うサービスであるため、サーバにつながらないことには決済できない。つまり、オンライン通信が必須で、通信障害の際や電波環境がよくない店舗においては使えない。2018年11月にはソフトバンクが大規模な通信障害を起こし、入場チケットにQRコードを活用していたコンサートでも、QRコードを紙にプリントアウトせずスマホ画面で表示しようとした多数の客がコンサート会場に入れないというトラブルが発生した。

　通信障害以外にも、キャッシュレス・ポイント還元事業が始まった2019年秋以降、PayPayやd払い、楽天ペイなどでシステム障害が発生している。ユーザーのスマホ画面と店舗システムとで支払ったか否かの表示が異なるといった事象も発生し、代金未収や二重決済も発生した。SNSでは被害者というべきコンビニエンスストアがたたかれるという不幸な風評被害も発生している。システム障害は2020年になっても頻発している。システム障害はQRコード決済だけで起きるわけではないが、クレジットカードでも電子マネーでもこのようにシステム障害が頻発したことはない。セブンペイもそうであったが、ネット文化では当然のスピード優先の立ち上げ手法と、安全・安心が大前提の決済サービスとは、相性がよくない領域があるのかもしれない。

⒝　支払時の操作性

　日本は電子マネーによって非接触IC決済が世界で最も速く普及した国であるが、いきなりスマホをかざすだけで決済できる非接触IC決済に比べると、QRコード決済は以下のように少し手間がかかる。

① まずスマホでアプリを立ち上げる
② アプリで決済機能を選択して決済用の QR コードを画面表示する
③ 店の決済端末で QR コードを読み取る
④ サーバから決済結果が戻ってくるのを待って確認する

と、支払う行為にはいくつかの操作ステップが必要である。MPM 方式ではユーザーが自らのスマホアプリに決済金額を入力し、店員が入力金額や決済完了をユーザーのスマホをみて確認するという工程も加わる。

スマホのアプリが理解できない高齢者にはきわめてハードルの高い操作である。電子マネーや IC 乗車券で「かざすだけ」で支払えることに慣れたユーザーにはお世辞にも「簡単で便利」とはいえない。実際、中国で流行するアリペイやウィチャットペイが台湾に進出した際には、非接触 IC が普及済であった台湾のユーザーの間で「なんて面倒なんだ！」との声があがったことが話題になった（それでも中国人観光客が買い物しやすいよう、台湾でもアリペイ、ウィチャットペイが使える店は増えている）。中国の駅では、アリペイやウィチャットペイを改札機にかざして通過する利用も多いのだが、改札機の直前で立ち止まり、アプリを立ち上げたうえ、改札機のリーダーに QR コードをうまく読み取らせることに手間取り、大渋滞が発生して問題になっている（図表 4 – 15参照）。

日本でも加盟店端末で QR コードを読み取ろうとした瞬間に、スマホ画面に Wi-Fi 選択画面が表示されたり、画面がブラックアウトしたりして、再度スマホを操作し直す必要が生じ手間を経験したユーザーは少なくない。

図表4−15　QRコードを改札機にかざして渋滞する上海地下鉄改札

（出所）　爱奇艺（中国のオンライン動画サイト「IQIYI」）より

(c)　レジスピード

　上記(b)の一連の操作によって、加盟店側はレジ前で1人の客にかかる接客時間が長くなってしまう。たとえば、ランチタイムのコンビニエンスストアを想像していただくとわかりやすいが、ただでさえ長いレジ待ちの列ができているのにレジスピードが遅くなると、待ちきれなくなった客は購買を諦めてほかの店に行ってしまい、販売機会の喪失が発生する。イライラが募った客によるクレームも誘発し、従業員の業務や精神面にも支障をきたしかねない。

(d)　不正利用

　不正利用といっても、Apple Payで発生した不正利用や、決済以前にIDとパスワードで本人認証するEC取引の不正利用など事情が異なり、各章で解説する。特にQRコード決済特有の不正利用について次項で詳述する。

⑥　特にQRコード決済で不正利用多発を懸念する理由

　図表4−16は、日本のキャッシュレスの9割以上を占めるク

図表4－16 クレジットカード不正利用被害の発生状況

（単位：億円、％）

| 期　　間 | クレジットカード不正利用被害額 | クレジットカード不正利用被害額の内訳 | | | |
| | | 偽造カード被害額 | | その他不正利用被害額 | |
		被害額	構成比	被害額	構成比
1997年（1月～12月）	188.0	12.0	6.4	176.0	93.6
1998年（1月～12月）	216.0	28.0	13.0	188.0	87.0
1999年（1月～12月）	271.7	90.9	33.5	180.7	66.5
2000年（1月～12月）	308.7	140.2	45.4	168.5	54.6
2001年（1月～12月）	275.7	146.4	53.1	129.3	46.9
2002年（1月～12月）	291.4	165.0	56.6	126.4	43.4
2003年（1月～12月）	271.8	164.4	60.5	107.4	39.5
2004年（1月～12月）	186.4	105.6	56.7	80.8	43.3
2005年（1月～12月）	150.4	83.4	55.5	67.0	44.5
2006年（1月～12月）	105.3	45.6	43.3	59.7	56.7
2007年（1月～12月）	91.8	39.1	42.6	52.7	57.4
2008年（1月～12月）	104.1	52.5	50.4	51.6	49.6
2009年（1月～12月）	101.6	49.2	48.4	52.4	51.6
2010年（1月～12月）	92.1	41.3	44.8	50.8	55.2
2011年（1月～12月）	78.1	25.8	33.0	52.3	67.0
2012年（1月～12月）	68.1	24.1	35.4	44.0	64.6
2013年（1月～12月）	78.6	25.8	32.8	52.8	67.2

（単位：億円、％）

| 期　　間 | クレジットカード不正利用被害額 | クレジットカード不正利用被害額の内訳 | | | | | |
| | | 偽造カード被害額 | | 番号盗用被害額 | | その他不正利用被害額 | |
		被害額	構成比	被害額	構成比	被害額	構成比
2014年（1月～12月）	114.5	19.5	17.0	67.3	58.8	27.7	24.2
2015年（1月～12月）	120.9	23.1	19.1	72.2	59.7	25.6	21.2
2016年（1月～12月）	142.0	30.6	21.6	88.9	62.6	22.5	15.8
2017年（1月～12月）	236.4	31.7	13.4	176.7	74.8	28.0	11.8
2018年（1月～12月）	235.4	16.0	6.8	187.6	79.7	31.8	13.5
（1月～3月）	57.1	3.2	5.6	46.2	80.9	7.7	13.5
（4月～6月）	58.3	4.2	7.2	46.6	79.9	7.5	12.9
（7月～9月）	50.7	3.8	7.5	39.1	77.1	7.8	15.4
（10月～12月）	69.3	4.8	6.9	55.7	80.3	8.8	12.8
2019年（1月～12月）	273.8	17.8	6.5	222.9	81.4	33.1	12.1
（1月～3月）	68.5	4.0	5.8	56.3	82.2	8.2	12.0
（4月～6月）	68.5	4.7	6.9	55.6	81.1	8.2	12.0
（7月～9月）	68.0	4.6	6.8	55.1	81.0	8.3	12.2
（10月～12月）	68.8	4.5	6.5	55.9	81.3	8.4	12.2

（出所）　日本クレジット協会

レジットカードの不正利用被害発生状況である。クレジットカード保有者が自分のカードが偽造されたり盗まれたりして気づかない場合でも、カード会社が先に気づいて会員にカードの有無を確認する連絡が入るのは、クレジットカードに約60年の歴史があり、長い年月をかけて不正利用に関するデータや対策の知見を蓄積してきたからである。

クレジットカードの不正利用被害額は2000年に300億円を超えている。内訳にあるように、1998〜2003年頃の間に偽造カード被害額が急増した。クレジットカード業界は業界をあげて、カードのIC化や加盟店端末のIC対応を推進したほか、経済産業省も割賦販売法を改正しIC対応を義務化するなどカードのIC化が進み、偽造カード被害額は減少する。図表4−16のとおりIC化によって偽造カード被害額は劇的に減少し、不正利用額全体も2013年まで順調に減少した。

しかし2014年になると番号盗用被害額が急増する。すなわち、オンラインショッピングや登録型加盟店などでクレジットカード番号を入力／登録した情報がハッキングや情報漏洩などによって流出し、その番号を使って不正に利用される被害が増えているのだ。2019年の番号盗用被害額は史上最悪の222.9億円となり、不正利用額の総額でも過去最悪の300億円に迫る273.8億円となっている。

筆者は以前、ジェーシービーの社員として不正利用対策を担当し、業界で組織するクレジットカード犯罪対策連絡協議会の業界リーダーも務めていた。盗難カードの不正利用が急増した1995〜1997年までセキュリティ部門で盗難カード被害を撲滅する業務に携わり、シングルアクワイアリングによって不正利用

でも圧倒的な情報量があったジェーシービーで、盗難手口別に不正利用動向を分析して不正を検知したり、その後構築する不正利用対策システムのロジックに組み込んだり、業界各社と連携して盗難カードを使いに来た犯人を現行犯逮捕するという業務に従事して盗難カード被害の削減に努めた経験をもつ。1997年下期にはICやEC決済について調査研究や企画立案する新たな部署に配属となり、日本ではまだ実現していなかったカードのIC化を担当した。日本に適したIC化を模索するなかで国土交通省や道路4公団にETCカードを提案したうえ業界代表幹事として実現を牽引したり、FeliCaカードの大量発行に携わった。2002年10月からはまだ黎明期のEC決済推進部門のマネージャーを務めた。まさに日本で不正利用が多発していた時代に、その渦中で実態を調査して対策にあたった経験をしたことが、今日でもキャッシュレスの不正利用や業務内容について講演や執筆をしている背景にある。

　ここで(1)に書いたアリペイ、ウィチャットペイの生い立ちや普及経緯を思い出してほしい。オンラインショッピングでIDとパスワードを入力して買い物していた手法を、スマホ画面のQRコードに置き換えることでリアル店舗でも使えるようにしたのがQRコード決済なのである。すなわちカード会社で不正利用対策業務を担った筆者の感覚でいえば、QRコード決済とはオンラインショッピングで急増する番号盗用被害が多発する決済方法を、古い技術でリアルに転化した決済サービスであり、不正利用が発生する可能性が高いきわめて警戒すべき支払方法であるといえる。筆者は自分自身が不正利用対策業務に従事するなかで、不正利用の大半が思いつきで後先考えずに犯罪

を行う浅薄な単独犯ではなく、国際犯罪組織が組織的かつ戦略的に展開していることを嫌というほど思い知らされた。犯人を捕まえても国際犯罪組織のはるか下層で雇われたトカゲの尻尾であったり、効果的な対策を講じてもすぐにさらに上をいく手口が編み出されてイタチごっこになったりしたのだ。不正利用に遭遇する消費者は大変少なく、その怖さを知る人の割合はきわめて低いうえ、日本人は性善説に立って考える民族のようで、わずかコンマ数パーセントの不正利用が薄利多売の決済事業に与える大きさについて理解を得ることはむずかしい。決済サービスは、新規参入事業者にはきわめて見通しが悪く、薄利多売で危うい事業といえる。2005年には大手通信キャリアも非接触ICのモバイル決済事業に新規参入したが、当時の同社部長は「いろいろ大変ですよ」と伝えたジェーシービーの部長の言葉に含まれたこれらの事情に理解が及ばず、「村には村のルールがあるから入ってくるなということか！」と激昂してしまった。それほどみえないことが多い。

　いかに番号盗用による不正利用が増加しようとも、QRコード決済が情報漏洩やハッキングのできない強固な技術に支えられた決済サービスなのであれば杞憂である。しかし残念ながらそうではない。

　QRコードはデンソーウェーブが開発した2次元バーコードであり、デンソーウェーブがさまざまな特許を取得しているが、基本的にQRコードを作成したり読み取ったりする方法については、技術を無償公開してQRコードが世界中に広まった経緯がある。ということは、QRコードをつくる方法も読み取

る方法も世界に公開済であり、だれもが容易に QR コードを生成したり読み取ったりできる。実際に大小さまざまな企業がホームページやキャンペーンサイトの URL を QR コードにしてポスターに表示したり、テレビ番組でプレゼント応募サイトにつながる QR コードを画面表示したりしている。ということは、不正利用を働こうとする輩も QR コードを作成するのは容易である。前節に記述したとおり、QR コード決済は十数桁の数字をサーバに連携して金額を引き去る仕組みなので、この十数桁の数字さえわかれば QR コードを作成することができ、決済することも可能だ。つまり、偽造 QR コードは容易につくれる。そもそも写真撮影すれば容易に同じ QR コードが複製可能だ。しかしパスワードを入力しないと決済用の QR コードが生成できなかったり、数分で QR コードを変更したり、即時で利用通知を送信したりとさまざまな運用でカバーすることでセキュリティを高めることは可能である。たとえるなら、IC が厳重なジュラルミンケースだとすると、QR コードは紙袋のように弱い。鞄自体のセキュリティは断然ジュラルミンケースのほうが高いが、どこかの電気屋の社長のように紙袋に3,000万円を入れて持ち歩いても、社長が常に肌身離さず抱き抱えて運び「俺は大丈夫。この方法で安全だ」といえば、第三者の客観的な評価を受けない限りそれは「安全」と主張される。しかしジュラルミンケースよりも紙袋のほうが脆弱性が高いのは明らかであるように、IC と QR コードではどちらが安全かと問われれば筆者としてはジュラルミンケース、すなわち IC と答えることになる。しかし持ち運ぶ現金が500円玉1枚の場合、ジュラルミンケースを購入するのは過剰である。このように、

図表4−17　CPM で他人の QR コードを読み取って不正利用する
　　　　　　映像

（出所）　捜狐ウェブサイト

　セキュリティとは一部を比較するのではなく、全体のバランス
で評価されるべきものであり、これまで現金しか扱ったことの
ない小規模小売店で、平均売上単価が1,000円や3,000円程度な
のであれば、QR コード決済でも十分であると評価される可能
性は高い。万に一つの不正利用も発生させたくない心境ではあ
るが、発生した不正利用額について決済事業者がリスクを負担
し、小売店や消費者をはじめ他者にリスクを転嫁させないので
あれば、当該リスクの存在を明確にしつつ決済サービスを提供
することもありうるのかもしれない。
　実際に QR コード決済が普及済の中国では、CPM と MPM
の両方式で不正利用が発生している。
　CPM ではレジ待ちの列や決済の瞬間に、買い物客がスマホ
画面に表示した QR コードを後ろから撮影してほかのレジで支

図表4-18　MPMでは正しいQRコードの上に偽物のQRコードを貼る手口が流行

（出所）　猟云网ウェブサイト

払ったり、店員が読み取った客のQRコードの番号を仲間に連携して仲間が別の店で買い物したりなど、実にさまざまな手口で不正利用されている。複数のQRコードを読み取ることでIDの番号体系を類推し、まったく別の正規のQRコードを作成する手口も発生しているようだ。

　MPMでは正しいQRコードの上に偽のQRコードを貼って売上代金を搾取する手口が多発している。中国政府はユーザーの人民ID（日本でいうマイナンバー個人番号）の登録を義務づけたり、静的MPM[8]の1日の利用上限額を500元までに制限したりしている。加盟店端末が不要な静的MPMは、中国のように屋台が多く偽札も多い地域では導入しやすいために急速に普及している。

8　加盟店がシールや紙などで変化しない、QRコードを店頭表示する方式。対してタブレットなどで変化するQRコードを表示する方式を動的MPMという。

こういった不正利用は犯罪組織によって行われることが多く[9]、利用限度額が中国より高額でセキュリティ感覚の鈍い日本は格好の餌食となるであろう。それほど簡単に不正利用される技術であることを認識する必要がある。

⑦　中国決済サービスのセキュリティ技術高度化動向

　QRコード決済の不正利用が多発する中国では、かなり以前から次なる新技術の模索が活発にされていた。アリペイは2017年には顔認証決済の実験を実施している。ケンタッキーフライドチキン系列のレストランに設置した大型のセルフ注文キオスク端末で商品を注文する際に、カメラで来店者の顔を撮影して読み取ることで、スマホがなくても顔だけで事前登録した会員を認証して、登録済のアリペイで支払える。実験動画も公開されている。同年9月には杭州市のケンタッキーフライドチキン店舗で実用化すると発表した。実用化の際には精度を高めるために顔情報だけではなく携帯電話番号も入力する。

　さらに同年、アリペイは上海地下鉄とともに、顔認証で改札を通過する実証実験を実施した。事前に登録した会員がまず券売機に向かって降車駅を告げると、券売機のカメラが顔を認証したうえ登録済のアリペイで切符代が支払われて、鉄道システムが顔情報を記憶する。会員が改札に向かうと、改札機に設置されたカメラが会員を認識してゲートを開ける（図表4-20参照）。もともと地下鉄の改札には非接触型ICカードも使われていたが、事前にチャージしなければならないとか、隣接する都

9　小額の不正利用では公安が動いてくれない中国では、出来心で不正を働く単独犯も多い。

図表 4 － 19　アリペイの顔認証決済「Smile to Pay」紹介動画映像

アリペイの実験動画
（YouTubeより）

キオスク端末で商品を選択。顔認証決済が起動。

キオスクのカメラで事前登録者を顔認証。

携帯番号入力で精度向上。

店員が席に商品を運び、支払行為不要。

金髪にしたりメイクを変えても本人を認証。

（出所）　アリペイ

市でも仕様が違って相互利用できないなど利便性に難があることから、改札機にアリペイやウィチャットペイの QR コードを読み取らせて入退場する方法を使う乗客が増えていた。しかし QR コード決済を使う乗客が増えると、改札機の直前でアプリを立ち上げたうえ、改札機でも立ち止まってリーダーに QR コードを読み取らせる乗客が多発し、ラッシュ時に改札が大渋滞する問題が発生していた。実験では券売機に降車駅を告げて料金を引き去る前処理が必要ではあるが、顔認証で改札機をすみやかに通過することができるので、渋滞の解消が見込めるし、スマホを取り出す必要もないので利用者の利便性も向上す

図表4−20　上海地下鉄におけるアリペイの顔認証決済

券売機で降車駅を告げて登録済アリペイで決済。駅務機器が顔を認識。改札通過時に顔を認識してゲートを開閉。

（出所）　騰訊新聞

る。QR コード決済のアリペイは、すでに2017年にはこのような顔認証決済を実用化している。

　そして2018年12月、アリペイはタブレット端末を使った小型顔認証端末「蜻蜓（トンボ）」の本格展開を開始した（図表4−21参照）。ケンタッキーフライドチキンのような大型のセルフ注文キオスク端末を設置しなくても、レジに iPad などのタブレット端末を設置してそのカメラで消費者の顔を撮影し認証することで、店の導入負担を軽減しつつ、ユーザーはスマホを持ち歩かなくても手ぶらで買い物でき、不正利用を防ぐ新たな決済サービス提供形態へと進化させたのだ。2019年6月にはセブン−イレブンが広州、深圳、佛山など11都市1,000店舗以上に導入した。セブン−イレブンは、自社の会員プログラムに顔認証で簡単に加入できる利便性により会員を増加させ、さまざまな会員サービスを提供すると同時にスピーディな決済でレジス

図表4−21　アリペイ「トンボ」

自助結賬等支付場景，選擇刷臉支付　　　用户刷臉支付　　　用户完成支付

（出所）　アリペイウェブサイト

ピードの向上を図ったのだ。

　実は中国のコンビニエンスストア業界では数年前から会員プログラムの人気が高まっており、セブン−イレブンのみならずローソンやファミリーマートなどコンビニエンスストア各社は会員プログラムを積極的に展開し、利用客の囲い込み競争が白熱している。たとえばファミリーマートでは2014年頃から年100元（日本円で1,600円ほど）の会費を徴収しつつ、それ以上にお得になる有料制の会員プログラムを展開して、2018年4月には4,000万人、2019年4月には5,000万人と会員数を着実に増やしていた。決済サービスでは、アリペイやウィチャットペイと連携し、デジタル化とOMO（Online Merges with Offline：オ

ンラインとオフラインの融合)、すなわちオンライン店舗とリアル店舗の垣根を超えたマーケティング戦略を強化している。もともとオンラインショッピングでIDやパスワードを入力して決済していたアリペイやテンペイが、スマホ画面にQRコードを表示してIDを連携することでリアル店舗でも決済が可能になったAlipay WalletやWe Chat Paymentへと発展したように、コンビニエンスストア各社のサービス提供やマーケティングにおいてもお得なクーポンをプロモーションの提供などバーチャルとリアルを融合する会員プログラムの展開へと発展させ、消費者を誘引し利用を拡大する取組みが加速している。

　ウィチャットペイも2019年3月には顔認証端末「青蛙（カエル）」の展開を開始した（図表4-22参照）。トンボを食べるカエルとのネーミングが、ウィチャットペイの意気込みを表しているとして話題となった。10月には「青蛙（カエル）」を使った顔認証決済の普及に100億元（約1,600億円）を投入するとの報道も出ている。ウィチャットペイも数年前からセキュリティ強化を模索しており、筆者が決済のセキュリティやサイバーセキュリティを相談する技術者のネットワークにも何度かアプローチがあったが、コンビニエンスストア各社の会員プログラムとの親和性やアリペイの動向から顔認証決済に舵を切ったようだ。

　このように、中国で爆発的に普及したQRコード決済は、セキュリティ強化と利便性向上の両面からすでに顔認証決済へと変化し始めている。日本のキャッシュレス政策において、QRコード決済を推進する姿を「時代遅れ」と指摘する声もある。

図表 4 −22　ウィチャットペイ「青蛙」

（出所）　ウィチャットペイウェブサイト

　中国で顔認証決済が普及し始めた背景には、2019年12月から携帯電話を申し込む際に顔データを登録することが法律で義務づけられたり、ショッピングモールの防犯カメラに指名手配犯が映ると警察が飛んで来たりなど、中国政府が生体認証を活発に活用している背景もある。しかし屋台の多い中国でキャッシュレスが普及した背景には、QRコード決済の「加盟店端末不要」という特徴が大きく寄与しているのに対して、生体認証には高額な機器が必要である。「青蛙（カエル）」は大量購入で安くなるものの定価は2,199元（約3万4,000円）、「蜻蜓（トンボ）」は旧型の第1・第2世代の価格が1,999元（約3万円）であった。第3世代では1,699元（約2万6,000円）と値下げしたものの、10元（約160円）程度のQRコードステッカーのコス

トに比べれば、導入費用はかなりコスト高となる。普及した QR コード決済をすべて顔認証決済に移行するのは容易ではないと思われる。

　セキュリティ対策では、即効性のある対策として2019年1月より中国政府が第三者決済機構に対して身分証明証の確認義務を強化している。図表4－23はアリペイの申込画面だが、これまでは銀行カードをもっていれば銀行口座開設時に本人確認済であるとみなされたのが、アリペイ申込み時にも再度、銀行カードに加えて身分証明書の確認が追加されている。さらに、以前はユーザーとしてアリペイを申し込めばほぼ同時に容易に加盟店、すなわち代金を受け取る側の QR コード（MPM として表示する QR コード）が使えたので、ホームレスが QR コードを貼りつけたバケツで寄付を無心したり、違法な風俗店の店頭に MPM の QR コードを貼って商売したりしていたが、身分証明証をスキャンしないと加盟店にはなれなくなった。実はこの法令対応により、筆者が自身のスマホにインストールしたアリペイアプリも2019年1月から見事に使えなくなってしまったのだが、このようにすべてのユーザーを特定することができれば不正利用を防ぐことができる。実際にほかのほとんどの国も、QR コード決済と ID 確認をセットにすることで不正利用を防止している。現金流通量が少なくキャッシュレス先進国として有名なスウェーデンでは "Swish" という QR コードを使った個人間送金サービスが普及しており、店舗への支払にも使われ始めているが、マイナンバーに金融資産情報を追加したような「Bank ID」という銀行協会の個人特定 ID で本人認証を行っている。ロシアに近い国には「自分はロシアのスパイで

図表 4 −23　アリペイ申込画面の認証方法案内

有两种方式的实名认证，您可以根据自己对账户的要求进行选择：

	快捷认证		普通认证	
			不上传身份证	上传身份证
可否开店	×		×	√
办理条件	银行卡（支持快捷支付）❓	+身份证号码	银行卡+身份证号码	银行卡+身份证扫描件
办理周期	即时开通		1－3个工作日	1－3个工作日
收付款额度	2万／月		2万／月	5万／月

（出所）　アリペイウェブサイト

図表 4 −24　Swish の画面サンプルと Bank ID に関する FAQ 画面

（出所）　Swish ウェブサイト

はない」と自己の個人情報を公開する習慣があるといい、Bank ID は個人の収入情報まで調べられるという。スマホの QR コード決済が使われているインドでは、政府が10億人以上の国民の10本の指の指紋情報と目の虹彩情報を登録管理し、本人認証に活用している。このように社会保障番号やマイナンバーのような ID や生体情報を確認することで、マネー・ローンダリングを含めた不正利用の防止を図る国や決済サービスは多く、短絡的に顔認証決済をまねる以前に検討すべき事項は多い。

　また、特に中国では新たな技術やサービスの新陳代謝も激しい。数年前に大流行して日本にも進出してきたシェア自転車サービスは、現在は供給過剰となり大量の放置自転車が社会問題化し、日本にも破棄された自転車の山がショッキング映像のように伝わってきている。また、小売業界が騒然となりたくさんの流通事業者がこぞって見学しに訪中した無人コンビニエンスストアも、その代表格であった Bingo Box などが大量閉店しているなど、わずか１年や２年で状況は大きく変化する。中国は約14億人の国民の IT 化を背景に Try&Error で活発に新ビジネスを模索する国である。国が顔認証を活用することは間違いないとして、顔認証決済が QR コード決済に変わる決済方法として広く根づくかどうかはまだ不透明といえる。まして、性悪説に立ち自己の正当性を対外的にアピールする欧米中諸国とは大きく認識が異なり、性善説に立って人を疑うことを良しとしない日本の慣習において、生体情報の登録を前提としたサービスや信用スコアビジネスが普及するかどうかは、環境や背景の違いなどの問題も勘案しつつ、慎重に見極める必要がある。

図表4－25　インド政府による個人識別番号制度「Aadhaar」用生体認証データ登録の風景

（注）　Aadhaar Payment の不正利用防止にも活用。
（出所）　Newsweek 日本版ウェブサイト

（4）　キャッシュレス社会の展望

①　日本のキャッシュレス事情、他国背景・環境との違い

　日本のキャッシュレス決済を推進する経済産業省やキャッシュレス推進協議会によると、わが国のキャッシュレス決済比率は約20％という。そこに含まれるキャッシュレス決済金額は、日本クレジット協会（JCA）が公表するクレジットカード決済金額、日本銀行が推計するデビットカード決済額（ブランドデビットと J-Debit を含む）、IC 型電子マネー8種類の決済額の合計額である。この電子マネー決済額には、同じ非接触 IC でも後払方式の決済サービスや、磁気カードのプリペイドカードなどは算入されていない（もっとも、後払方式の非接触 IC 決済の多くはクレジットカード決済額に含まれていると考えられる）。前払式支払事業者の業界団体で金融庁の外郭である日本資金決

済業協会が公表する前払式支払手段の決済額は約24.5兆円あり、接触IC型電子マネー8種類の合計額約5兆円とは19兆円もの差がある。ただこの19兆円には紙の商品券も含まれており、どこまでをキャッシュレス決済と呼ぶかはいまだに不明瞭である。

　政府は2017年6月に閣議決定された「未来投資戦略2017」のKPI（Key Performance Indicator：重要な評価指標）として、10年後（2027年）までに日本のキャッシュレス決済比率を4割程度とすることを目指すとしている。その元の計数として経済産業省が算出しているキャッシュレス決済比率は前述の算出方法で、「キャッシュレス・ビジョン2018」では2015年の計数が18.4％だったのが、それを踏襲したキャッシュレス推進協議会の「キャッシュレス・ロードマップ2019」（図表4 –26参照）では19.9％となっている。ただし、同じ「キャッシュレス・ロードマップ2019」には、第2章(2)でご紹介した金融庁の口座振替出金割合の計数が載っており（図表4 –27参照）、クレジットカードやデビットカード以外に口座振替や口座振込による出金が約27％あるという。英国のキャッシュレス決済比率（図表4 –26）には「ダイレクトデビット」として口座振替による支払の金額も含まれており、日本のキャッシュレス決済比率も英国同様に口座振替や口座振込を含めたうえ、前述の日本資金決済業協会のプリペイド決済額と合算すると、実は日本のキャッシュレス決済比率はすでに52％近くにのぼることになる。また、2018年12月にPayPayが「100億円あげちゃうキャンペーン」で20％キャッシュバックを展開して以降、大型キャッシュバックキャンペーンで利用が急伸する日本のQRコード決済に

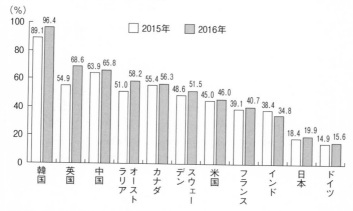

図表 4 −26　各国のキャッシュレス決済比率の状況
　　　　　　（2015年、2016年）

（出所）　キャッシュレス推進協議会「キャッシュレス・ロードマップ
　　　　2019」

は、クレジットカードを紐づけて決済するものやプリペイド方
式の電子マネーのように事前にチャージするもの、金融機関口
座から利用代金を振り替えて支払うものとさまざまな支払方法
が紐づいており、キャッシュレス決済額をどのように算出する
かは、キャッシュレス推進協議会での定義が待たれる。

　米国では、金融機関の口座開設は日本でいう当座預金の開設
のように厳しい審査を経ることが多く、一部の裕福層にしか口
座を開設しない金融機関も少なくない。口座保有率が低いこ
と、小切手文化で換金手数料が高いこと、中国のように偽札が
多くて現金が信頼できず電子決済のほうが安心であることな
ど、キャッシュレスを取り巻く環境は国によって異なる。たと
えば電子マネーで給与を支払うという規制緩和が日本でも実現

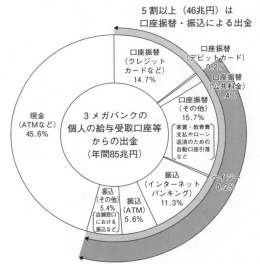

図表4−27　個人の給与受取口座等からの出金状況

［以下は3メガバンクより計数（参考値・概算値）の提供を受けて作成したグラフである。あくまでも参考資料である点に留意する必要がある。］

5割以上（46兆円）は
口座振替・振込による出金

口座振替
（クレジット
カードなど）
14.7%

口座振替
（デビットカード）
0.2%

口座振替
（公共料金）
1.4%

現金
（ATMなど）
45.6%

3メガバンクの
個人の給与受取口座等
からの出金
（年間85兆円）

口座振替
（その他）
15.7%

家賃・教育費
支払やローン
返済のための
自動口座引落
など

ペイジー
0.2%

振込
（インターネット
バンキング）
11.3%

振込
（その他）
5.4%
店舗窓口
における
振込など

振込
（ATM）
5.6%

4割程度（約33兆円）はクレジットカード・
デビットカード関係以外の口座振替・振込

（出所）「キャッシュレス・ロードマップ2019」

しそうであるが、その参考にあげられる他国事情は前述の米国のように、移民が多いとか、給料が小切手で支払われるのに金融機関口座はもてない貧困層が、高い手数料を払って小切手を現金化しなければならないなどの事情がある国で、国際決済ブランドのプリペイドカードなどで給料を支払う方法（ペイロールカード）が一般的になっているという「貧困層救済策」のような側面があり、日本とは事情が異なる。表面的にまねるのではなく、背景事情の違いを整理して消費者にどのようなメリットがあるか、そもそも現金支給か口座振込だけとの規制によっ

てどのような弊害が生じているのか、といった事実を正しくふまえた議論がなされる必要がある。国民のほとんどが等しく容易に金融機関口座を開設できる日本の環境に鑑みれば、まったく同様に議論されるテーマではないようにも感じられる一方で、今後増加するであろう外国人労働者にとって金融機関口座開設が困難で不便が生じるなどの実態があるのであれば、その解決策として電子決済手段で給与を支給する方法は有効であると考えられる。仮に、長年にわたってすべての消費者に公正公平に安定的なサービス提供を行い、高い信頼性を培ってきた日本の金融機関をいたずらに混乱させれば、逆に金融機関に絶大な信頼を寄せる日本の消費社会に混乱をきたす懸念もある。

約60年にわたる歴史があり、日本のキャッシュレス決済比率の約9割を占めるクレジットカードの発展経緯を振り返れば、海外では金融機関が効率的に決済サービスを提供するのに対して、日本では法的に非効率な決済サービス提供とならざるをえなかった経緯がある。そのことをまったく考慮しないまま、消費者保護を念頭に、本人が気づくより前に不正利用を阻止するような安全・安心な決済サービスを提供してきた事業者に対して、闇雲に加盟店手数料の引下げを強いるような手法は、安かろう悪かろうで消費者や小売店に多大な不利益をもたらす可能性が生じることを認識する必要がある。海外金融機関と比較すると、国内金融機関のキャッシュレス決済の知見は非常に弱く、世界各国の金融機関がクレジットカード・デビットカード・汎用プリペイド決済を同じシステムやインフラで効率的に提供するのに対して、日本ではクレジットカードはカード会社、デビットカードは銀行、プリペイドカードは各種事業者が

それぞれ独自のシステムやインフラを構築するという、きわめて非効率的なサービス提供形態によってコスト高で非効率な業務運用となっており、体力が著しく低下し、赤字が拡大している現状にある。その傍らで、それら決済事業の立ち上げを後押ししたコンサルタントのいるシステム会社や印刷会社などのベンダーが「決済関連案件が収益向上を牽引」と最高益をあげている構造を、冷静に俯瞰する必要がある。急激な人口減少が訪れ業務やシステムに効率化が必須となる日本市場において、現在の決済サービスの提供形態では抜本的な見直しを余儀なくされるのは必至であろう。ひと言でキャッシュレス決済というが、まずは定義を明確に行い、各種キャッシュレス決済サービスの歴史的経緯と現状を正しくふまえたうえで、何のためにどのようなキャッシュレス社会の実現像を目指すのかとの目的を明確化したうえで、過去の経緯によって複雑に絡み合う原因を整理し、どのようにキャッシュレス決済を推進するかを決めるアプローチが非常に重要である。

② 日本でキャッシュレスが進まない本当の理由とキャッシュレス・ポイント還元事業の効果

　キャッシュレスが脚光を浴び、多くの調査会社がさまざまにアンケートをとるようになったなかで、小売店に対して「なぜキャッシュレスを導入しないのか？」と質問する調査は少なくない。首相官邸が主催する未来投資会議の第1回「FinTech／キャッシュレス化会合」に経済産業省が提出した資料には「加盟店キャッシュレス導入の阻害要因」として「加盟店手数料の高さ」と「端末導入費用の高さ」の2点がクローズアップされ

ている。しかし、この根拠となった経済産業省の「キャッシュレス・ビジョン2018」のアンケート結果の非導入理由を確認すると、1位こそたしかに「手数料が高い（42.1％）」であるが、2位は「導入メリットを感じない（35.7％）」、3位は「現場スタッフの対応が困難（32.1％）」、4位は「クレジットカード決済を希望する声が少ない（29.3％）」であり、「導入費用が高い（25.7％）」は5位である。「2大阻害要因」として端末コストをあげるのは少々無理があるようにみえる。ただ、キャッシュレス未導入の小売店にアンケートをとると端末代と手数料が問題となる傾向はさまざまなアンケート調査でみられ、違和感を覚える人は少ないであろう。しかし、キャッシュレスを導入していない店に「なぜ導入しないのか？」と質問し、回答欄の選択肢に「端末代が高いから」「手数料が高いから」との理由が並んでいれば、それを選ぶのはきわめて自然であり、かなり誘導的要素が強いアンケート調査であるといわざるをえない。そう考えた筆者はある調査で全国の小規模小売店約750店にキャッシュレスを導入しない理由を聞いた後に、どれほど真剣にキャッシュレスを検討したことがあるかとの設問を入れたところ、実に「端末代が高いから」「手数料が高いから」と答えた回答者の6割以上が、「実はあまり検討したことがない」と答えた。続けて「では何パーセントなら導入するか」と聞くと、たしかに「1％」との回答が最も多かったものの、なかには「5％」とか、驚いたことに「10％」との回答も寄せられた。すなわち、まったく真面目に考えたことがないのだ。真面目にキャッシュレス決済の導入を検討したことのない人がアンケートに答えるよう求められて、「なぜキャッシュレスを導入

しないのか？」と聞かれた時に、回答の選択肢に「高いから」とそれらしい回答があるのをみて、それを選んだにすぎない。だとすると、その2点をやり玉にあげて叩いたところで真因ではなく、キャッシュレスは進まない。

　実際に、過去には大々的に端末を無償配布しても加盟店は増えず、加盟店手数料をゼロにしても加盟店が増えなかった事例もある。前述した「PayPal Japan」の「PayPal Here」は、まさに端末を大々的に無償配布した事例であり、2014年12月にサービスをスタートした LINE Pay が当初「月間取扱高100万円以下の加盟店の手数料は0％」を掲げたものの、2018年8月に改訂するまでの約4年間に加盟店が増えなかったのは、加盟店手数料ゼロでも加盟店が増えない事例である。にもかかわらずマスコミなどには「加盟店手数料ゼロの時代が到来した」との文字が踊り、あるエコノミストは経済誌に「銀行は LINE Pay には到底勝てない」との寄稿を載せるなど、少し調べるだけで判明する事実を確認しないまま、表面的な情報発信を重ねて真実を見失い、「なぜキャッシュレスは増えないのか」と迷宮に迷い込んでいる。

　ただ、2018年12月に PayPay が「100億円あげちゃうキャンペーン」を展開し、上限なしで20％キャッシュバックを展開すると PayPay の利用は急増し、さらに LINE Pay などもこれに続いて QR コード決済が使われるようになるなど、キャッシュレス決済を導入する店が増え始めたのも事実である。そして2019年10月より政府の「キャッシュレス・ポイント還元事業」が開始されると、キャッシュレス導入店の裾野は着実に拡大した。注目すべきは、手数料無料で端末不要の QR コード決済を

導入した小売店の多くは、加盟店手数料ゼロで端末不要との特徴をもつ QR コード決済だけではなく、加盟店手数料が高いと問題視され、端末も必要なクレジットカードや電子マネーも同時に導入するケースが圧倒的に多いことである。実は前述のアンケートでも、記述式の回答欄には「手続きが面倒」「端末操作が不安」「現金で十分」との回答が並んでいた。つまり手数料や端末代がキャッシュレス非対応の主因ではなく、「現金以外の決済手段を導入したところで効果が見えない」「現金で十分なのにわざわざ現金以外の決済手段を導入することが面倒」「機械（端末）の操作を覚えるのが嫌」「もし端末操作を間違ったら売上に影響するかもしれないし対応に時間がかかって困る」といった、「面倒臭さ」「煩雑さ」がキャッシュレス未導入の最大の真因であったと考えられる。QR コード決済の特典展開やキャッシュレス・ポイント還元事業はこのハードルを見事に突破したといってよい。さらにいえば、d ポイントや楽天ポイント、T ポイントなど主要なポイントサービスの年間発行額は「100億円」どころではなく1,000億円を超えており、「実は1,000億円あげちゃうキャンペーンを継続実施中」と言い換えることができる。つまり、見え方やインセンティブのお得感がユーザーや小売店に魅力的に映るかどうかが、現時点では重要なドライバーとなっている。見え方によって QR コード決済の導入を検討し、初めてキャッシュレスの便利さに気づいた店が、クレジットカードや電子マネーも同時導入するということである。

　ユーザーが金融機関から出金した現金は、買い物によって店に渡され、店は帳簿と現金の突合作業を行い、紛失や盗難のリ

スク回避のコストや業務コスト、人件費などを費やしながらま
た金融機関に戻される。さまざまなサービス提供やデータ処理
がデジタル化するなかで、何とも無駄の多いアナログ処理が
残っているのが現金決済である。特典を集中させることでユー
ザーが動けば店は動く。店が動けばキャッシュレスの利便性や
業務とコストの削減効果が理解され、金銭的価値のデジタル処
理化は進む。使い過ぎが怖い消費者も、プリペイドカードや、
利用上限設定機能や利用通知機能のあるデビットカードをうま
く活用することで、安全・便利に金銭的価値のデジタル授受を
行うことができる。このようなユーザーと小売店の両輪が好循
環を生むことで、金銭的価値のデジタル化、すなわちキャッ
シュレス決済は今後も定着・拡大し、決済の先にある経済活動
が円滑になることで、地域経済に好循環を生み出す基盤が整理
できる。

　しかし、たとえば LINE Pay で特典を提供した月のアクティ
ブユーザー数が490万人だったのに、大規模な特典を提供しな
いとアクティブユーザーが半減したように、ただでさえ超薄利
多売な決済ビジネスにおいて、加盟店手数料を極限まで安くし
て収入を確保できないまま大盤振る舞いをしていては到底体力
はもたず、事業の継続は困難となる。経済産業省は2020年1月
10日、キャッシュレス・ポイント還元事業の状況として、
キャッシュレス推進協議会のアンケート調査結果を公表した
が、事業参加店舗の61%は「売上効果がなかった又はあまり効
果がなかった」と回答している点に注意する必要がある。同事
業のターゲットに該当する「売上高1,000万円以下」の小規模
小売店においては「売上効果がなかった又はあまり効果がな

かった」と回答した店は72％にのぼるほか、町村部の小売店で「非常に効果があった」と回答した店がゼロとなるなど、長年キャッシュレスを導入していなかったが今回の同事業で初めてキャッシュレスを導入したと考えられる加盟店層における評価は軒並み低く、キャッシュレス導入効果が実感されていないのである。この調子では、加盟店手数料がもとに戻ったうんぬん以前に、導入しても効果がないという主旨で、キャッシュレス・ポイント還元事業終了後には再びキャッシュレスを取り扱わなくなる可能性が高い。しかし、そのときにはまた「加盟店手数料がもとに戻ったからキャッシュレス離れが起こった」と真因を見誤った指摘が繰り返されそうである。中世ヨーロッパの魔女狩りのように事実誤認の糾弾によって、決済サービスが安かろう悪かろうに偏向すると安全・安心は保てなくなり、有事の際には消費者と加盟店にシワ寄せがいき、ひいては日本経済に深刻なダメージを与えることになりかねない。

　ただ、決してキャッシュレス・ポイント還元事業そのものに効果がなかったわけではない。同じアンケートの消費者向けアンケート結果をみると、地域にかかわらず約４割の消費者が同事業をきっかけにキャッシュレスを始めたまたは支払手段を増やしたと回答しているほか、約４割がこれまでよりも利用頻度を増やしたと回答している。キャッシュレス決済額の約９割を占めるクレジットカードの発行枚数が飽和状態にあるなか、消費者の約４割がキャッシュレスを始めたとか、利用頻度を増やしたといっている意義は非常に大きい。しかし特典で引き止め続けるのでは真のキャッシュレス浸透は程遠い。まだ導入効果を実感するには至らない小売店が多いようではあるが、キャッ

図表 4－28　店舗向けアンケート結果「ポイント還元事業の効果」（抜粋）

還元事業による売上確保効果　地域区分別・売上規模別
還元事業参加店舗の約39％は、売上に効果があった。

【設問文】貴社での、キャッシュレス・消費者還元事業への参加による売上確保の効果についてお知らせください。

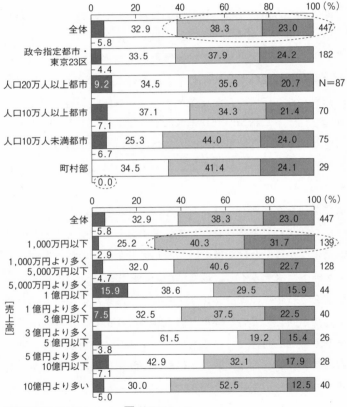

■ 非常に効果があった　□ 効果があった
□ あまり効果がなかった　■ 効果がなかった

（出所）　経済産業省「キャッシュレス・ポイント還元事業に関する直近の状況について公表しました」グラフに筆者加筆

図表 4 −29　キャッシュレス・ポイント還元事業の効果
　　　　　（消費者のキャッシュレス利用頻度増）

還元事業によるキャッシュレス頻度の変化・地域区分別
どの地域区分でも4割前後の消費者が、還元事業によりこれまでよりも利用頻度を増やした。

【設問文】キャッシュレス支払いの利用時に最大で5％のポイントが還元されることで、これまでよりもキャッシュレス支払いを利用する頻度が増えましたか。最もあてはまるものをお知らせください。

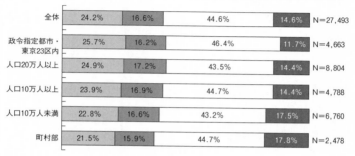

	これまでよりもキャッシュレスで支払う頻度が増えた	どちらかというと、これまでよりもキャッシュレスで支払う頻度が増えた	これまでと変わらない	キャッシュレス支払いは利用していない	
全体	24.2%	16.6%	44.6%	14.6%	N=27,493
政令指定都市・東京23区内	25.7%	16.2%	46.4%	11.7%	N=4,663
人口20万人以上	24.9%	17.2%	43.5%	14.4%	N=8,804
人口10万人以上	23.9%	16.9%	44.7%	14.4%	N=4,788
人口10万人未満	22.8%	16.6%	43.2%	17.5%	N=6,760
町村部	21.5%	15.9%	44.7%	17.8%	N=2,478

■ これまでよりもキャッシュレスで支払う頻度が増えた
■ どちらかというと、これまでよりもキャッシュレスで支払う頻度が増えた
□ これまでと変わらない
■ キャッシュレス支払いは利用していない

（出所）　経済産業省「キャッシュレス・ポイント還元事業に関する直近の状況について公表しました」

シュレスは着実に裾野を広げつつあり、焦って犯人探しをして決済リスクを下支えする決済事業者を叩くのではなく、利便性の向上やコスト削減効果の可視化、デジタル化するサービス利用におけるシームレスな課金など、目的ではなく手段としてキャッシュレスをうまく活用するような支援や推進が望まれる。

③　マイキープラットフォームから導き出されるマイナポイント事業の本来のねらい

キャッシュレス・ポイント還元事業の後に予定されているも

う１つのキャッシュレス政策が、総務省の「マイナポイント事業」である。マイナンバーカードを取得し、マイキーIDを設定したうえで、マイナポイントを申し込み、好きなキャッシュレス決済サービスを１つ選んで紐づけると、２万円のチャージに対して5,000円分のマイナポイントが付与される。マイナポイントは、決済サービスのポイントに変換でき、ひいては決済利用代金に充当することができる。チャージではなく利用代金

図表４−30　マイナンバーカードを活用した地域活性化戦略（案）

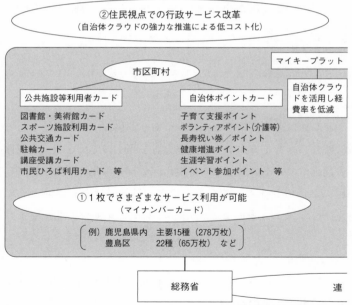

（注）　マイナンバーカードをさまざまなサービスを呼び出す共通ツールと
（出所）　総務省マイキープラットフォームによる地域活性化方策検討会中

に対してポイント還元すれば、後払いのクレジットカードでも
マイナポイントが付与できそうだが、利用金額に対して何パー
セントとの還元方法ではなく、マイナンバーカードを取得して
マイキーIDを設定したらポイントがもらえるとのポイント付
与方法は、後払いの決済サービスよりも前払いの決済サービス
のほうが親和性が高い。にもかかわらずマイナポイント事業に
おけるキャッシュレス決済事業者の登録要項は、クレジット

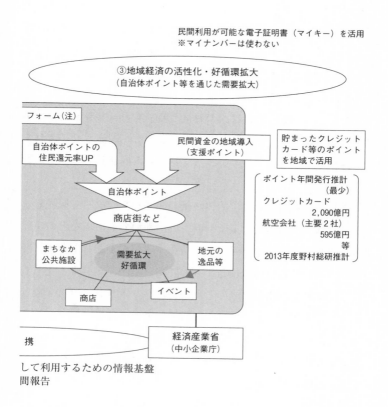

民間利用が可能な電子証明書（マイキー）を活用
※マイナンバーは使わない

③地域経済の活性化・好循環拡大
（自治体ポイント等を通じた需要拡大）

フォーム（注）

自治体ポイントの
住民還元率UP

民間資金の地域導入
（支援ポイント）

貯まったクレジット
カード等のポイント
を地域で活用

自治体ポイント

商店街など

ポイント年間発行推計
（最少）
クレジットカード
2,090億円
航空会社（主要2社）
595億円
等
2013年度野村総研推計

まちなか
公共施設

需要拡大
好循環

地元の
逸品等

商店

イベント

携

経済産業省
（中小企業庁）

して利用するための情報基盤
間報告

カードが大きな割合を占めるキャッシュレス・ポイント還元事業の登録要領を丸写ししたかのような内容となっている。

　そもそもマイキープラットフォームには、すでに自治体ポイントとカード会社を含む民間のポイントを交換する仕組みが存在する。自治体が発行するポイントを軸にマイナポイントを付与し、地域の商工会に加入する商店街で使えたり、決済サービスのポイントを自治体のポイントに交換したりすれば、地域活性化に役立つマイナポイント事業が実現できたはずである。キャッシュレス・ポイント還元事業で貯まったキャッシュレス決済ポイントを自治体ポイントに交換できれば、ユーザーは貯まったポイントを決済事業者のポイントで使ってしまうのではなく、自治体ポイントに交換したほうがポイントがさらに増えてお得になるので、自治体ポイントにして地域で消費する可能性が高まる。そうなれば国の政策としてもキャッシュレス・ポイント還元事業で付与したポイントを地方へ還流させる流れを生み出すことができる。いわばプレミアム商品券のデジタル版である。

　プレミアム商品券は自治体が紙の商品券を作成して販売し、さらには地域の商工会議所や商工会が地域の商店街などの小売店で使われた商品券を回収して精算する必要があったため、関係者一同の業務負荷は相当なものであったが、デジタル化することで業務負荷や商品券の管理負荷、ハンドリングコストなどを大幅に削減できる。いまなお自治体独自の施策としてプレミアム商品券を実施している地域もあり、総務省が全国自治体にデジタル版プレミアム商品券を展開すれば、地域活性化策として大変有意義になるであろう。さらにマイナンバーカードでポ

イントユーザーを認証すれば、マイナンバーカードを単に配布するのではなく認証プラットフォームとして全国に整備することになる。日本人は運転免許証で本人確認を行うことに慣れているが、本来、運転免許証は運転する資格を証明するものであり、本人確認するものではない。公的な本人認証手段は、マイナンバーカードである。マイナポイント事業を機に、マイナンバーカードによる認証プラットフォームを整備し、その認証プラットフォームを民間企業も活用できるようにすれば、現在のATMのように「あの銀行のATMは指紋認証。向こうの銀行は掌静脈認証」と事業者や機械によっていくつもの異なる認証方法が併存する無駄をなくすことができる。国が官民共用の認証プラットフォームを整備することは、日本のマネー・ローンダリング対策が甘いと評価したFATF（金融活動作業部会）に対する有意義な対応にもなる。人口が急速に減少するなか、日本の技術と知見を結集して認証技術を高度化することも可能となる。自治省時代から総務省が展開してきた政策を見返せば、そのような実現形が望ましいはずである。

　また、総務省といえば情報通信政策課が「JPQR」普及事業も実施しているが、そちらでも冷静な実態把握が必要である。同事業では、加盟店の店頭にたくさんのQRコードステッカーを貼るのではなく、1つのQRコードステッカーで複数の決済サービスを受け付けられることで、小売店の導入負担を軽減したり、レジ周りのスペースを有効活用したりできることを目的としており、岩手、長野、和歌山、福岡の4県で、「au Pay」「Origami Pay」「J-Coin Pay」「d払い」「PayPay」「merpay」「ゆうちょPay」「よかPay」「LINE Pay」の9つのPayサービス

が、店頭に1つ貼ったQRコードを共用して決済できるように
なるとして注目を集めたが、実態はそう簡単ではない。

　当初、「JPQR」普及事業の期間は2019年8月〜2020年1月の
6カ月間だったが、7つのPay事業者は2020年6月末まで延
長された。実際には「よかPay」と「ゆうちょPay」はどちら
か一方だけしか使えない、「d払い」は2019年12月以降の対
応、「PayPay」はCPM方式のみの参加でMPM方式には不参
加、「LINE Pay」は2020年2月以降に「merpay」の加盟店を
申込審査が通った店だけが対象で「merpay」との互換性確保
先としてのみ使える、「Origami Pay」は2019年8月31日で新
規申込みを終了しており申込済の店舗でもユーザーがアプリの
アップデートをしないと使えない、「J-Coin Pay」はJPQR経
由では利用できない、「merpay」もユーザー登録のプロセスが
必要など、細々とした条件がたくさん並んでおり、決済サービ
スに詳しいと自負する筆者ですらよくわからない状態にある。
これを4県の消費者や加盟店が理解して本当に使えているので
あろうか。2020年度は9月からの「マイナポイント事業」に加
えて「モバイル決済モデル推進事業」も地域を拡大する予定で
あることから、総括を行い、効果検証を整理して活かす点と改
善点を関係省庁や民間事業者にも共有したうえで、今後の
キャッシュレス政策に活かしていただきたい。

④　国として目指すべきキャッシュレス社会

　たとえば国が認証プラットフォームを整備し、全国の自治体
を統括する総務省自ら金銭的価値をデジタル化して効率的効果
的に地域経済の好循環を生み出すモデルをつくり、全国の自治

体に広めていくことができれば、日本は全国津々浦々までオンラインとオフラインの両面で商品・サービスをキャッシュレスで利用できる社会になる。さらに、ボランティアなど地域貢献活動が地域ポイントなどの金銭的価値に変換でき、デジタル的に授受して循環させられれば、何をするにも潤沢な財源が必要な地方行政から脱却し、地域住民の協力をデジタル化した金銭的価値に変換して循環させることのできる「IT 装備のキャッシュレス地域」を実現できるのではないだろうか。

　キャッシュレスは高齢者を置き去りにするとか災害に弱いといった声も聞かれるが、駅の券売機で降車駅を探しつつ小銭を取り出して切符を買うほうがお年寄りに優しいか、IC 乗車券をかざして乗降車するほうがお年寄りに優しいかと考えれば一目瞭然であるように、実はキャッシュレス決済は高齢者にも優しい。nanaco や WAON などの電子マネーは高齢者ほど利用率が高く、シニア nanaco や G.G WAON といった高齢者向け電子マネーが人気を博しているのはその証拠といえよう。スーパーマーケットなどのレジで財布から現金を取り出し、お釣りを計算して小銭を受渡しするのに手元がおぼつかずに時間がかかり、後ろに並ぶ人から舌打ちをされたり、自分の後ろに行列ができたりすることは高齢者でなくても怖い。お釣りの計算と小銭のやりとりに時間がかかることをおそれ、レジで1,000円札や１万円札ばかり出して財布のなかがお釣りだらけになっている高齢者は実に多い。電子マネーカードは見事にその悩みを解決する。高齢者が置き去りになっているのはキャッシュレスではなく、スマホやアプリの操作である。App Store や Google Play から目的のアプリを探し出してダウンロードしたり、ア

プリを起動して QR コードを表示したりする操作や、セミセルフレジやセルフレジなどの機械操作がむずかしいのである。機械操作はもっと高齢者フレンドリーなインターフェイスに改善できるはずだ。電子マネーカードを1枚、ポケットに入れて散歩に出かけ、のどが乾いたらタッチ決済で飲み物を購入する高齢者は意外に多い。

　災害の際には停電でキャッシュレス決済が使えないとの記事が話題になったが、停電になれば ATM も使えず、多額の現金を自宅に置いておくとアポ電強盗などにねらわれて危険である。米国のハリケーン被害やイタリアの大震災では、被災者に2,000ドル入りの Visa プリペイドカードや Mastercard プリペイドカードが配布され、水害や倒壊で身分証明証がなくても、配布時点から管理を開始することで公平公正な支援が行われている。現金や物資の支給では略奪や盗難が発生するが、本人しか利用できないキャッシュレスであれば安全である（図表4－31参照）。一方的な物資の支給よりも、好きな商品を選んで買い物できる環境を整備したほうが復興が進むとのレポートもある。小売店を営みたい人には太陽光充電とスマホを支給すれば加盟店端末として使うことができる。さらにいえば、現金支給によって生じる盗難や生活保護ビジネスのような搾取の被害を防いだり、一括支給直後に全額を無駄遣いしてしまうような自己管理できない社会的弱者におけるお金の使い方を日々のチャージ支給などでコントロールして自立支援することも可能である。実際に、Visa や Mastercard のブランドプリペイドカードを、生活保護や子ども手当に活用し、略奪や搾取を防ぎ、インターネットでの格安商品購入や宅配利用を実現した

図表4-31　Prepaid Emer-
gency Assistance
Card の例

バークレイ銀行の
Aid Agencies Payments
（出所）　バークレイ銀行ウェブサイト

図表4-32　生活保護活用事例

ドミニカ共和国の
生活保護支給カード「絆カード」
（出所）　ドミニカ共和国政府サイト

り、加盟店業種コードで用途を衣食住に制御している国もある
（図表4-32参照）。

　最近では、米国のニューヨーク州やニュージャージー州など
複数の州やキャッシュレス先進国のスウェーデンなどで、現金
の取扱いを拒否することを禁止する州法や法律が制定されてい
る。日本では「キャッシュレス禁止法」と誤訳する記事が掲載
されるのを散見するが、キャッシュレスを禁止する主旨はまっ
たくない。その意図や主旨を理解するには、やはり環境の違い
を認識する必要がある。これらは「キャッシュレス禁止法」で
はなく「現金取扱拒否を禁止する法律」である。金融機関が口
座開設に際して厳しい審査を行うことで、金融機関口座をもて
ない消費者層、すなわち貧困層が存在する国や地域では、クレ
ジットカードやデビットカードの登録が大前提のキャッシュレ
ス店舗は、結果的に決済サービスをもたない貧困層を差別する
ことになりかねず、それを防ぐことが重要な主旨なのである。

これにより、たとえば Amazon Go は、店舗入口の改札ゲートに「現金の方も利用できます。店員に声をかけてください」との掲示を行っており、声をかけると店員が自分のスマホでゲートに2次元バーコードを読ませて店に招き入れてくれる。店内では、通常の買い物と同様にカゴに商品を入れて、現金専用レジで現金を支払って買い物をすませる。スウェーデンの銀行は、年間190件あった銀行強盗が現金を置かないことで2件に減り、その2件も現金がないため未遂で終わるほど現金が減っているが、現金を使う人がゼロではなく、銀行が現金の受取りを拒否すると小売店で保管することになり犯罪を誘発しかねないことや、年金生活者団体から金融機関に現金取扱いを求める声が高まったことを受けて現金拒否を禁止したものであり、キャッシュレスに反対するものではない。このような動向を取り上げて「世界はキャッシュレスから現金へ戻ろうとしている」と発信する有識者もいるが、それはあまりに短絡的で本質を見誤っているといわざるをえない。キャッシュレスが広がり過ぎて、現金が利用できなくならないようにすることが主旨である。

そもそも日本は簡単に金融機関口座を開設でき、消費者の約98％が金融機関口座を保有している。たしかに富裕層向けサービスも存在するが、どの金融機関もできるだけ公平公正に消費者や法人にサービス提供を行っており、FinTech スタートアップに「デビル」と呼ばれてしまうような欧米の銀行とはまったく違う。阪神淡路大震災の時も、東日本大震災の時も、地域金融機関は地域住民のために身を挺して無償で奉仕活動を行っている。他国と比較すると金融機関の数の多さは抜きんでている

が、さまざまな客層に応じてキメ細かに発展してきた結果でもある。だからといって経営不振の金融機関に血税を投入して延命治療を続けろというつもりはない。欧米金融機関と表面的な比較だけを行い安易に叩くのではなく、海外各国の動向や背景を深く調査して参考としつつも、わが国独自の事情や背景との差異を冷静に分析して、急速に高齢化する日本の社会を効果的効率的に支える社会システムの一環として、キャッシュレスをうまく活用すべきといっているにすぎない。

　全国的に高齢化が進む日本では、自治体を核としたキャッシュレスの取組みにより、たとえば年金を2カ月に1度、金融機関の窓口に並んで受け取るのではなく、タブレット端末の市民ポータルサイトを自宅で操作することで、2カ月ごとに受け取る年金をデジタル的に1カ月ごとの支出（家賃や光熱費、病院代や介護料、クリーニング代やネットスーパーで届けてもらった食料品代、タクシー代などの月々の支払）に振り分け、あらかじめ登録したキャッシュレス決済で各支払を済ますようにすれば、お金の出納管理は飛躍的に楽になる。ボランティア活動によってコストが浮いた自治体からボランティアポイントを受け取ったり、リバースモーゲージで地域金融機関から受けた融資などを月々の収入に組み入れたり、支出ではクリーニング店やコンビニエンスストアなど地元事業者が提供する御用聞きサービスの代金を自動的に支払うよう登録して、自宅配送時の支払作業をなくしたり、お店の利用やキャッシュレス決済で貯まったポイントを自治体ポイントに交換して収入に追加したり、遠隔地に住む子どもも高齢の親の金銭管理をリモートで支援し、時にはデジタルで仕送りしてもらったり、孫にお小遣いを送金

図表 4 −33　目指すべき地域キャッシュレス社会

【現　状】

2 カ月に 1 回給付される年金を、現金で各月の支出に充当。
収入の貯金・年金管理、各月の支出管理は、高齢者に負担。

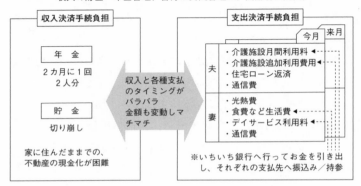

【目指す姿】

市民ポータルやタブレット画面上で簡単に振り分けて管理。デジタル連携可能で、
自治体や遠隔地の家族、取引金融機関や地元事業者など、周囲が支援できる。

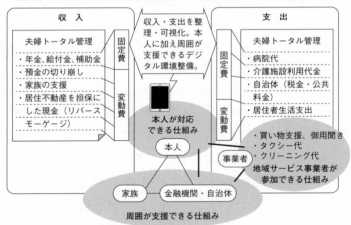

金銭的価値のデジタル化＝キャッシュレス

（出所）　筆者作成

したりなど、地域経済における金銭的価値の授受に好循環をもたらすような工夫ができるはずである。自治体や地域金融機関、遠隔地の家族や地元の事業者など、周囲も支援しやすい優しい社会をキャッシュレスで実現していただきたい（図表4－33参照）。

　キャッシュレスは金銭的価値のデジタル化であり、人口の減少と高齢化が進む日本において、IT化による社会の効率化と情報伝達の円滑化を支える重要なソリューションとなる。単に手元の現金授受をなくすのではなく、金銭的価値のデジタル化によって好循環をつくりだすことこそが、目指すべきキャッシュレス社会の姿であろう。現在、活発に決済データの利活用が検討されているが、真の決済データ利活用は単に購買情報を活用して売上げを伸ばそうとする短絡的な取組みではない。少なくとも購買情報の活用によって決済事業のコストがまかなえるほどの収入を得るには、相当なコスト削減と劇的な売上増が必要であり、利活用できるほどの決済データを収集するためには、相当量の会員と加盟店数を確保のうえ、その両者の間で活発に利用されることで、利活用に資する十分な量や質の決済データを確保する必要がある。十分な量と質の決済データを確保して決済データを集めたうえで、効率的効果的にターゲット顧客を絞って特典を提供し、加盟店売上げを拡大するわけだが、その前提となる決済データ収集のために、加盟店手数料を最大限安くして収入を削り、不特定多数に大胆な特典をばら撒くという手法をとることは、非常に本末転倒なプロセスにみえる。いずれ収集した決済データで収益をあげられる時が来ればよいが、その前に体力が尽きかねないのみならず、加盟店に取

扱代金が支払えなくなったり、コストをかけられず脆弱なシステム構築で不正利用が多発したりすれば、それこそ「キャッシュレスは怖い」とキャッシュレス不信が蔓延する。安全・安心が大前提のキャッシュレス推進が必須である。

　装置産業であり超薄利多売なビジネスである決済サービスでは、加盟店端末やデータ授受ネットワーク、さらには会員管理システムや加盟店管理システムなどのインフラコストを最大限抑えつつ、効果的効率的に高いセキュリティを維持して安全に安心して使ってもらえるサービス提供がなされなければならない。海外でキャッシュレスが進んでいる国においては、法律で小売店にクレジットカードやデビットカードなどの電子決済の取扱いを義務づけたり、電子決済のレシートの裏面で国が宝くじを発行したり、税金を優遇する政策などが存在するほか、国が決済データ授受ネットワークを構築して民間企業に開放した例もある。マイナンバーで国が電子的な認証プラットフォームを整備して民間企業が自由に使えるようになれば、欧米金融機関に先行するキャッシュレス社会の実現を大きく引き寄せる。民間企業の間でも、独自の決済サービスを自前でインフラ構築するより、媒体の仕様や加盟店端末などのインフラはできるだけ共用化してコストを抑え、共用インフラのうえで提供するサービスによって差別化を競うような、協業と競合をうまく融合した推進を図る必要がある。

　共用インフラのうえで授受されるデータの保護も非常に重要である。筆者の前職のコンサル会社には、外国企業や他国政府に決済データを搾取されないために政府予算で加盟店端末をばら撒くべきだとの意見をもつ先輩がいたが、すでに国際ブラン

ド決済が世界中で共用できるように、政府が加盟店端末をばら撒いてもその端末で外資系決済サービスが使われることは阻止できないし、最初は情報の搾取を危ぶんだ消費者も大胆な特典を提供されれば喜んで外国の決済サービスを使ってしまうものである。日本人が日本国内で利用した決済データを海外の事業者や他国が勝手に活用するようでは困る。国は認証プラットフォームのような共用インフラの整備と同様に、厳格にデータ保護を行う法整備や運用ルールを整備する必要がある。欧州のGDPR（EU一般データ保護規則）や米国のカリフォルニア州法は、個人を特定できるか否かにかかわらずIPアドレスやCookieなど、これまで個人を特定する情報とみなされていなかった情報も保護すべきデータと定義を変更している。利用規約にさらりと「あなたの利用データを活用する」と書いて大量の情報収集を行ってきたGAFA（Google/Apple/Facebook/Amazon）も、180度方針を転換して利用形跡データの収集をむずかしくする機能を搭載したり、ネット閲覧履歴を把握する仕組みに制限を加えたりなど、データ保護、プライバシー保護に腐心している。日本では内閣官房の「データ流通・活用ワーキンググループ」が「米国・EU等の類似の取組やデファクト標準との相互運用性」を掲げて留意事項を取りまとめるなど議論はしているものの、国内の議論はデータ保護よりもデータ活用に軸があり、パーソナルデータとの用語を使いつつも法的には個人情報保護法を拠り所にデータ活用を行うための整備が中心となっており、欧米との認識の差は大きい。データ活用以前にまずはデータそのものの保護を優先対応し始めた欧米企業に対し、日本企業は従前の個人情報保護から脱却できておらず、

データ保護対策といえばまず費用対効果を勘案しデータ活用ビジネスを意識する。データ保護の脆弱性は欧米金融機関に大きな差を開けられかねない新たな課題であり、日本企業が国際犯罪集団からねらわれる要因でもある。データそのものの保護の強化が急務であり、活用はその後にしなければ、後に手痛い揺り戻しが発生しかねない。

⑤ 国内で展開されるキャッシュレスの高度化を実現する技術

さまざまなサービス利用シーンで日本のマイナンバーに当たる社会保障番号を店員が書き留めるなど、社会保障番号が広く活用されている欧米諸国に対して、日本ではマイナンバーは非常にデリケートかつ慎重に取り扱われている。海外の QR コード決済では個人を特定できる社会保障番号のような ID の確認がセットになっているが、QR コード決済だけを展開し ID を確認しない日本では、今後不正利用が多発して深刻な社会問題となる可能性がある。一方で、たとえば QR コードを開発したデンソーウェーブは、決済で使うにはノーマルな QR コードでは脆弱性が高いと認識しており、QR コードのセキュリティを高度化した新たな QR コード「SQRC」などを展開している。このような新技術の活用や、中身を読もうとするとクラッシュしてしまうような高度なセキュリティを具備した IC 技術の活用、生体認証技術などの上手な活用が、今後の決済サービスにおいて重要な取組みになるだろう。

たとえば鹿児島銀行は、顔認証とセキュリティ機能搭載 QR コードを組み合わせて「印鑑レス」取引や「キャッシュカードレス」取引を実用化している。本人に確認のうえ、写真撮影や

証明書写真から顔の特徴を読み取ってデータ化し、通常の QR コードリーダーでは読み取れない特殊な高セキュリティの QR コード（SQRC）に保存する。顔データを保存した SQRC は、キャッシュカードの券面に印刷したり、ステッカーにして貼ることも可能であるが、鹿児島銀行ではスマホの銀行アプリに登録してキャッシュカードレスを実現している。登録後は、SQRC を ATM に取り付けた特殊な QR コードリーダーで読み取って登録者の顔の特徴情報を確認すると同時に、ATM のカメラでユーザーの顔を読み取って比較することで、ユーザーが登録者本人か否かを判断する。これまでの生体認証は、事前登録した膨大な生体認証情報のなかから正しい人物を特定する方法が主流であるが、残念ながら認識率は100％ではなく、携帯電話番号やパスワードを入力することで補われている。

　たとえば NEC は事実上の世界のセキュリティ標準である NIST（National Institute of Standards and Technology）[10]の顔認証技術のベンチマークテストで他社を大きく引き離す世界第1位の性能評価を獲得しているが、圧倒的な1位の NEC でさえ静止画像の認証エラー率が0.5％あり、100％ではない。しかし鹿児島銀行の方法であれば、来店した人物が本人か否かを来店者が持参したスマホアプリの顔データと照合するだけで、膨大なデータベースから「当たり」を見つけ出す必要はないので、迅速で正確性も高い。顔データは銀行のサーバなどに保管されることはなく、ユーザーのスマホに入っているだけなのでユー

10　米国国立標準技術研究所。米国政府の調達におけるセキュリティ基準を定めていることから、事実上の世界のセキュリティ基準となっている。

デンソーウェーブの顔認証SQRC
顔の特徴点の情報をQRコード化、
安全かつセキュアな認証を実現。
当然顔の特徴データはICにも保存可能。

事前登録	ATMでのお取引き			
顔認証情報 SQRC化	QRコード読取り	顔認証	暗証番号	現金受取

・膨大な顔データを保存する必要なく、サーバアクセスなく、迅速・確実な本人確認が可能
・サーバ照会不要なので、システム構築負荷が軽く、処理スピードも速い
・NIST最高評価のNECでさえ静止画像の認証エラー率が0.5%あるが、当方式は1：1なので確実

（出所）　デンソーウェーブウェブサイト
　　　　　鹿児島銀行プレスリリース

ザー自身が自らの手で管理できる。さらにこの方法は、ユー
ザーとサーバの間で1：nの顔データ認証を行うのではなく、
ユーザーとその持参デバイス（または媒体）で1：1の顔デー
タ認証を行うので、サーバ連携するオンライン接続システムが
不要で、認証時間もスピーディで、認証エラーも発生しにく
い。サーバに顔データを登録管理しないので生体情報漏洩の
リスクもなく、システム構築・運用コストも抑えられる。ちな

11　https://www.kagin.co.jp/library/pdf_release/news20190419_027.pdf
　　https://prtimes.jp/main/html/rd/p/000000022.000013815.html

みに鹿児島銀行の顔データ読取技術も NEC が提供しており、SQRC はデンソーウェーブが開発した高セキュリティQR コードである。この SQRC は、本書で筆者が警鐘を鳴らしてきた QR コード決済の不正利用を防止することもできる。セキュリティ商品なので大々的に広告宣伝はされておらずきわめてマイナーな存在ではあるが、鹿児島銀行のほかにも大手金融機関の窓口業務や、非接触型 IC カード不要で廉価に権限別入退室管理を実現できるソリューション、アミューズメントパークの年間パスポートや転売防止機能つきチケットなど、さまざまなシーンで利用が始まっている。

　沖縄のモノレール「ゆいレール」は複製防止機能のついた QR コードを切符に使っている。通常、改札機は切符をローラーで取り込んで切符に記載された情報を読み取り、改札機出口で排出するのだが、このローラーで搬送する時に詰まったりローラーが摩耗したりと改札機のメンテナンスコストがかさむ要因になっている。JR 東日本が Suica を開発したのも、改札機のメンテナンスコスト削減が大きな目的の 1 つであった。しかし駅数が少なく必ずしも Suica のような高機能の非接触 IC を必要としない沖縄モノレールでは、定期券や繰り返し利用する客には「OKICA」という非接触 IC 乗車券を発行する一方で、券売機で発売する 1 回限りの切符には QR コードを印字し、それを改札機のリーダーに読み取らせることで搬送をなくしている。券売機は駅名や金額を印字するついでに QR コードを印字するだけなので、1 回しか利用しない切符に高価な IC チップを使う必要がない。そしてこの QR コードには黒塗りを施すことで複製や写真撮影による不正利用を防止する特殊な

図表 4 −35　沖縄の QR 乗車券[12]

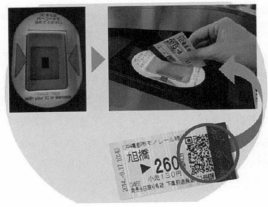

（出所）　ゆいレールウェブサイト
　　　　　ライブドアニュース

QR コードが使われ、セキュリティが高められている。今後は
他の地域の鉄道事業者でも改札ゲートで渋滞や誤作動が発生し
ないよう工夫を施しながら、技術高度化 QR コードを切符に活
用する可能性は高いと考えられる。
　また、米国では Apple が Apple Pay で決済できる NFC ス
テッカー（非接触 IC タグ）を展開している。QR コード決済が
普及した大きな要因の１つに「加盟店端末不要」との特徴があ
るが、この NFC ステッカーは QR コードの MPM 同様に、加
盟店の店頭に NFC ステッカーを表示するだけでユーザーが自
らのスマホで読み取って決済が可能であり、MPM の QR コー

12　https://www.yui-rail.co.jp/ticketinfo/ticket/
　　https://news.livedoor.com/article/detail/16952962/

ドを RFID で代用するような展開または暫定的移行策がありそうだ。すなわち、同じ決済サービスでもユーザーのスマホアプリのインターフェイスが QR コードであれば店頭に掲示された QR コードを読み、非接触 IC であれば同じく店頭に掲示された NFC ステッカーを読むといったように、セキュリティを徐々に高度化していく展開が考えられる。ここでも、FeliCa に代表されるような日本の RF 開発技術がその優位性を発揮できそうである。

ネットワークセキュリティにおいても、2019年11月に NIST が「Special Publication（SP）800-207」のドラフトで、従来の境界線ベースのネットワークセキュリティでは限界があるとして「ゼロトラストアーキテクチャ（ZTA）」という新しい考え方を公表したが、いち早く同じ考え方にたどり着いてすでに日米欧で特許を取得済の日本の中小企業もいる。

現在のネットワーク接続は、インターネットというセキュリティの脆弱なネットワークで、だれかもわからない相手ととりあえず接続し、利用するサービス（アプリケーション）のなかで ID やパスワードで利用者を認証する手法が一般的であるが、NIST SP800-207はこの一般的だった手法が限界であると指摘しており、今後ネットワークセキュリティは大きな変革を迫られそうだ。ZTA は、日本でよく耳にする「ゼロトラストネットワーク」とはまったく異なる原則であり、Google も以前から提供する「G Suite」を、VPN 不要で安全に利用できる「BeyondCorp Remote Access」へ進化させようとしている。

前項④で、欧米が個人を特定できなくても「データ保護」する考え方に変わっているのに、日本は個人が特定できなければ

データを活用できる「個人情報保護」の考え方から脱却できていないと述べたように、サイバーセキュリティにおいても遅れをとり、大きな揺り戻しが発生しかねない。しかし前述の日本企業は、信頼できる相手としかネットワーク接続自体をしないことでフィッシング詐欺やサイバーアタックなどの防止に活用できる技術を考案して日米欧で特許を取得済であり、NISTやGAFAとも議論を行っている。

　FinTechがブームとなって久しいが、このように日本には期待できる技術がたくさんある。だからこそ各事業者が独自の決済サービスを展開しようと考えがちなのかもしれないが、繰り返し書いてきたように決済サービスは超薄利多売の装置産業であり、不正利用者の技術も向上するなか、インフラの構築や運用にかかるコストは相当なものである。散在する優れた技術を効率的にうまく活用できるキャッシュレスインフラを実現しなければならない。

⑥　キャッシュレス社会実現のために

　決済は本来、商品・サービスの入手といった目的を果たすための手段であり、キャッシュレス決済はその手段でしかない。しかし現在は政府が「未来投資戦略」で「キャッシュレス決済比率40％を目指す」とキャッシュレス決済自体のKPIを掲げたように、ひとまず手段を目的化して推進に注力するケースも散見される。キャッシュレス社会の早期実現のために、時には手段に焦点を当てた展開も必要かもしれない。ただし、仮に現金のほうが便利でお得で使い勝手がよいのに、「キャッシュレス決済比率を高めましょう」とキャッシュレスを推奨したとし

ても、消費者は現金決済を選びキャッシュレス化は進捗しない
だろう。税金を投入して強引に特典をばら撒いても、特典が終
了すればまた元の現金決済に戻ってしまい、キャッシュレス決
済が一時的なブームで終わる可能性も否定できない。たとえ一
時的な利用でもキャッシュレス決済の利便性を実感してもら
い、労働力も消費支出額もシュリンクするわが国の経済活動に
おいて、現金という物理的な金銭的価値を取り扱うことに係る
労働力をはじめとした業務負荷やコストを削減し、その効果を
特典にしてユーザーに還元することでまたさらに使ってもらう
といった好循環を生み出していく必要がある。

　キャッシュレス決済でわが国はどのような姿を目指すべきな
のか。これまでつらつらと書き連ねてきた内容を、以下に
キャッシュレス決済に期待される効果のかたちで整理する。こ
れらを組み合わせたキャッシュレス決済の上手な活用が、公共
サービスと民間サービスの両面で、デジタル化によって都市部
も地方部もない効率的で成熟度の高いIT社会の実現に大きく
寄与すると考える。

(a)　社会コストの削減

　第1章に記述したとおり、現金は物理的に紙幣や硬貨を製造
するコストがかかる。それ自体に金銭的価値があり無記名式で
だれもが使える特徴をもつので、日本銀行や造幣局から金融機
関に運び、さらに各金融機関の本店から支店やATMに運ぶに
あたり、運搬コストに加えて警備コストもかかる。消費者が金
融機関窓口やATMから出金した現金は、紛失・盗難にあわな

いよう注意しながら買い物代金として店に渡され、店は現金を受け取った記録を帳簿につけ、1日の商売終了時には帳簿と現金の突合作業を行い、警備会社に依頼したり自ら盗難にあわないよう注意しながら金融機関へ運ぶ。

これら一連の現金関連コストは、直接的なコストだけでも1兆6,000億円、間接コストを勘案すると8兆円といわれる[13]。振り込め詐欺など特殊詐欺の被害額は警察庁が認知する被害額だけで8年連続で300億円を超える。こういった社会コストをデジタル化によって削減できるのがキャッシュレス決済である。

(b) 安全・安心な社会の実現

前述のとおり、現金が存在する場所ではその現金をねらった犯罪が発生する。タクシーが「カードOK」ではなく「カードONLY」であればタクシー強盗は発生しない。現金がなければ夜間のコンビニエンスストアに強盗が入ることも、街を歩く女性や高齢者がひったくりに襲われることもない。海外各国で現金を持ち歩かない習慣が根づいている理由である。キャッシュレス先進国のスウェーデンでは、2008年に年間110件発生していた銀行強盗が2016年には2件と激減している。日本の犯罪件数は他国と比較すると決して多いほうではないが、特殊詐欺被害額は確実に増加しているほか、強盗などの犯罪は凶悪化しており、安全・安心な社会の実現にキャッシュレスはおおいに役に立つ。

13　経済産業省「平成29年度経済産業省「我が国におけるFinTech普及に向けた環境整備に関する調査研究」調査報告書」より。

（c） 働き方改革への貢献

　ローソンの「ローソンスマホペイ」や「ローソンゴー」、JR東日本の「TOUCH TO GO」などは客が自ら商品のバーコードを客のスマホで読み取って決済をすませる決済方法であり、レジに並ぶ必要がない。ファミリーマートの店舗で増加しているセルフレジも、客が自分で商品のバーコードを読み取りキャッシュレス決済で買い物をすませる決済方法で、いずれも店員の業務負荷の軽減が期待されている。2030年には人口の3分の1が高齢者になるなど人口構造の変化によって労働力人口の減少[14]が社会問題となりつつあるわが国において、キャッシュレス化による業務削減は働き方改革に大きく寄与する。

（d） 訪日外国人消費の拡大

　前述のとおり、2018年のアンケート結果では訪日外国人の約70％が「クレジットカードが利用できたらもっと消費した」と回答している（図表4-36参照）。

　中国ではQRコード決済が普及し、日本でもアリペイやウィチャットペイが使えるとわかった中国人観光客は買い物しやすくなるという。2019年9～11月にはラグビーワールドカップが日本で開催されたが、欧州でラグビーは子どもの情操教育に取り入れられるなど人気のスポーツであり、ラグビーを観戦しに来日する欧州人は2～3週間の休暇を取得して、日本全国のラグビー開催地をはじめその周辺の地域の何気ない農村風景にも足を延ばすなどゆっくり旅行を楽しんだといわれる。

14　https://www.mhlw.go.jp/english/wp/wp-hw3/dl/j1_05.pdf

図表4−36　アジア・欧米豪　訪日外国人旅行者の意向調査（平成

日本で外貨両替やクレジットカード・キャッシュカードを利用でき

回答者→	全体	アジア全体				
			韓国	中国	台湾	香港
サンプル数	2,454	2,241	311	358	380	388
もっと多くのお金を使ったと思う	31%	32%	20%	39%	38%	27%
おそらくもっと多くのお金を使った	37%	38%	32%	47%	29%	39%
お金を使う額は変わらないと思う	28%	25%	43%	11%	29%	30%
わからない	5 %	4 %	5 %	3 %	4 %	4 %

（注1）　本ページの設問は訪日経験者を対象に、「直近の」日本旅行の際
（注2）　カラースケールを用いて色分けを実施している。
（出所）　日本政策投資銀行・日本交通公社「アジア・欧米豪 訪日外国人
　　　　たインターネットによるアンケート調査）

　図表4−37は、2019年に来日した外国人旅行客の消費額である。ラグビーワールドカップ出場国の訪日外国人旅行消費額は、軒並み前年比の大幅増が並ぶ。彼らが使うのは Visa や Mastercard など国際ブランドの決済サービスである。わが国に外国人が入国した際にわざわざ日本円に両替をして持ち合わせがなくなったり、残り数日の滞在期間なのに手数料を払って両替することを回避して買い物を控えたりするのではなく、彼等が母国で日常利用する決済サービスがそのまま使える環境を整備することで、訪日外国人消費の拡大が期待できる。図表4−37の☆印のとおり、主要な訪日外国人の母国では、ほぼす

る場所が、もしいまより多かったら（回答は１つ）

タイ	シンガポール	マレーシア	インドネシア	欧米豪全体	米国	オーストラリア	英国	フランス
310	221	131	142	304	76	111	57	60
42%	22%	34%	38%	20%	25%	22%	11%	18%
44%	38%	39%	35%	27%	29%	25%	26%	28%
12%	30%	20%	27%	45%	41%	44%	49%	47%
2%	10%	8%	1%	9%	5%	9%	14%	7%

のショッピングについて尋ねたものである。

（最小値）◁▬▬▬▷（最大値）

旅行者の意向調査（平成28年版）」（計12地域の海外旅行経験者を対象とし

べての国で国際ブランドの非接触 IC 決済（ISO/IEC14443ベースの EMVcontactless）が展開されている。

(e) 災害や生活保護など公的支援の向上

　災害の際には使えないとの報道が目につくキャッシュレスであるが、前述のとおり海外各国では災害時に国際ブランドのプリペイドカードが活躍している。米国ではハリケーンによってニューオーリンズの約８割が水没するなどの大災害が発生した際に、州政府が被災者家族１世帯に１枚2,000ドル入りのブランドプリペイドを配布した。イタリアの大震災でもブランドプ

図表4－37　国籍・地域別の訪日外国人旅行消費額

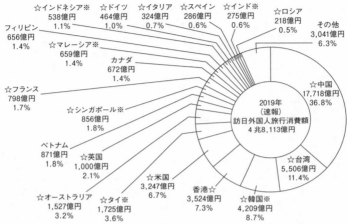

| ☆インドネシア※ 538億円 1.1% | ☆ドイツ 464億円 1.0% | ☆イタリア 324億円 0.7% | ☆スペイン 286億円 0.6% | ☆インド※ 275億円 0.6% | ☆ロシア 218億円 0.5% |

その他 3,041億円 6.3%

フィリピン 656億円 1.4%

☆マレーシア※ 659億円 1.4%

カナダ 672億円 1.4%

☆フランス 798億円 1.7%

☆シンガポール※ 856億円 1.8%

ベトナム 871億円 1.8%

☆英国 1,000億円 2.1%

☆オーストラリア 1,527億円 3.2%

☆タイ※ 1,725億円 3.6%

☆米国 3,247億円 6.7%

香港☆ 3,524億円 7.3%

☆韓国※ 4,209億円 8.7%

2019年 （速報） 訪日外国人旅行消費額 4兆8,113億円

☆中国 17,718億円 36.8%

☆台湾 5,506億円 11.4%

（注）　☆：国際ブランドの非接触IC展開国（QRコード決済が展開される国もあるが、中国人以外は他国では国際ブランドの非接触IC決済利用が多い）

（出所）　観光庁訪日外国人消費動向調査に筆者加筆

リペイドが配布されている。銀行口座や身元を確認する書類がなくても、配布時からだれにどのカードを配布したかを管理できるのですみやかに公平な支援の開始が可能で、強奪などが発生しやすい配給制度を安全に運営できるほか、商取引環境も整備でき復興を促進する。

　災害以外にもドミニカ共和国などの国では生活保護費の支給や難民の財政支援にも活用されているほか、プライバシーを大切にする米国でも生活保護や子ども手当の支給に活用されている[15]。日本でも生活保護ビジネスで生活保護費用が搾取された

15　EBT（Electronic Benefit Transfer）として普及。

図表4－38 国籍・地域別の訪日外国人1人当り旅行支出と訪日外国人旅行消費額

2019年暦年（速報）

国籍・地域		a．1人当り旅行支出		b．訪日外国人旅行者数(注)		c．訪日外国人旅行消費額（＝a×b）	
		（円／人）	前年比（％）	（万人）	前年比（％）	（億円）	前年比（％）
全国籍・地域		158,458	3.5	2,985.6	3.5	47,309	7.1
一般客	韓国	75,454	－3.4	556.9	－26.0	4,202	－28.5
	台湾	118,050	－7.5	460.9	2.7	5,441	－5.0
	香港	155,911	0.9	225.2	4.0	3,511	4.9
	中国	212,981	－5.3	799.6	23.5	17,029	16.9
	タイ	130,912	5.2	131.7	16.6	1,724	22.7
	シンガポール	174,534	1.0	49.0	12.6	855	13.8
	マレーシア	132,219	－3.9	49.8	7.4	658	3.2
	インドネシア	130,865	－7.5	41.0	4.2	537	－3.6
	フィリピン	107,357	－11.9	61.0	28.8	654	13.5
	ベトナム	176,256	－6.4	49.4	27.6	871	19.4
	インド	157,933	－2.2	17.4	13.9	274	11.4
	英国	241,530	9.3	41.3	27.1	997	39.0
	ドイツ	200,893	4.8	22.9	7.7	461	12.9
	フランス	237,648	10.1	33.6	10.5	798	21.7
	イタリア	199,749	－10.6	16.2	8.6	324	－3.0
	スペイン	219,999	－7.3	13.0	9.7	286	1.7
	ロシア	183,294	－2.6	11.9	26.7	217	23.4
	米国	190,582	－0.5	170.1	12.8	3,241	12.3
	カナダ	182,215	－0.5	36.7	13.7	668	13.1
	オーストラリア	249,128	2.9	61.1	12.8	1,522	16.1
	その他	221,559	10.9	137.0	15.2	3,036	27.8
クルーズ客		39,710	－10.2	202.6	－13.3	805	－22.2
全体				3,188.2	2.2	48,113	6.5

（注） 出典：日本政府観光局（JNTO）「訪日外客数」、2019年10月までは暫定値、同年11～12月は推計値を使用している。
一般客の旅行者数は、訪日外客数からクルーズ客の人数（船舶観光上陸許可数）を除いたもの。
クルーズ客数は法務省の船舶観光上陸許可数（概数）に基づき観光庁推計。
太線は筆者が追記。

（出所） 観光庁

り、支給日にパチンコで全額を使い果たしたり、生活保護受給者がポルシェを市役所に乗りつけたりといった不思議な使われ方にならないよう、支給をデジタルで各日にすることで支給直後に使い果たさないよう自立支援したり、加盟店の業種コードで利用できる業種をコントロールすることで用途を衣食住中心にして無駄遣いを防いだり、日々の収支や生活状況に応じて必要な人に必要なタイミングで効果的に支援するといった工夫もできる。

(f) 公的用途との連携による地域活性化

　地方はキャッシュレスが遅れているとの報道も散見されるが、よくよく調べると決して地方のキャッシュレス化が遅れているわけではなく、都市部でも地方でもキャッシュレスが使える店は同じで、単に大型店舗の数が地方のほうが少ないために、キャッシュレスが使える場所も少なく感じられることがわかる。ゆえに都市部でも小規模店に行くとキャッシュレスが使えない店は少なくない。しかし最近はキャッシュレス・ポイント還元事業や、加盟店手数料も加盟店端末も不要なQRコード決済サービスの普及などにより、小規模小売店でもキャッシュレスが使える店は増加している。マイナポイント事業や自治体ポイントをうまく活用すれば、2014年に消費税率が8％になった際に政府が平均23％の上乗せを付与して発行を開始したプレミアム商品券のデジタル版として、地域経済の好循環を創出することができそうである。図表4－33に描いた地域キャッシュレス社会の実現が望まれる。

(g) サービス連携と決済データの利活用

　決済はもはや「決済できる」というだけでは選ばれない時代に突入している。アリペイのスマホ利用が好事例であるが、たとえばDiDi Taxiで配車サービスを利用すると、目的地に到着した際に、道路に停車したまま代金を支払う行為に時間をとられる必要はなく、降車するだけで利用代金がアリペイから引き去られる。このように、商品の購入や、サービスの利用時に代金を支払うという作業を行う手間や時間をとられることなく、サービス利用のなかに支払行為が溶け込んでみえなくなる姿が今後はどんどん広がっていくと考えられる。特に今後はバブル期のようにとにかく物欲を満たそうとした時代とは対極にあり、必要な時に必要なものを、必要な量や時間だけ利用する「サブスクリプション」やロケーションを越えた「リモートサービス」の利用が活発化する。そのようなサービス利用形態が普及するなか、サービス利用のなかにいかにシームレスに決済サービスを溶け込ませるかが、今後のキャッシュレス決済の競争領域になると考えられる。

　また決済データの利活用では、ユーザーの過去の利用データが、実際に商品やサービスを購入・利用した実績を表すデータとして重要であることに疑いの余地はない。しかしビッグデータはたくさん集めてガラガラポンとすれば答えが出てくるような性質のものではない。膨大なデータのなかからいかに効果のある傾向を探し出すかが重要であり、すなわち仮説づくりとTry&Errorの繰り返しによる検証という作業が重要で非常にむずかしい。

　筆者は2014年に野村総合研究所（NRI）にて、あるメガ系

カード会社とセディナの２社とともに、CLO（Card Linked Offer[16]）の実証実験を行った。この頃にちょうど、クレディセゾンが「セゾンCLO」を実用化したほか、カード業界トップクラスの大手カード会社がこぞってCLOやオーソリデータを活用した店舗紹介サービスの実証実験を行ったが、どれも効果はいまひとつだった。そのようななか、NRIの実証実験だけは見事に効果をあげて、実験に参加した大型加盟店各社やカード会社から実用化を望む声が寄せられた。この効果をもたらした要因は、NRIの１万人生活者アンケートから仮説を導き出した点にある。たとえばカラオケ店のクーポンをどのような会員に配信すれば効果が得られそうかとの仮説づくりでは、１万人アンケートの結果からある年代の女性で、あるテーマパークやキャラクターが好きな方々はカラオケも好きであるとの傾向が導き出された。試しに過去のカード購入履歴で当該テーマパークや関連ショップの利用がある当該年代女性をターゲットにしたところ、見事に効果があがると判明した。このような仮説づくりとTry&Errorを繰り返して効果的な仮説を見出さない限り、いくら決済データをたくさん集めたところで効果はあげられない。そのことはカード会社と提携カードを発行してマーケティングに尽力した大手流通企業が、長年にわたって取り組んだ結果として証明されている。つまり、過去には提携カードを発行する効果としてマーケティング機能をうたったカード会社がたくさんあったが、実際にカード会社がマーケティングのプロである流通企業に効果的なマーケティング成果を実証してみ

16　決済カードの利用データを活用したクーポン配信などでさらなる消費を促すソリューション。欧米金融機関で普及済。

せた例はほとんど聞いたことがない。それほど決済データの利活用は安易ではないと認識したほうがよい。しかしポイントプログラムが購買を刺激し、NRI の CLO 実証実験が効果をあげたように、キャッシュレスによる購買情報をうまく利活用することで消費を活性化させられる可能性は十分にある。

　歴史を振り返れば、古くは無文銀銭がつくられた667年から約1350年、後々の藩札や紙幣のもととなる山田羽書が発行された1600年から約420年、現金は存在してきた。しかし実際の庶民の生活においては、長い間、米が経済の中心であり、物の価値は常に流動的な経済の変化に応じて変化していた。現在のように全国共通の現金が、経済の中心において不動の存在感を発揮するようになったのは、日本銀行が業務を開始した1882年以降わずか138年である。日本には創業140年以上の老舗がたくさん存在するように、日本人が自覚する現金至上主義の歴史は意外に浅い。それがデジタル化という変革期を迎えている。
　残念ながらデジタル人民元の発行が目前といわれる中国に対して、ドルの覇権を背景に SWIFT を使って経済制裁を行うなど世界の秩序とバランスを保持しようとしてきた米国をはじめ、先進国におけるデジタル貨幣の議論はまだ緒についたところである。当面、デジタル貨幣の動向からは目が離せない。一方で、金銭のデジタル化はすでにわれわれの生活を大きく変えつつある。高速道路の ETC や IC 乗車券の Suica が同じ区間でも金額が異なる一物二価を実現済であるように、デジタル化社会では金銭的価値は常に変化し、デジタルで物理的な距離も取扱負荷も超越してしまう。その金銭的価値の受渡しがキャッ

シュレス決済である。キャッシュレス決済を上手に活用して効率的な経済活動を展開し、少子高齢化で急速にシュリンクする日本経済に安全と安心をもたらすことができれば、闇雲に貯金するのではなく天下の回り物として金銭的価値を流動化し、消費を活性化して人口減少に負けない経済活性化を実現することができる。本書が、わが国のキャッシュレス決済の実態理解をふまえて効果的な消費活性化の役に立ち、将来の日本経済のあるべき姿の実現にわずかでも寄与することができれば幸いである。

あとがき

　筆者が新卒でジェーシービーに入社したのは1990年4月である。貧乏苦学生だった筆者はクレジットカードなど知る由もなかったが、都銀を第1志望にたくさんの企業を訪問するなか、OB訪問の練習にと訪問した1社がジェーシービーだった。金融業界のOB訪問が始まると、興味がなかったはずなのに、妙に先輩たちが楽しそうに仕事をしていたジェーシービーがとても気になった。多くの企業が業界順位を競うのに対して、ジェーシービーは「本当に世界で使えるカードになるんだ」との目標のもと、社員一人ひとりが各部署で考えながら仕事をしているのがわかった。自分もその目標を達成する仲間に入りたいと思ったこと、苦学生でかなわなかった留学のかわりに海外主要都市に赴任できること、そして現金だとだれが何を買ったかわからないのにカードだとデータ分析ができることなどに魅力を感じて、筆者は都銀を辞退してジェーシービー入社を決めた。このジェーシービーでの経験が、筆者が本書を執筆するに至る決済サービス人生の始まりである。

　ラッキーなことにジェーシービーでは一通りの業務を経験させていただいた。カード会社の業務は、カード会員の獲得と加盟店の獲得、カードの利用促進と代金回収などが主な仕事で、カードのライフサイクルにあわせて、営業・業務・システムの部門からなっている。会員獲得策や利用促進策、業務効率化における工夫など、どの部署の仕事にも企画的な要素がたくさんあり、飲みに行く時間が惜しいほど仕事は楽しかった。思い返

すと特に3つの部署で非常に希少な業務を経験した。

入社5年目に突然、セキュリティ部門に異動した。着任日にいきなり2年上の先輩に「パトロールに行くぞ」といわれ、大阪の心斎橋筋商店街を歩いていると突然、「あいつ怪しい。尾行するぞ」と尾行を始めた。この先輩は刑事ドラマの見過ぎだろうと思いつつ付いて行くと、対象者がカードで買い物をした。店に入って売上票をみせてもらい、カード会員に連絡すると、本人もまだ気づいていない盗難カードだった。筆者は驚いたが、3カ月後には自分もそうなっており、1年後には後輩に「次にあの店に行くだろうから、先回りして捕まえろ！」と指示するようになっていた。ちょうどその指示を出した日に異動してきた後輩の岸田盛秀君は、デカい目を飛び出さんばかりにしてびっくりしていた。しかし実は勘には根拠があった。盗難手口や場所、時間などによって、使われ方にも特徴があったのだ。それを不正検知ロジックとしてその後ジェーシービーが独自開発した不正使用対策システムに反映した。決済サービスには、通常の会員はもちろんカード会社社員でさえ気づかないセキュリティホールが必ずあり、犯罪者集団は巧みにそこを突き、骨の髄まで吸い尽くそうとして甚大な被害になる。対策を講じてもまた別のセキュリティホールを見つけてイタチごっこになる。警察OBの方を通じて大阪府警や兵庫県警と相談しながら、三井住友カードやクレディセゾンなど不正対策に感度の高いカード会社社員たちとタッグを組んで業界をあげた対策を展開した。当時大阪では全国に先駆けてほとんどのタクシーで使えたクレジットカードを、端末を導入しない限り使用禁止にしたり、盗難手口にあわせてパトロールを行い不正利用者を現

行犯逮捕したりした。この経験が、後にコンサル会社に転職してからも、新たな決済サービスの開発においてセキュリティホールを見つけて対策を講じる能力を培った。

　入社7年目には、ICカード化やEC決済を検討する新部門が創設されて配属になり、先輩の中谷明広さん、富岡政弘さんと3人で、他社にはまだ存在しない業界初のICカード担当になった。クレジットカードが本当にIC化するのかしないのか、まだまったく見通しが立たなかった頃である。三和銀行から来た権藤淳部長が自由に仕事をさせてくださり、海外金融機関の取組みを調べ、ICの技術を勉強した。凸版印刷のICカード部長だった高橋正志さんや、ソニーでFeliCaを開発した日下部進さんと出会ったのもこの頃である。その後、JR東日本の椎橋章夫さんや野口忍さんに懇意にしていただく契機にもなった。接触型ICと非接触型ICの両方を搭載したカードについて、凸版印刷の由良彰之さんや大日本印刷の廣澤恵司さんに「1チップ2アクセスのカードを「デュアルインターフェイスカード」、2チップ2アクセスのカードを「ハイブリッドカード」と呼びましょう」とお願いすると、それが業界の用語定義となった。

　その後、週刊誌で高速道路公団がETCの検討をしていると知り4公団の事務所を訪問した。当時は小田原厚木道路で車載器だけで課金する実験を行っており、全国の料金所がETC対応するには時間がかかるなか、ノンストップで入口を通過したのに出口はまだノンストップ対応していない時に、どう入口情報を連携するかが課題になっていた。ICカード活用案は出ていたものの配布方法が問題だったことから、「JCBもVisaも

近い将来ICカードになります。カード会社が会員にクレジットカードを届ける際に、ETCカードを同封するのはどうでしょう？」と口走った時から、ETC実現検討に巻き込まれていった。この頃、国土交通省の徳山日出男さんや東日本高速道路会社の村山和夫さん、後にICやPOSの技術などでお世話になる東芝の深沢一夫さん、海外でQRコード決済が流行り始めた際に技術を確認させていただくデンソーの福田哲也さんなどにお会いし、その後長年のお付き合いを頂戴する。

　自動車や電機など日本を代表する産業界の部長クラスが各業界代表を務めるなか、まだ30代前半で係長だった筆者はジェーシービーの社員というだけで業界代表をすることになった。ジェーシービーでは常務から「高速道路で通行料を払うのに、だれが金を出して車載器まで買うのか？　そんなもん、やらんでよろしい」と厳しい言葉をいただいたが、権藤部長がやらせてくださり、三菱UFJニコスの島貫和久さんや三井住友カードの大塚英雄さん、アメリカン・エキスプレスの印南裕二さんなど業界有識者の皆さんに支えられつつ、毎晩深夜3時や4時まで残業する日々が続いた。本当に突然死するのではないかと怖くなって生命保険に加入し、未就園児だった娘に残す形見として残業代でロレックスを購入した。筆者よりもICカードベンダーや電機メーカー、路側機メーカー、自動車メーカーの皆さんのほうがずっと大変だったが、国土交通省とは利害関係のなかった筆者は平然と正論をいう生意気な若造で、いつの間にか他業界の方々も言いにくいことは「宮居ちゃん、これいってよ」と筆者にいわせるようになっていった。皆さんの努力によってETCは無事スタートを迎える。官民の関係者200名以

上が集まったETC運用連絡会で、国土交通省の調整官が各業界代表にスタートしてよいかと最終確認を行った。最初にカード業界代表の筆者が答える順番だったが、まだ係長で若輩者の筆者は、隣に座った三井住友カードの担当部長に発言を譲った。「いいです」。三井住友カードの部長が回答し、電機業界代表者が回答し、自動車業界代表者が回答し、さあスタートだと思ったその時、司会進行の国土交通省調整官が止まった。「あれ？　どうしたんだろう？　何か問題があったかな？」と思ったその時、調整官は筆者のほうをみて「宮居さん、スタートしてもいいですか？」と聞いたのだ。筆者は目頭が熱くなるのをこらえながら答えた。「すべての業界がいいと仰られました。ぜひスタートしてください」。その後、自分が日常的に利用する国立・府中インターにETCアンテナが設置されて通行した際には、紫の看板が涙でみえなかった。こうして決済サービスの進化や技術活用、新社会システムの構築を学んだ。

　ETCが落ち着くと上司の吉村正光さんから「5年後10年後を予測して何をすべきか考えろ」と無茶ぶりされ、NFC化を見越した非接触IC対応方針を策定して社長に報告した経験も、その後のコンサルで非常に役に立った。

　その後いろいろあって、人事部の役員からどこの部署に行きたいかと聞かれた際に、「カードの業務全般がわかるところ」と答えると、ちょうど新しく業務部門を統括する組織ができており、そこへ異動した。ここでカード発行業務の職人で同期の是近伸治くんや、後にインフキュリオンの副社長になる高木一輝くん、コールセンター職人の澤田ちひろさんなどから、各部の業務を詳しく教えてもらい、ジェーシービー初、おそらく業

界初の「業務要件書」を作成した。これが、後にコンサル会社で業務コンサルやシステム開発時の業務要件定義を行う礎となった。また、法令改正対応を各部に落とし込む業務も担い、難解で読みづらい法律用語や条文、細則や省令について勉強する。幸いICカード担当時代に、森喜朗首相が「全国民にICカードを配布する」と発表した住民基本台帳カードの実証実験で経済産業省、ARIBのDSRC仕様書策定で総務省など、各省庁にお付き合いいただき少しは法整備の背景を垣間みていたおかげで、実務への落とし込みは円滑にできた。これも後のコンサル業務にとって非常に有意義な実務経験となった。

　2005年4月、丸15年務めたジェーシービーから野村総合研究所に転職する。カード会社の実務経験やICカードの技術知見を活かして数多くのコンサルプロジェクトに携わった。JCBと他の国際ブランドとの違いや、クレジットカードと他の決済サービスとの違い、決済事業者や金融機関がベンダーから無償で得る情報にはベンダーのフィルターがかかっており、自ら掘り下げるとまったく違う実態がみえるリサーチや裏付確認、VisaやMastercardの米国本社やECBなど決済サービス情勢に多大な影響力を及ぼす組織との意見交換、新たな決済サービスの立上げ支援、業務要件定義やシステム要件定義、決済データを利活用するCard Linked Offerで成果をあげた実証実験プロジェクトへの参加など、得るものが非常に多い14年を過ごし、セカンドキャリア支援制度を使って2019年1月に独立した。

　数年前からリタイア後の生活拠点を千葉県館山市に定め、山の麓の雑木林や竹藪を切り拓き、パワーショベルで根を堀って

畑をつくるなど、原始的な生活を目指して奮闘しているが、地域の草刈りに参加したり、漁師の船に乗せていただいて魚を釣ったり、地元の方々から稲作の苗を分けていただいたり、さらにそのお宅で稲刈りしたもち米で年末に餅つきをしたりといったご近所付き合いを経験し、お礼の一品を持って行くなど物々交換が基本のご近所付き合いをするうちにふと「これこそが究極のキャッシュレスではないか」と思い至った。何でもすぐにお金で買うのではなく、お金がなくてもお手伝いなどの行動で感謝の気持ちを表す。これを自治体ポイントなどでデジタル化し、転々流通させられるようにして、自治体の補助や事業者の支援、金融機関による管理や域外消費の取り込みで好循環をつくりだす。キャッシュレスは単に現金をカード払いやスマホ決済にするということではなく、このように地域のささやかな経済活動や人の行動をITで金銭的価値に変換して地域住民や事業者、地方公共団体をつなぎ、世知辛い現金の授受や管理に係る業務や社会コストをなくし、犯罪が発生する余地をなくす。これが目指すべきキャッシュレス社会なのではないだろうか。ささやかながらその実現に少しでも役に立つことができたなら、どんなに幸せなことだろうか。

　筆者が、前述のような30年に及ぶ実務経験によって得ることができ、独立した自分のコンサル会社にとって非常に重要な知見を惜し気もなくここに書いたのは、ひとえに「驚異的な人口減少に見舞われるこの国で、安全・安心で便利な金銭授受のデジタル化（＝キャッシュレス）の実現により、経済活動や労働の効率化、社会コストの削減、地域の活性化に、少しでもお役に立てれば」との一心である。筆者が卒業した岐阜高校の校歌

に「国家のために明け暮れ学ぶ」との歌詞がある。高校で落ちこぼれだった筆者は、自主性を重んじる校風——裏を返せば筆者のように勉強ができない者は放置された学校に特別強い思い入れはなかったのだが、年齢を重ねたせいか、戦争でサイパン沖に沈んだ実祖父の影響か、あるいは幼い頃から筆者を護国神社に連れて行った祖母や養祖父と母の影響か、父の母校でもあったこの高校の校歌の一節だけは妙に心に刻み込まれている。本書が、この国に安全・安心で便利な真のキャッシュレス社会をもたらす一助になることを心底より願ってやまない。

　この「あとがき」を書いている2020年5月は、世界中に新型コロナウィルスが蔓延して死者が34万人を超え、日本でも緊急事態宣言が発出されている真っ只中である。日本の現金は他国よりずっと衛生的だが、それでもウィルスの付着は免れず、非接触のキャッシュレスは感染防止に寄与する。休業要請に対する補償が問題となるなか、現金は振込口座情報の収集や管理、振込作業など支給までに時間のかかる膨大な作業を伴うが、海外では災害時に汎用プリペイドカードを配布することで迅速に給付し利用管理するなどキャッシュレスがうまく活用されている。遠隔地への送金も可能で、医療従事者や営業自粛店舗への支援にも使える。スマホがあれば加盟店端末になる。マイナンバーによる認証環境が整えば給付はスピーディになる。前述の徳山日出男さんは国土交通省東北地方整備局長時代に「くしの歯作戦」で緊急輸送道路を啓開し、東日本大震災の復興の基礎をつくった方である。まだ復興途中であり無責任な発言は慎みたいが、あの苦難の時にも世界は日本の復興スピードをみて驚いた。過去になかなか進まなかったリモートワークやオンライ

ン飲み会も増えており、新型コロナウィルス終息後の世界は大きく変わるであろう。家賃や光熱費、仕入代など現金で払えるものはすべてキャッシュレスにできるはずで、オンラインとの親和性も高い。業務効率化やコスト削減、犯罪リスク回避やリモート対応など、キャッシュレスはもっと社会に役立つはずである。

　最後になりますが、ここにお名前をあげさせていただいた皆様だけでなく、30年間のさまざまなシーンで筆者に学びを与えてくださり、楽しい時間や苦しい時間をともにし、支えていただいたすべての皆様に、心より感謝申し上げます。また、きんざいの堀内駿氏には筆者を見出して本書を書かせていただく貴重な機会を頂戴し、なかなか書き進まない筆者を忍耐強くサポートしていただきました。同氏のサポートがなければ、とても出版にこぎつけなかったでしょう。本当にありがとうございました。

2020年5月

　　　　　宮居　雅宣

事項索引

【著者略歴】

宮居　雅宣（みやい　まさのり）

決済サービスコンサルティング株式会社
代表取締役
1990年株式会社ジェーシービー（JCB）
入社。新事業や新サービスの企画立案か
ら実装、セキュリティ対策や回収、EC
決済やICカード化、モバイル対応等に
従事。1999年に前払いと後払いの
FeliCaを大量発行しNFC対応方針を策定。2000年に業界代表幹
事としてETCカードを実現するなど業界のIC化を牽引。
2005年株式会社野村総合研究所（NRI）入社。電子マネー事業や
新決済サービスの立上げ、各種市場調査、Card Linked Offer実
証実験の成功など、実務経験を活かしたコンサルテーションプロ
ジェクトや実行支援に従事。2017年には内閣官房はじめ行政機関
や業界横断的に決済事業者などが参加する「キャッシュレス推進
検討会」を主催。翌年の「キャッシュレス推進協議会」設立のモ
デルケース事例として寄与。
2019年1月8日決済サービスコンサルティング株式会社設立。実
務経験を裏付けとした決済サービス開発、業務設計、セキュリ
ティ対策や店舗側のキャッシュレス導入支援など、コンサル経験
を活かし、安全・安心を大前提としたキャッシュレス社会実現へ
の寄与を図る。

決済サービスとキャッシュレス社会の本質

2020年6月30日　第1刷発行
2024年5月21日　第7刷発行

著　者　宮　居　雅　宣
発行者　加　藤　一　浩

〒160-8520　東京都新宿区南元町19
発　行　所　一般社団法人 金融財政事情研究会
企画・制作・販売　株式会社きんざい
出　版　部　TEL 03(3355)2251　FAX 03(3357)7416
販売受付　TEL 03(3358)2891　FAX 03(3358)0037
URL https://www.kinzai.jp/

※2023年4月1日より企画・制作・販売は株式会社きんざいから一般社団法人
金融財政事情研究会に移管されました。なお連絡先は上記と変わりません。

DTP・校正：株式会社友人社／印刷：三松堂株式会社
ISBN978-4-322-13552-7